PLIEGOS DE ORIENTE

textos

1. MITOS, LEYENDAS Y RITUALES DE LOS SEMITAS OCCIDENTALES
Edición y traducción de Gregorio del Olmo Lete

2. CÓDIGOS LEGALES DE TRADICIÓN BABILÓNICA
Edición y traducción de Joaquín Sanmartín

3. MORADAS DE LOS CORAZONES
Abū-l-Ḥasan al-Nūrī de Bagdad
Traducción del árabe, introducción y notas de Luce López-Baralt

4. CIENCIA DE LA COMPASIÓN. ESCRITOS SOBRE EL ISLAM, EL LENGUAJE MÍSTICO Y LA FE ABRAHÁMICA
Louis Massignon
Edición y traducción de Jesús Moreno Sanz

5. LA LEY MÁS ANTIGUA. TEXTOS LEGALES SUMERIOS
Edición y traducción de Manuel Molina

6. LA CIENCIA DEL *BRAHMAN*. ONCE UPANIṢAD ANTIGUAS
Traducción del sánscrito, introducción y notas de Ana Agud y Francisco Rubio

7. EL IMPERIO EGIPCIO. INSCRIPCIONES ca. 1550-1300 A.C
Edición y traducción de José Manuel Galán

monografías

1. INTRODUCCIÓN A LA EGIPTOLOGÍA. ESTADO, MÉTODOS, TAREAS
Erik Hornung
Traducción de Francesc Ballesteros Balbastre

2. MESOPOTAMIA, LA RELIGIÓN MÁS ANTIGUA
Jean Bottero
Traducción de María Tabuyo y Agustín López

3. EBLA, UNA CIUDAD OLVIDADA. ARQUEOLOGÍA E HISTORIA
Giovanni Pettinato
Traducción de Manuel Molina

El Imperio egipcio
Inscripciones, *ca.* 1550-1300 a. C.

El Imperio egipcio
Inscripciones, *ca.* 1550-1300 a. C.

Edición y traducción de
José M. Galán

T R O T T A
EDICIONS DE LA UNIVERSITAT DE BARCELONA

PLIEGOS DE ORIENTE
SERIE PRÓXIMO ORIENTE                          DIRECTOR: GREGORIO DEL OLMO LETE

© Edicions de la Universitat de Barcelona, 2002

© Editorial Trotta, S.A., 2002
Ferraz, 55. 28008 Madrid
teléfono:   91 543 03 61
fax:        91 543 14 88
e-mail:     trotta@infornet.es
http:       //www.trotta.es

© José M. Galán, 2002

diseño de colección
JOAQUÍN GALLEGO Y ALFONSO SOSTRES

ISBN: 84-8164-523-0
ISBN EUB: 84-8338-324-1
depósito legal: M-18441-2002

impresión
MARFA Impresión, S.L.

*Para David y Charlie*

# ÍNDICE

*Abreviaturas* .............................................. 11

## INTRODUCCIÓN

Fuentes para la Historia ................................... 13
Prefacio del imperio ...................................... 19
Imperialismo egipcio ...................................... 24
Notas sobre la traducción ................................. 30

## TEXTOS

Ahmose y su influencia en el exterior ...................... 37
El almirante Ahmose hijo de Ebana .......................... 38
El soldado Ahmose Pennekhbet .............................. 43
Difusión de la titulatura de Tutmosis I .................... 46
Tutmosis I en Nubia ....................................... 48
Despejando el paso hacia Nubia ............................ 52
Tutmosis I caza elefantes en Niy .......................... 54
Tutmosis I da gracias a Amon .............................. 55
Tutmosis II en Nubia ...................................... 56
Campaña de Hatshepsut en Nubia ............................ 60
Hatshepsut y las tierras extranjeras ...................... 61
La expedición a Punt ...................................... 64
Hatshepsut restauradora del orden ......................... 70
Hatshepsut y Tutmosis III en el Sinaí ..................... 73
Anales de Tutmosis III .................................... 75
La autoridad de Tutmosis III en el exterior (1) ........... 101
La autoridad de Tutmosis III en el exterior (2) ........... 104
Estela en el templo de Ptah (Karnak) ...................... 106
Flora y fauna de Siria-Palestina .......................... 108

Templo sur de Buhen ..................................... 110
Estela en Armant ........................................ 113
Estela en Gebel Barkal ................................... 117
El dios Amon, origen de las acciones de Tutmosis III ............ 125
Amonemheb, llamado Mahu, oficial del ejército ................ 129
Menkheperraseneb, sumo sacerdote de Amon .................. 134
Imunedyeh, primer heraldo del rey ........................... 136
Intef, primer heraldo del rey ............................... 140
El visir Rekhmira ........................................ 142
Minmose, recaudador de impuestos en tierras extranjeras .......... 147
Estela de Amenofis II en el templo de Amada .................. 149
Campañas en Siria-Palestina: Estela de Menfis ................. 154
Campañas en Siria-Palestina: Estela de Karnak ................. 161
Carta de Amenofis II a su virrey en Nubia Usersatet ............. 164
Presentación del tributo de Nubia ........................... 166
Lista de raciones para los comisionados extranjeros .............. 168
Campaña de Tutmosis IV en la Baja Nubia .................... 170
Tutmosis IV y Siria-Palestina ............................... 173
El carro de combate de Tutmosis IV ......................... 175
Tchanuny, escriba del ejército ............................... 178
Amenofis III cabalga sobre los del norte y los del sur ............. 180
Amon hace milagros para el rey Amenofis III .................. 182
Campaña del rey en Nubia (1) .............................. 184
Campaña del rey en Nubia (2) .............................. 186
Represión en Nubia ...................................... 188
Misión en el Sinaí ....................................... 190
Escarabeos conmemorativos ................................ 192
Arquitrabes de Luxor .................................... 195
Amenofis III y el Egeo ................................... 197
Akhenaton recibe a las embajadas en el-Amarna ................ 199
Labor diplomática de Tutu ................................ 203
El general Horemheb .................................... 207
Huy, virrey de Kush ..................................... 210

*Epílogo* ................................................ 215
*Tabla cronológica* ....................................... 217
*Bibliografía* ............................................ 219
*Glosario* .............................................. 223
*Procedencia de las figuras* ................................ 229

# ABREVIATURAS

ÄA     *Ägyptologische Abhandlungen*, Wiesbaden.
ÄAT    *Ägypten und Altes Testament*, Wiesbaden.
ADAIK  *Abhandlungen des Deutschen Archäologischen Instituts Kairo*, Glückstadt-Hamburgo-Nueva York.
ALE    M. Lichtheim, *Ancient Egyptian Literature*, 3 vols., Berckeley-Los Ángeles-Londres, 1975, 1976, 1980.
ASAE   *Annales du Service des Antiquités de l'Égypte*, El Cairo.
BAR    H. Breasted, *Ancient Records of Egypt*, 5 vols., Chicago, 1906 (reimpresión Londres, 1988).
BASOR  *Bulletin of the American Schools of Oriental Research*, New Haven.
BdE    *Bibliothèque d'Étude*, El Cairo.
BIFAO  *Bulletin de l'Institut Français d'Archéologie Orientale*, El Cairo.
CASAE  *Cahier. Suppléments aux ASAE*, El Cairo.
CG     *Catalogue General* del Museo de El Cairo: numeración de inventario.
EA     Numeración de los documentos encontrados en el archivo de el-Amarna.
GM     *Göttingen Miszellen*, Gotinga.
HÄB    *Hildesheimer Ägyptologische Beiträge*, Hildesheim.
IEJ     *Israel Exploration Journal*, Jerusalén.
JARCE  *Journal of the American Research Center in Egypt*, Boston.
JCS    *Journal of Cuneiform Studies*, New Haven.
JdE    *Journal d'Entrée*: numeración de inventario del Museo de El Cairo.
JEA    *Journal of Egyptian Archaeology*, Londres.
JEOL   *Jaarbericht van het Voorazidtisch-Egyptisch Genootschap «Ex Oriente Lux»*, Leiden.
JESHO  *Journal of the Economic and Social History of the Orient*, Leiden.

ABREVIATURAS

JNES   *Journal of Near Eastern Studies*, Chicago.
LÄ     W. Helck y E. Otto (eds.), *Lexikon der Ägyptologie*, Wiesbaden, 1975-1992.
LD     R. Lepsius, *Denkmaeler aus Aegypten und Aethiopien*, 12 vols., Berlín, 1849-1859.
MÄS    *Münchner Ägyptologische Studien*, Berlín.
OBO    *Orbis Biblicus et Orientalis*, Friburgo (Suiza)-Gotinga.
OLA    *Orientalia Lovaniensia Analecta*, Lovaina.
Or     *Orientalia*, Roma.
PEQ    *Palestine Exploration Quarterly*, Londres.
PM     B. Porter y R. Moss, *Topographical Bibliography of Ancient Egyptian Hieroglyphic Texts, Reliefs and Paintings*, 7 vols., Oxford, 1927-1951 (2.ª ed., 1960-).
SAK    *Studien zur Altägyptischen Kultur*, Hamburgo.
SAOC   *Studies in Ancient Oriental Civilisation*, Chicago.
TT     Sistema de numeración de las tumbas tebanas según PM.
UF     *Ugarit Forschungen*, Münster.
Urk. I K. Sethe, *Urkunden des Alten Reichs*, Leipzig, 1933.
Urk. IV K. Sethe y W. Helck, *Urkunden des ägyptischen Altertums, Abteilung IV: Urkunden der 18. Dynastie*, Leipzig-Berlín, 1906-1963.
ZÄS    *Zeitschrift für Ägyptische Sprache und Alterumskunde*, Leipzig-Berlín.
ZDPV   *Zeitschrift des Deutschen Palästina-Vereins*, Leipzig-Wiesbaden.


SIGNOS CONVENCIONALES EMPLEADOS EN LA TRADUCCIÓN

(palabra)   Palabra(s) suplida(s) en la traducción para hacer la lectura más coherente y fluida.
(...)       Pasaje omitido en la traducción.
palabra(?)  Traducción deducida por contexto.
[...]       Texto dañado y sin elementos para deducir una restitución.
[palabra]   Palabra(s) restituida(s) en un lugar dañado del texto.
<palabra>   Palabra omitida en el texto por descuido del escriba.

El número de la nota a pie de página aparecerá en texto detrás de los signos de puntuación si la nota se refiere a la frase entera o al párrafo que la precede. Si la nota a pie de página se refiere sólo a una palabra del texto, su número en el texto irá directamente detrás de ésta.

# INTRODUCCIÓN

## FUENTES PARA LA HISTORIA

La función de la escritura es, en gran medida, posibilitar la comunicación entre un emisor y un receptor que están físicamente distantes. El distanciamiento espacial entre emisor y receptor da origen a la correspondencia. El distanciamiento temporal entre emisor y receptor da lugar a una amplia gama de textos de carácter testimonial. El hecho de escribir algo supone, en la mayoría de los casos, la plena consciencia del paso del tiempo, es decir, de que lo que hoy es presente mañana será pasado.

Esto es todavía más evidente cuando se decide que un texto sea grabado sobre un soporte no perecedero, como en principio es la piedra, a diferencia del papiro. La función de las inscripciones sobre piedra es precisamente vencer el paso del tiempo y otorgarle al individuo la posibilidad de comunicarse con audiencias de otros momentos. Así, algunas de las inscripciones explícitamente señalan que el texto está dirigido a generaciones venideras, por lo que la intención del autor (directa o indirectamente, consciente o inconscientemente) es informar a esas generaciones futuras del pasado más o menos lejano (en el momento de la composición del texto todavía el presente o pasado reciente). Es decir, que, de alguna manera, una inscripción conmemorativa, además de celebrar y dedicar un acontecimiento, tiene la pretensión de convertirse en el futuro en una fuente histórica.

La elaboración de una futura fuente histórica implica la presunción de que en el futuro más o menos lejano va a haber alguien interesado en el pasado, en leer sobre acontecimientos de otros tiempos, recuperarlos en el recuerdo o en la memoria y reconstruirlos, lo que supone un primer acercamiento a la Historia.

Pero las inscripciones del antiguo Egipto van todavía más allá, e incluyen en muchos casos la reiteración de que lo que se ha escrito es absolutamente verdad. Es decir, que el autor que construye una fuente histórica no sólo está asumiendo que alguien la leerá en el futuro para conocer un aspecto del pasado, sino que está asumiendo incluso que el lector se cuestionará y podrá llegar a dudar de la autenticidad de los hechos narrados en la inscripción. La actitud del autor hacia el potencial lector de su texto está revelando indirectamente la existencia del lector crítico de las fuentes históricas, es decir, está constatando la existencia de «historiadores primarios»[1] en el antiguo Egipto.

En la inscripción que mandó grabar la reina Hatshepsut (*ca.* 1470 a. C.) sobre la base de uno de los obeliscos que flanqueaban la entrada al templo de Karnak, se asume que el receptor del mensaje escrito pertenece al futuro y que el receptor se cuestionará la veracidad de los hechos transmitidos:[2]

> El rey en persona dice: «Yo (lo) he colocado delante de los fieles, los que existirán en el futuro, aquellos cuyos corazones pasarán por este monumento que yo he hecho para mi padre (el dios Amon), aquellos cuyas palabras resonarán, los que presencien el porvenir (...) Mi corazón estaba entonces anticipándose[3], considerando las palabras de la gente, de los que verán mi monumento tras (muchos) años, de los que hablarán sobre lo que yo he hecho. Guardaos de decir "No lo sé, no sé por qué se ha hecho esto" (...) Tanto el ignorante como el sabio lo saben. Y el que escuche esto que no diga que es mentira lo que yo he dicho, sino que diga: "Cuán exacto es esto, cuán verdad es delante de su padre (Amon)"».

Cuando se alude al pasado en un escrito, el criterio para seleccionar a los personajes o los hechos que han de ser recordados depende

---

1. Habiendo puesto en duda la veracidad de los hechos narrados en una fuente histórica, el «historiador secundario» (del que no nos han quedado noticias en el antiguo Egipto) buscaría otras fuentes de información para corroborar los hechos expuestos, o buscaría indicios dentro de la propia fuente que sirvieran para discernir la «verdad» de la «ficción». Sobre la intención de construir una fuente histórica en un plano particular y su compatibilidad con la ficción, ver L. Coulon, «Véracité et rhétorique dans les autobiographies égyptiennes de la Première Période intermédiaire»: *BIFAO* 97 (1997), pp. 109-137.
2. Urk. IV 364, 10-15; 365, 6-11; 368, 1-6.
3. Literalmente, «capturando lo que se trae(ría)».

de la intención del autor del texto, pues el autor siempre tiene una intención. La imagen que se puede ofrecer del pasado igual que del presente, es siempre subjetiva. No existe el relato objetivo, pues el relato será siempre una descripción parcial de la realidad y, por tanto, inevitablemente subjetiva. Por ejemplo, los «anales» de las campañas conducidas por el rey Tutmosis III en Siria-Palestina, según reconoce la propia inscripción grabada sobre las paredes interiores del templo de Amon en Karnak, es tan sólo un extracto de un extenso informe escrito en cuero o papiro. La inscripción incluso le indica al lector a dónde puede acudir para verificar lo anteriormente expuesto o para conocer más detalles:[4]

> En cuanto a todo lo que su majestad hizo a esta población (Megiddo), a aquel maldito enemigo junto con su maldita tropa, está registrado cada uno de los días, cada expedición, [cada] capitán de infan[tería] [... (todo ello) es más numeroso que lo que se recoge escrito en esta inscripción], está recopilado en un rollo de cuero en el templo de [Amón] hasta la fecha.
> (...)
> [... (el botín)] era más numeroso que cualquier otra cosa que la tropa de su majestad hubiera conocido, no es mentira. En efecto, está registrado en el diario del palacio real —¡vida, prosperidad y salud!—. No se ha incluido su relación en esta inscripción para no multiplicar las palabras...

La veracidad de los hechos narrados en una inscripción no sólo está avalada por la insistencia del rey (o del particular en el caso de una autobiografía), sino que al estar ubicada la inscripción en un espacio sagrado como es el templo (o puede ser una tumba), la divinidad allí residente garantiza que todo lo escrito en su residencia es cierto. Así se refleja en una inscripción de Tutmosis III grabada en la cara interior del pilono VI de Karnak:[5]

> No he pronunciado una proclamación para alardear de lo que he realizado, y decir que he hecho un asunto cuando mi majestad (en realidad) no lo ha hecho. No he actuado para la gente, y (para que) ello sea proclamado, sino que he realizado esto para mi padre [el señor de los dioses... Él no pasa por alto el que]se mencione un asunto que no se haya hecho, puesto que él conoce el cielo y conoce la tierra, y obser-

---

4. Urk. IV 661, 14- 662, 6; 693, 8-13.
5. Urk. IV 751, 7- 752, 4.

va la tierra entera a la hora. Juro, como que Ra me ama, mi padre Amon me favorece y mi nariz inhala vida y autoridad, que yo he realizado esto [de verdad...].

Dicho esto, podemos plantearnos un problema de cierta importancia dentro de la disciplina de la Historia Antigua: la ausencia de Historiografía en el antiguo Egipto, la ausencia de una narración del pasado que reconstruya hechos o situaciones a partir de la utilización crítica y contrastada de fuentes de información. La Historiografía nace supuestamente en Grecia y se considera una muestra más del avance que supone la civilización griega, la denominada «cultura clásica» por los europeos al norte del Mediterráneo. Si en efecto esto es así, cabe preguntarse por qué en Egipto no surgió la Historiografía y por qué sí en Grecia. Si el hombre funciona e innova movido en gran medida por estímulos o sentimientos de necesidad, como personalmente creo que así es, podría formularse la hipótesis de que el hombre y la sociedad del antiguo Egipto no necesitaron de la Historiografía. ¿Por qué no se necesitaba de la Historiografía en el antiguo Egipto? Una respuesta a esta incógnita podría ser que la sociedad egipcia vivía rodeada de fuentes históricas, de relatos del pasado cuya veracidad era rápidamente ratificada por elementos internos del texto (aseveraciones y juramentos por parte del autor sobre la veracidad de lo expuesto) y por elementos externos al texto (contexto sagrado). Para reconstruir el pasado el hombre egipcio sólo tenía que leer las inscripciones en los templos o en las tumbas.

Una sociedad, o un determinado grupo dentro de una sociedad, motivados por presiones externas o ambiciones internas, pueden sentir la necesidad de construir una identidad común en un determinado momento. Por otro lado, el distanciamiento del pasado y su consiguiente olvido puede también motivar que, en un momento de crisis de identidad, una sociedad o un individuo emprenda la tarea de reconstruir su pasado. Pero todo parece indicar que en Egipto no se sintió esa necesidad (salvo en determinados momentos), pues el pasado no se había olvidado, se vivía con él, inmerso en él, estando presente en monumentos y en diversos rituales y fiestas. Y cuando el paso del tiempo comenzaba a desdibujar las formas, se emprendían tareas de reconstrucción, tanto de los monumentos como de los documentos.

El pasado que los antiguos egipcios se esforzaban en mantener vivo en su memoria no sólo consistía en recordar la sucesión de los reyes de Egipto o en cuidar más o menos celosamente (según las épocas) sus monumentos más significativos, sino que consistía también, por ejemplo, en preservar el modo de conducir los rituales, la forma de elaborar las estatuas, y en transmitir a las generaciones venideras las más prestigiosas obras literarias y sus autores. El conocimiento de la cultura del pasado era para los antiguos egipcios el síntoma más claro de la cultura de una persona y de una sociedad en el presente.

Tanto si el pasado se percibía como un momento en el que las cosas estaban mejor que en el presente, como si se percibía como un momento en el que las cosas eran susceptibles de ser mejoradas, los antiguos egipcios miraban constantemente atrás.[6] Eran conscientes de que para entender su realidad debían conocer el pasado, pues el estado de las cosas en el momento presente era el resultado del estado de las cosas en un momento anterior. En cualquiera de los aspectos de la vida el pasado daba sentido al presente.

De igual forma que pueden hacerse presentes personajes y hechos del pasado mediante su recuerdo, también se puede atentar contra la memoria de alguien o de algo, pretender que desaparezca su recuerdo, que desaparezca del pasado. Así, los egipcios, igual que muchas otras culturas antiguas y contemporáneas, concebían el olvido, el ignorar a alguien o el ignorar algo, como un arma contra los enemigos, aunque éstos formasen ya parte del pasado. Incluso en ocasiones el odio les conducía a borrar de la faz de la tierra cualquier resto de su existencia física. Este fenómeno se denomina comúnmente *damnatio memoriae*.

La práctica de la *damnatio memoriae* puede suscitar la pregunta de por qué molestarse en atentar contra alguien o contra algo que forma ya parte del pasado. La respuesta es, sin lugar a dudas, porque el pasado existe en el presente. Los antiguos egipcios, igual que muchas otras culturas antiguas y contemporáneas, no limitaban la existencia de alguien o de algo al tiempo que durase su actividad sobre la tierra, sino que la existencia de alguien o de algo estaba ligada a su pervivencia en la memoria, pues el recuerdo de alguien o de algo posee la capacidad de ejercer algún tipo de influencia sobre una o más personas, que es en definitiva lo que caracteriza a la existencia.

Los egiptólogos han debatido intensamente sobre la utilización de las inscripciones conmemorativas como fuentes para la Historia. ¿Hasta qué punto está desvirtuada la descripción de un acontecimiento o de una situación?, ¿hasta qué punto está incompleta?; y, por otro lado,

---

6. Véase al respecto P. Vernus, *Essai sur la conscience de l'Histoire dans l'Égypte pharaonique*, París, 1995.

¿cuál es la intencionalidad de su autor?, ¿para qué y para quién se escribía una inscripción? Más arriba se incluyeron pasajes que expresan claramente que el autor de un texto esperaba que éste fuera leído en voz alta por distintos miembros de la elite social, si bien la mayoría de las veces no se menciona en qué ocasión o con qué motivo. Por otro lado, algunas referencias indirectas y la ubicación de la mayoría de los textos dentro de templos y tumbas indican que el mensaje escrito se dirigía también a los dioses, a los del cielo, a los de la tierra o a los que habitaban en el subsuelo.

El caráter propagandístico que algunos estudiosos adjudican a las inscripciones conmemorativas queda inevitablemente mitigado al estar la mayoría de ellas ubicadas en lugares de muy restringido acceso o de difícil lectura. Además, la inmensa mayoría de la población egipcia era analfabeta, siendo sólo capaces de leer los miembros de la elite, a la que pertenecían también los redactores de los textos, por lo que tanto emisores como receptores compartían la misma ideología, haciendo inecesario un supuesto adoctrinamiento.

La representación de escenas pintadas o en relieve se utilizó desde los comienzos de la historia de Egipto como complemento del mensaje escrito y viceversa. En la mayoría de los casos texto e imagen no expresan exactamente el mismo mensaje: la imagen captura lo esencial de la acción o de la situación que se conmemora, transmitiendo un mensaje atemporal, mientras que la escritura identifica a los protagonistas, el momento y el lugar, y añade información que convierte en singular el evento que se conmemora. El mensaje del texto y el mensaje de la imagen están relacionados, pero cumplen propósitos distintos y pueden llegar a dirigirse a audiencias diferentes.

Por otro lado, no siempre los textos y las escenas representadas aluden a un hecho histórico específico o a una situación que hubiera ocurrido en la realidad. Con frecuencia los escritores recurren a la retórica, a frases hechas, y los escultores y pintores reproducen composiciones del repertorio tradicional o se inspiran en obras contemporáneas de éxito. Las escenas que representan la entrega de productos por parte de delegaciones extranjeras del norte y del sur, por ejemplo, conjugan realidad y ficción, y por tanto han suscitado debate sobre si se refieren a un hecho real o no; y en el primer caso, se discute si se trata de una acción puntual o la escena alude a una situación que ocurrió más de una vez.[7]

---

7. C. Aldred, «The Foreign Gifts offered to Pharaoh»: *JEA* 56 (1970), pp. 105-116; G. A. Gaballa, *Narrative in Egyptian Art*, Maguncia del Rin, 1976, pp. 64-65;

INTRODUCCIÓN

En cuanto a las inscripciones, hay que tener en cuenta que en el antiguo Egipto no había una distinción clara entre unos géneros literarios y otros, entre otras razones, debido a que eran los mismos escribas los que componían textos de muy diversa índole. Así, los textos de ficción pretenden hacerle creer al lector u oyente que se trata del relato de una historia real, y los textos que conmemoran un hecho real emplean todo tipo de recursos literarios y sus autores gustan de dar rienda suelta a su creatividad.

Por todo lo expuesto, el lector deberá abordar las inscripciones traducidas en este libro pensando que en la mayoría de los casos su autor pretendía conmemorar un hecho o una situación, presentárselo a la divinidad principal del lugar donde estuviera ubicado el monumento y crear una fuente histórica para las generaciones venideras; pero, por otro lado, el autor del texto formaba parte de una tradición cultural y, a la vez, de la corriente artística contemporánea que se surtía de los tópicos y adornos estilísticos que estaban de moda por aquel entonces.

PREFACIO DEL IMPERIO

El estudio de la historia del antiguo Egipto generalmente se organiza y construye a partir de tres momentos estelares, tanto desde el punto de vista político como cultural y artístico. A éstos se les denomina, siguiendo la tradición prusiana y francesa de comienzos del siglo XIX, «Imperio Antiguo», «Imperio Medio» e «Imperio Nuevo». Sin embargo, sólo el tercero de ellos reúne algunas de las características que hoy reconocemos dentro del concepto de «imperio».[8] Por esta razón, se considera más apropiada la denominación de «Reino Antiguo», «Reino Medio» y «Reino Nuevo», siguiendo la tradición anglófona, que utiliza el término *Kingdom*.

Desde épocas muy tempranas, a finales del IV milenio a. C., determinados grupos asentados en el valle del Nilo, entre la Primera ca-

---

S. Wachsmann, *Aegeans in the Theban Tombs* (OLA 22), Lovaina, 1987; P. Rehak, «Aegean Natives in the Theban Tomb Paintings: the Keftiu Revisited», en E. H. Cline y D. Harris-Cline (eds.), *The Aegean and the Orient in the Second Millennium*, Lieja, 1998, pp. 39-51. Ver también la Memoria de Licenciatura de I. Olbés, «Iconografía de nubios en la necrópolis de Tebas: dominio, aculturación e integración en el marco de la XVIII dinastía», defendida en la Universidad Autónoma de Madrid el 22 de junio del 2000.

8. Los principales trabajos sobre la naturaleza del imperio egipcio, su evolución, así como sobre las diferencias entre la expansión egipcia hacia el sur y hacia el norte, se han reunido al final del libro, en el primer apartado dentro de la sección de Bibliografía.

tarata y el mar Mediterráneo, mantuvieron contactos con grupos asentados en Palestina o en Nubia, por ejemplo, como así lo reflejan los hallazgos de objetos diversos fuera de sus respectivos lugares de origen. Desde el comienzo de la historia de Egipto, alrededor del año 3000 a. C., prácticamente coincidiendo el nacimiento de la escritura con la unificación del territorio bajo un monarca, nos han llegado inscripciones que testimonian incursiones egipcias en territorio extranjero para aprovisionarse de materias primas. Estas campañas esporádicas podían adoptar un carácter violento o pacífico, según la actitud de las poblaciones que habitaran los lugares visitados; pero en cualquier caso la presencia egipcia allí era temporal y, por tanto, en la mayoría de los casos las relaciones entre visitantes y visitados podrían definirse como superficiales.

A medida que la administración de la corona egipcia iba haciéndose más eficaz y, como consecuencia de ello, la elite social se enriquecía y se hacía más sofisticada, aumentaba la «necesidad» de adquirir productos de importación: piedra, minerales, marfil, ébano, incienso, etc. La biografía de un oficial del rey en torno al año 2200 a. C., llamado Harkhuf, describe sus varios viajes comerciales por tierras de Nubia, de donde se trajo, como regalo especial para el rey, «un pigmeo de la tierra de los habitantes del horizonte».[9]

A partir del año 2000 a. C. aproximadamente las expediciones al extranjero adquieren una mayor regularidad, y la presencia egipcia comienza a adoptar cierto carácter permanente en algunas áreas concretas, como Serabit el-Khadim en la península del Sinaí, o Biblos en la costa del Líbano. En Nubia se levantaron fortalezas y/o templos en lugares estratégicos. El caso más significativo tal vez sea el de la fortaleza de Buhen, al norte de la Segunda catarata. Unos cincuenta kilómetros más al sur, en Semna y en Uronarti, el rey Sesostris III (ca. 1800 a. C.) levantó dos estelas gemelas conmemorando la expansión de la frontera sur de su autoridad.[10] El texto inscrito es un buen antecedente de algunas de las ideas que expresarán años más tarde las inscripciones conmemorativas de los reyes egipcios de la dinastía XVIII.

---

9. Urk. I 129, 17- 130, 1; M. Lichtheim, *Ancient Egyptian Literature*, II, Berkeley, 1975, pp. 23-27.
10. Berlín, 1157; K. Sethe, *Ägyptische Lesestücke*, Leipzig, 1928, pp. 83-84; J. Janssen, «The Stela (Khartoum Museum no. 3) from Uronarti»: *JNES* 12 (1953), pp. 51-55; Ch. Eyre, «The Semna Stelae: Quotation, Genre and Functions of Literature», en S. Israelit-Groll (ed.), *Studies in Egyptology presented to Myriam Lichtheim* I, Jerusalén, 1990, pp. 134-165; R. B. Parkinson, *Voices from Ancient Egypt*, Oklahoma, 1991, pp. 43-46.

INTRODUCCIÓN

Año 16, tercer mes de la estación *Peret*: estableciendo su majestad la frontera sur hasta Heh (= Semna). He establecido mi frontera habiendo sobrepasado río abajo a mis predecesores. He superado lo que se me había encomendado. Yo soy el rey, quien habla y actúa; lo que mi corazón concibe es lo que acontece por medio de mi acción; agresivo para conquistar, decidido para triunfar. No soy alguien cuyo discurso yace en su corazón, sino que considera las reclamaciones y se apoya en la misericordia. No soy alguien gentil con los enemigos que le han atacado, sino que ataco cuando soy atacado y callo cuando hay silencio, respondiendo de acuerdo con lo que ocurra, puesto que callar después de ser atacado es dar confianza al enemigo. Es valiente quien es agresivo, es maldito quien huye. Es un cobarde quien es desposeído de su frontera, ya que los nubios caerán sólo por la palabra, tan sólo respondiéndoles se causa su retirada. Sé agresivo y él se dará la vuelta; retírate y él se volverá agresivo.

(Los nubios) no son gente temible, sino temerosos, de corazón débil. Mi majestad les ha visto, no miento. He raptado a sus mujeres, me he traído a su gente, he acudido a sus pozos y sacrificado su ganado, he prendido fuego a sus cosechas. Juro por mi padre que estoy diciendo la verdad, sin exagerar ni una palabra.

En cuanto a cualquiera de mis hijos que perpetúe esta frontera creada por mi majestad, él será considerado hijo mío, nacido de mi majestad, puesto que un hijo es aquel que protege a su padre, el que perpetúa la frontera de su progenitor. En cuanto a aquel que la abandone sin siquiera luchar por ella, no será considerado hijo mío, no lo habré engendrado yo.

Ahora, mi majestad ha ordenado la creación de una imagen[11] mía en esta frontera establecida por mi majestad, para que seáis firmes, para que luchéis por ella.

De la misma manera que los egipcios salían fuera de su territorio buscando materias primas y productos exóticos, grupos de extranjeros acudían al valle del Nilo buscando una tierra más favorable para asentarse, buscando compradores para sus productos o buscando ser empleados en el ejército del faraón. También llegaban de manera forzosa, como siervos, tras haber sido hechos prisioneros durante algún enfrentamiento bélico.

La inmigración comenzó a hacerse más intensa a partir del 2000 a. C., tanto desde Nubia como desde Palestina. Trescientos años después, una antigua «área de refugiados» en el Delta oriental, Avaris,

---

11. Sesostris se refiere así a la estela misma que porta esta inscripción. El término *twt* puede referirse a una escultura, en relieve o tridimensional, pero también a una descripción de la persona, a una semblanza, a un retrato escrito.

acabó convirtiéndose en el centro de operaciones de una dinastía de reyes de origen siro-palestino. El calificativo con el que más tarde se les conoció, y que incluso ellos mismos llegaron a utilizar, «hicsos», les define como «gobernantes de tierras extranjeras».

A pesar de ser investidos como verdaderos reyes de Egipto y de mantener, en principio, muchas de las costumbres y tradiciones de la monarquía egipcia, su reconocido carácter foráneo hizo que el principal líder de la oposición, el gobernador de la región de Tebas, Kamose, utilizara argumentos xenófobos para legitimar y popularizar un movimiento de «reconquista» contra ellos.[12] Su predecesor, un tal Seqenenra, parece ser que ya se había opuesto al rey hicso Apofis,[13] pero no debió de tener mucho éxito, pues su momia fue hallada con varias heridas mortales en el cráneo.

Los miembros de la corte provincial de Tebas intentaron convencer a Kamose de que la situación política no les era del todo adversa, pues estaban satisfechos con su parte del territorio, que ellos denominan «Egipto», mientras que se refieren al Delta como «la tierra del semita». Disfrutaban, además, de abundantes ingresos y no habían sufrido agresión alguna, por lo que consideraban que no había razones para ir a la guerra. Pero el gobernador no les hizo caso y, siguiendo «el mandato de Amon», marchó hacia el norte con su tropa y llegó hasta Avaris. Su campaña «nacionalista» es narrada en dos estelas conmemorativas que se levantaron en su día en el templo de Amon en Karnak. También se conserva escrita en una tablilla de madera, de especial relevancia para la reconstrucción del comienzo del relato, al que pertenece el siguiente pasaje:[14]

> Su majestad estaba hablando en su palacio al consejo de magistrados que estaba con él: «Yo me pregunto, ¿cuál es mi fuerza? Un jefe está

---

12. Una descripción retrospectiva de la época en que reinaron los hicsos en Egipto se pone en boca de la reina Hatshepsut en la inscripción grabada sobre la entrada del Speos Artemidos, traducida bajo el epígrafe «Hatshepsut restauradora del orden».
13. La disputa entre uno y otro nos ha llegado a través de una composición literaria de carácter alegórico; H. Goedicke, *The Quarrel of Apophis and Seqenenre'*, San Antonio, 1986.
14. A. H. Gardiner, «The Defeat of the Hyksos by Kamose: The Carnarvon Tablet No. 1»: *JEA* 3 (1916), pp. 95-110, pls. 12-13; P. Lacau, «Une stèle du roi "Kamosis" (Ka-ms) I»: *ASAE* 39 (1939), pp. 245-271, pls. 37-38; L. Habachi, *The Second Stela of Kamose and his Struggle against the Hyksos Ruler and his Capital*, Glückstadt, 1972; W. Helck, *Historisch-biographische Texte der 2. Zwischenzeit und neue Texte der 18. Dynastie*, Wiesbaden, 1975, pp. 82-97; H. S. Smith y A. Smith, «A Reconsideration of the Kamose Text»: *ZÄS* 103 (1976), pp. 48-76. Ver también H. Goedicke, *Studies about Kamose and Ahmose*, Baltimore, 1995.

INTRODUCCIÓN

en Avaris y otro está en Kush. Estoy sentado y juntado con un semita y con un nubio, cada uno de ellos tiene su porción de Egipto, dividiéndose la tierra conmigo (...) Me enfrentaré a él y le rajaré su cuerpo, pues es mi deseo rescatar a Egipto y expulsar al semita».

Por aquella época había conseguido un cierto auge político y cultural el reino de Kush con base en Kerma, al sur de la Tercera catarata; región nubia denominada en las fuentes egipcias «Khenthennefer». El rey nubio mantenía contactos diplomáticos y comerciales con los reyes hicsos en el Delta. Así, cuando el rey hicso Apofis percibió la amenaza de Kamose, pidió ayuda a Kush, pero el mensajero fue capturado en la ruta de los oasis, según cuenta la inscripción de Kamose:

Capturé a su comisionado sobre el oasis, yendo al sur, hacia Kush, con una carta escrita. Encontré en ella las siguientes palabras escritas de mano del gobernante de Avaris: «Aauserra, el hijo de Ra Apofis, saluda al hijo del gobernante de Kush. ¿Cómo es que has ascendido a gobernante y no me lo has hecho saber? ¿Te has dado cuenta de lo que Egipto ha hecho contra mí? El gobernante que está en su interior, el rey Kamose-"Victorioso" —¡que se le conceda vida!—, está penetrando en mi territorio sin que yo le hubiera atacado, de forma similar a todo lo que él ha hecho contra ti. Él elige las dos tierras para afligirlas, mi tierra y la tuya, y las destruye. Ven río abajo. No esperes. Mira, él está aquí conmigo y nadie se te opondrá en Egipto. No le dejaré marchar hasta que tú llegues. Nosotros nos repartiremos las ciudades de Egipto, y Khenthennefer existirá con alegría».

En su tercer año de «reinado» Kamose regresó a Tebas victorioso, entre el júbilo de su gente, y lo primero que hizo fue realizar ofrendas a Amon en señal de agradecimiento. Sin embargo, Avaris no debió de caer y su sucesor tuvo que continuar la contienda. Sería el siguiente gobernador de Tebas, Ahmose, quien por fin conseguiría tomar Avaris y expulsar a los hicsos de Egipto, persiguiéndoles aún fuera de las fronteras.

Paradójicamente, el celo «nacionalista» tebano llevó a los monarcas del nuevo Egipto unificado a entrar en contacto directo con los gobernantes de las diversas regiones de Palestina y de Siria, tanto en suelo extranjero como dentro del valle del Nilo. La expansión del área de acción de la administración egipcia produjo un aumento considerable de personal de origen foráneo al servicio de la corona, e incluso los monarcas tuvieron a bien emparentarse con otras casas reales. Si bien Egipto dejó su impronta en aquellas regiones sobre las que el faraón impuso su autoridad, las culturas y lenguas semíticas fueron respetadas y muchas de sus formas fueron adoptadas dentro de la cultura y de la lengua egipcia.

IMPERIALISMO EGIPCIO

Durante el Reino Nuevo, igual que en épocas anteriores, la administración de la monarquía egipcia, y específicamente de la dinastía XVIII, buscaba en los territorios extranjeros sobre todo la obtención de materias primas y de productos exóticos deseados. Pero ahora la situación política, tanto dentro de Egipto como en los territorios circundantes, propiciaba el dotar a las expediciones de cierta periodicidad y, a su vez, de aumentar el alcance y recorrido de sus desplazamientos.

Las denominadas «campañas», como connota la propia traducción del término egipcio *wḏyt*, han sido interpretadas por los egiptólogos como incursiones o *tournées* de carácter marcadamente militar. Eso es, efectivamente, lo que reflejan las inscripciones conmemorativas de la época. Sin embargo, noticias esporádicas en diversas fuentes nos informan de que la «tropa» egipcia llevaba consigo productos (no especificados en los textos) para entregárselos a aquellos gobernantes que aceptasen pacíficamente y con resignación la autoridad del faraón y que aprovisionasen a los «soldados» a su paso por su territorio. Siendo numerosos los gobernantes extranjeros que de algún modo colaboraban con los intereses egipcios, las inscripciones, por su naturaleza, se recrean en las gestas bélicas contra los enemigos, pues éstas realzaban los méritos del monarca y su papel de garante del orden (*maat*) primigenio y divino sobre la tierra.

Las relaciones entre Egipto y los pueblos vecinos no se reducían al ejercicio de la violencia y de la represión por parte egipcia y a la sumisión o rebelión por parte extranjera, sino que, al mismo tiempo que esto ocurría en determinadas áreas, tenía lugar una amplia gama de posibilidades de convivencia pacífica, migraciones, intercambios de productos, de palabras y expresiones idiomáticas, de aspectos culturales y religiosos, etc. Los datos aportados por otras fuentes y estudiados por la Arqueología, la Filología, la Historia de las religiones, etc., completan las lagunas y compensan la subjetividad de la mayoría de las fuentes escritas y de la iconografía sobre este asunto.[15]

---

15. Sobre préstamos semíticos en egipcio, ver J. E. Hoch, *Semitic Words in Egyptian Texts of the New Kingdom and Third Intermediate Period*, Princeton, 1994. Sobre dioses semíticos en Egipto, ver R. Stadelmann, *Syrisch-Palästinische Gottheiten in Ägypten*, Leiden, 1967.

INTRODUCCIÓN

Las expediciones o campañas del faraón eran calificadas de «victoriosas», *nḫt*, desde el momento en que conseguían obtener bienes de otros gobernantes. El modo utilizado para ello era un aspecto marginal para la valoración de la empresa como exitosa: tanto si los bienes constituían el botín consecuencia del empleo de la violencia, como si los bienes se hubieran obtenido a través de intercambio comercial o diplomático, lo importante era la variedad, el valor y la cuantía de los objetos y personas que se traían. De este modo, la narración de las «victorias» del faraón podía incluir el botín del saqueo de una ciudad, el tributo anual de los vasallos (tanto egipcios como jefes extranjeros) y los productos enviados como regalos diplomáticos por el rey de Babilonia o de Asiria, quienes esperarían su contrapartida del faraón. ¿Cómo podían ser considerados estos últimos «victorias»? Porque los egipcios pensaban que el hecho de enviarle regalos a alguien, en este caso al faraón, era la forma de expresar que se reconocía la autoridad del faraón, que se aceptaba su estatus de líder y, por tanto, que no se tenía intención de enfrentarse contra él; lo que en última instancia implicaba, desde el punto de vista egipcio, una «victoria» por defecto (de desafío).

Este peculiar concepto de «victoria», que atiende sobre todo a la consecución final de bienes materiales, está estrechamente unido al concepto de «frontera», pues las «campañas de victoria» tenían como objetivo, según señalan las propias inscripciones, «expandir las fronteras de Egipto» o «expandir las fronteras del rey».[16] El término egipcio que se traduce por «frontera», *tš*, hace referencia al área más alejada sobre la cual el faraón es capaz de ejercer algún tipo de influencia, el límite geográfico de su autoridad. La autoridad del faraón no sólo se manifiesta en su capacidad de recaudar tributo de sus vasallos (egipcios y extranjeros) mediante la intimidación (más o menos explícita), sino también en su capacidad de conseguir establecer un intercambio comercial o diplomático con gobernantes de territorios muy distantes. Así, por ejemplo, la reina Hatshepsut ni mentía ni exageraba (con fines supuestamente «propagandísticos») cuando afirmaba en sus inscripciones que su frontera sur alcanzaba hasta el Punt (probablemente en la actual Eritrea), pues hasta allí llegó una expedición comercial que ella despachó desde Egipto, allí se aceptó su estatus de líder y, consecuentemente, allí se intercambiaron productos y los barcos egipcios regresaron cargados con materias primas y productos exóticos de

16. J. M. Galán, *Victory and Border: Terminology related to Egyptian Imperialism in the XVIIIth Dynasty* (*HÄB* 40), Hildesheim, 1995.

aquella región meridional. De nuevo, es la consecución final de bienes materiales lo que define el concepto egipcio de «frontera», sin prestar atención a la forma empleada para obtener esos bienes.

En el Reino Medio los monarcas de la dinastía XII consiguieron expandir la frontera sur remontando el cauce del Nilo hasta la Segunda catarata. Allí levantaron fortalezas imponentes que servían de centros de intercambio comercial con las poblaciones nubias, de centros protegidos para el almacenaje de los productos recogidos en la región, sobre todo minerales, y/o de puestos aduaneros para controlar la inmigración de las tribus (semi)nómadas. Años después, durante el denominado Segundo Periodo Intermedio, ya hemos mencionado cómo Kerma, al sur de la Tercera catarata, se convierte en un centro de poder importante. Por ello, los primeros reyes de la dinastía XVIII remontan el Nilo hasta pasar la Tercera catarata y alcanzar la región que ellos llaman Khenthennefer, e incluso excepcionalmente sobrepasan la Cuarta catarta, llegando hasta el-Kenisa. Los templos levantados en Nubia adquieren ahora un papel importante como centros de organización económica y de organización social del territorio; construyéndose además nuevos templos, como el de Gebel Barkal, antes de alcanzar la Cuarta catarata, o el de Soleb, al sur de la Tercera.

Egipto no sólo se relacionaba con las poblaciones meridionales remontando el cauce del Nilo, sino que también utilizaba la navegación por el Mar Rojo como vía de comunicación y expansión comercial. Ése era el medio de transporte común utilizado para alcanzar la región de Punt, supuestamente situada en algún lugar de la costa de Eritrea y, tal vez, abarcando incluso parte de la costa de Yemen. Después de que culminara con éxito la expedición enviada por la reina Hatshepsut a Punt, son frecuentes las referencias a la llegada de productos traídos desde allí en las fuentes escritas y en la iconografía.

La frontera norte comenzó a expandirse siguiendo la inercia de la expulsión de los hicsos, teniéndose noticia, acto seguido, del sitio de la ciudad de Sharuhen, ubicada al sur de Palestina o al norte de la península del Sinaí. Después, apenas se sabe nada hasta que Tutmosis I alcanza el Éufrates y manda esculpir una estela conmemorativa en una colina junto al río. El lugar estaría aproximadamente a la altura de Ugarit, ciudad en la costa siria, o incluso un poco más al norte, próxima a la ciudad de Emar, donde se encontraba el límite meridional del reino de Mitani, región denominada Naharina. Tutmosis III tomaría este lugar como emblemático y esculpiría allí otra estela junto a la de su abuelo.

INTRODUCCIÓN

Así, puede decirse que el imperio egipcio abarcó, *groso modo*, desde la Cuarta catarata del Nilo, bien dentro de Sudán, hasta sobrepasar el norte del Líbano, llegando hasta la mitad de Siria; cubriendo una extensión de casi 2.500 km de norte a sur (midiendo Egipto, desde el Delta hasta la Primera catarata, casi 1.000 km. Véase figura 1). Su duración puede decirse que fue de unos 300 años, desde el reinado de Tutmosis I, en torno al año 1500 a. C., hasta el final del reinado de Ramsés II y de su descendiente el rey Merneptah, en torno al año 1200 a. C. Claro que, tanto antes como después de estas fechas «redondeadas», los egipcios salieron en busca de beneficios económicos en tierras extranjeras, pero fue durante esos años cuando el dominio egipcio se mostró más firmemente establecido y eficaz fuera de lo que podría considerarse estrictamente el territorio de Egipto.

Por otro lado, es importante señalar que el imperio egipcio no fue homogéneo ni en el espacio ni en el tiempo. Pueden observarse fácilmente grandes diferencias entre el dominio que ejerció la administración de la corona egipcia en el sur y el que ejerció en el norte. En Nubia la administración egipcia ocupó los principales enclaves económicos, construyendo fortalezas y templos, y explotando directamente los recursos. En Siria-Palestina, sin embargo, la presencia de la administración egipcia fue mínima, obteniendo los productos deseados por medio de campañas periódicas que buscaban, sobre todo, la colaboración de los gobernantes locales a cambio de cierta protección y de la garantía del mantenimiento del orden establecido. Los egipcios no explotaban directamente los recursos de Siria-Palestina, sino que se limitaban a recaudar tributos entre los gobernantes fieles y a capturar botín de los gobernantes que se resistían a aceptar la autoridad del faraón.

Incluso dentro de la propia región de Siria-Palestina había diferencias entre unas regiones y otras, entre unas ciudades-estado y otras. El control irregular de la corona egipcia sobre el territorio de su imperio queda perfectamente reflejado en la correspondencia diplomática hallada en el archivo de el-Amarna. Las trescientas cincuenta cartas escritas en cuneiforme sobre tablillas de barro (la mayoría de ellas en lengua acadia, que hacía las funciones de *lingua franca*) pueden dividirse en dos grupos. Un grupo de cuarenta y cuatro cartas forma la correspondencia entre los grandes reyes de entonces en el Próximo Oriente, quienes se trataban con el faraón de «hermano»: Egipto, Mitani, Babilonia, Hatti, Asiria, Alashia (= Chipre) y Arzawa, al sur de Anatolia. Un segundo grupo de trescientas seis cartas ofrecen una buena muestra de la comunicación y relación entre el rey de Egipto y los gobernantes de Siria-Palestina supuestamente fieles a su majestad. La importancia de estos documentos para el estudio de las relaciones internacionales en torno al año 1360 a. C. (últimos años de Amenofis III, reinado de Amenofis IV/Akhenaton y comienzos del de Tutankhamon) es capital. Entre otras razones, nos ofrecen una visión del imperio egipcio en Siria-Palestina desde la perspectiva de los gobernantes locales, por lo que completan la información recogida en las inscripciones conmemorativas de los reyes egipcios y contrarrestan su subjetividad.

Hace años se interpretó que el contenido de las cartas que los gobernantes de Siria-Palestina escribieron al faraón reflejaba la decadencia del imperio egipcio durante la época de Amarna. En ellas se expresaban quejas sobre la ausencia de tropas egipcias en la zona, lo que permitía actos de rapiña en los caminos, campos y pueblos por parte de poblaciones «flotantes» que vivían al margen del sistema de ciudades-estado, y permitía también que los gobernantes más fuertes atacasen a los más débiles. Sin embargo, era la propia naturaleza de la documentación lo que hacía que sólo se indicaran en las cartas asuntos negativos, pues la situación ordinaria de calma y paz no era un asunto sobre el cual mereciera la pena informar a la autoridad superior. Este tipo de documentación tiene su razón de ser en la descripción de situaciones anómalas, por lo que la reconstrucción de la situación general a partir de estos documentos ha de basarse en deducir lo contrario de lo que aparece escrito. Así, si un gobernante se quejaba al faraón de que ese año las tropas egipcias no habían pasado por su ciudad, indirectamente nos está informando de que lo que había estado ocurriendo años atrás es que las tropas egipcias sí habían pasado por su ciudad, que era lo que él esperaba que siguiera ocurriendo. De este modo, puede argumentarse que en la época de Amarna el imperio egipcio en Siria-Palestina siguió las pautas marcadas por la política llevada a cabo por Tutmosis III en la región.[17] En la Bibliografía recogida al final se encontrará un listado con las obras elementales sobre el archivo de el-Amarna, cuya lectura complementa y completa el presente libro.

---

17. J. M. Galán, «The Heritage of Thutmosis III's Campaigns in the Amarna Age», en B. Bryan y D. Lorton (eds.), *Essays in honor of H. Goedicke*, San Antonio, 1994, pp. 91-102.

INTRODUCCIÓN

Fig. 1: Mapa del Próximo Oriente antiguo.

## NOTAS SOBRE LA TRADUCCIÓN

Para la traducción del antiguo egipcio al castellano se han adoptado una serie de criterios que conviene indicar y, en la medida de lo posible, explicar. En cualquier caso, se ha intentado mantener en todos los textos los criterios adoptados para que el lector pueda apreciar aun en la traducción castellana la repetición de vocablos en las inscripciones egipcias, de giros idiomáticos, de fórmulas propias de un determinado género, etc., y poder así comparar unas inscripciones con otras. La traducción pretende ceñirse lo más posible al texto original, pero permitiéndose las licencias necesarias para hacer legible el texto en castellano.

Las transcripciones de los nombres egipcios que aparecen en el texto en castellano, tanto los antropónimos, los teónimos, como los topónimos, pretenden ser ante todo reconocibles. En muchos casos se ha seguido la tradición anglosajona, como para la transcripción del fonema $ḫ$, que se ha optado por «kh» en lugar de «j» (entre otras razones para evitar escribir «Tutanjamon»), o el fonema $š$, transcrito «sh». De forma similar, el fonema $ṯ$ (= /ch/) se ha transcrito «tch» (debido a su asimilación con la *t*) y el $ḏ$ (= /y/ o /ll/) por «dy» (debido también a su ocasional asimilación al grafema *d*).

Los nombres de los monarcas egipcios han supuesto un problema en la composición del texto en castellano. De los cinco nombres que adoptaban en su coronación, se han dejado sin traducir sus respectivos nombres como «rey del Alto y del Bajo Egipto» (= *praenomen*) y como «hijo de Ra» (= *nomen*), pues eran los nombres con los que se les conocía, el último de ellos su nombre de nacimiento, ambos escritos generalmente dentro de «cartuchos», por lo que se ha preferido escribirlos en transcripción. Los otros tres, el nombre «Horus», el de «las dos Señoras» (las diosas patronas del Alto y del Bajo Egipto) y el del «Horus de oro», sí se han traducido, por entenderse que funcionaban casi como epítetos, a modo de breves mensajes políticos sobre aspectos del pasado, del presente o del futuro del monarca. Por estar estos mensajes sumamente abreviados, las traducciones de estos nombres han de entenderse como meramente orientativas.[18]

Si bien en las traducciones de las inscripciones se ha tratado de ofrecer una transcripción lo más aproximada posible de los nombres

---

18. J. von Beckerath, *Handbuch der ägyptischen Königsnamen* (*MÄS* 20), Berlín, 1984; C. Spieser, *Les noms du Pharaon: Comme êtres autonomes au Nouvel Empire* (*OBO* 174), Friburgo (Suiza), 2000.

personales, en el breve comentario que las precede se ha optado por utilizar el nombre más conocido de cada uno de los reyes. Así, en las introducciones se leerá «Tutmosis» o «Amenofis», pero en las traducciones esas mismas personas apareceran con los nombres «Totmose» o «Amonhetep». El propósito de esta aparente complicación es combinar el nombre «egipcio» (en las inscripciones) con su nombre más popular en castellano (en la introducción y en las notas).

La traducción literal de los títulos que preceden a los cinco nombres adoptados por los reyes en su coronación es un tanto críptica, pero, por tratarse de fórmulas o expresiones arcaicas, se ha mantenido la opción más común entre los egiptólogos. Uno de los epítetos más comunes de los monarcas, que llegaría incluso a preceder a los nombres reales, es el de $n\underline{t}r$-$nfr$. Su traducción literal, «buen dios», aunque es la comúnmente empleada, tal vez no refleje lo que los egipcios querían expresar, pudiendo haber sido una forma de aludir al legítimo heredero del monarca precedente.[19] Por otro lado, el rey era considerado, con mayor o menor insistencia, hijo de dios y, por tanto, con cierta esencia divina. En las inscripciones conmemorativas los «poderes» del rey juegan un importante papel en el mensaje ideológico. El término egipcio $b3w$, traducido por «poderes», alude al poder o a la influencia de un ser más allá de su presencia física, es decir, a su capacidad de actuar y hacerse notar incluso no estando visualmente presente.

La traducción de ciertos títulos o cargos administrativos que ostentan algunos de los miembros de la elite social es todavía hoy discutible. Aún así, se ha adoptado para cada uno de ellos una de sus posibles interpretaciones. El título $r$-$p\Omega t$ se ha traducido por «noble portavoz» y $\underline{h}3t$-$^{c}$ por «líder». Por otro lado, para el título $sd3wty$-$bit$ se ha optado por traducir «portador del sello del $bit$», no estando seguros sobre cómo interpretar el último término, de implicaciones considerables para el estudio de la administración de la monarquía egipcia (en determinados contextos el $bit$ se asocia con el Bajo Egipto).

Otros términos egipcios empleados para denotar grupos sociales son ciertamente ambiguos o imprecisos. Por ejemplo, el término $msw$, literalmente «nacido», se emplea para referirse a los «hijos» de alguien (igual que el término $\underline{h}rdw$), pero también a los «súbditos» de un jefe. Es decir, que el término $msw$ presta atención al vínculo de dependencia existente entre una o más personas con respecto a otra per-

---

19. H. Stock, «$N\underline{t}r$ $nfr$ = der gute Gott?», en *Der orientalistischen Tagung in Marburg 1950. Fachgruppe: Ägyptologie*, Hildesheim, 1951, pp. 3-15.

sona con autoridad sobre ellos. De forma similar, *it*, que significa «padre», puede emplearse con el sentido de «antepasado». Más complicado es matizar el significado de las distintas palabras empleadas para referirse a los grupos de personas dependientes, tanto egipcios como extranjeros. La palabra que hace referencia a los «dependientes» de un modo más general es *ḥmw*. El término *n-ḏt* se utiliza para referirse a un «siervo», pero en un contexto internacional conviene traducirlo por «vasallo». Otros términos comunes son *mrw* y *b3kw*, «sirvientes».

Con respecto a las poblaciones extranjeras, conviene hacer un par de apreciaciones. La mayoría de los gentilicios se han dejado sin traducir, como por ejemplo los empleados para referirse a grupos de población «flotante» que habitaban distintas zonas de Siria-Palestina y que, según las circunstancias, podían ser agricultores y/o ganaderos semi-nómadas, mercenarios en el ejército de algún rey más o menos poderoso, o bandidos, asaltadores de caminos y saqueadores de cosechas y de poblados. Éstos eran los *montiu*, los *shasu* o los *apiru*. Los *marianu*, por el contrario, parece ser que constituían una elite militar relacionada con el manejo del caballo. Atención especial merecen los gentilicios *sṯtyw* y *ʿ3mw*, que se han traducido para hacer más comprensible la lectura de los textos, y se ha optado por «palestinos» y «semitas» respectivamente, a falta de un equivalente más apropiado. En cuanto a Nubia, el gentilicio más frecuente en las inscripciones es el de *iuntiu*. También se emplean *styw* o *nḥsyw*, que han sido ambos traducidos por un término igual de impreciso, «nubios».

La mayoría de los nombres geográficos que se refieren a regiones más o menos extensas de Siria-Palestina y de Nubia no se han traducido, al considerarse que su traducción daría una falsa sensación de nitidez y precisión. Los escribas egipcios podían elegir a la hora de componer sus textos entre más de un término, y cada uno de ellos podía ser empleado con relativa flexibilidad. Por ejemplo, los topónimos comunes para referirse a la región de Siria-Palestina son: Retenu (divisible en Alto y Bajo Retenu), Kharu, Dyahi y las Tierras de los Fenkhu. A ellos se les suma un quinto, *stt*, el más genérico, que se ha traducido por «Palestina» de nuevo para hacer más comprensible la lectura de los textos. Para referirse a las tierras al sur de la Primera catarata del Nilo, las fuentes egipcias emplean *t3-sty*, traducido por «Nubia», o el término *k3š*, «Kush». Otros topónimos, como Khenthennefer o Karoy, se refieren, en principio, a una parte de Nubia.

Los términos empleados en las fuentes para referirse a las tierras del desierto occidental y a sus poblaciones son comúnmente traducidos por «Libia» y «libios», lo que supone una incorrección, pues los

INTRODUCCIÓN

«libu» serán tan sólo una de las varias tribus que habitaban esa región años después, según las inscripciones de época ramésida. Por ello, se ha optado por dejar en la traducción de los textos la transcripción de los términos egipcios, Tchehenu y su variante Tchemehu. En cuanto al topónimo Keftiu, que generalmente se identifica con la isla de Creta, se ha creído más conveniente dejarlo también en transcripción ante la posibilidad de que algún escriba egipcio lo utilizase con un sentido más laxo para aludir a una parte imprecisa del Egeo. Lo mismo ocurre con Isy y su posible identificación con la isla de Chipre.

Continuando con la nomenclatura utilizada por los egipcios para referirse al territorio, es importante señalar que *kmt*, comúnmente traducido por «Egipto», se refiere concretamente al «valle» (fértil), pues su pareja complementaria y opuesta, «desierto» (*dšrt*), también estaba dentro de lo que podía ser considerado Egipto.[20] Aun así, las tierras extranjeras se identificaban con el desierto y, más concretamente, con las tierras montañosas (*ḫ3st*), como contraposición a la tierra llana (*t3*) de Egipto. Por todo ello, cuando en una inscripción se menciona sólo *kmt*, se ha traducido por «Egipto», pero si el término se menciona junto con *dšrt*, se ha traducido por «Valle» y «Desierto» respectivamente. Del mismo modo, cuando *ḫ3st* se menciona solo, se ha traducido por «tierra(s) extranjera(s)», pero cuando aparece junto con *t3*, la combinación se ha traducido por «tierra(s) llana(s) y montañosa(s)». Hay un topónimo, Ta-meri, «la tierra amada», que, si bien en ocasiones parece que se utiliza para denominar a Egipto, otras veces parece referirse a territorios de la corona egipcia incluso en el extranjero, por lo que no se ha considerado apropiado el traducirlo. Sin embargo, por la elocuencia del nombre, sí se ha traducido *t3-nṯr*, la «Tierra-de-dios», que parece ser que se empleaba para aquellos lugares en el extranjero de donde Egipto obtenía materias primas, como eran el Líbano, el Sinaí y el Punt.[21]

Los bienes materiales que los egipcios obtenían del extranjero, bien como botín a través del empleo de la violencia, bien como tributo a través de la intimidación, o bien como regalo a través de la diplomacia, reciben diversos nombres en las fuentes egipcias, cuya traducción todavía es hoy debatida. El término *ḥtr* hace referencia al «impuesto» que un siervo o vasallo debe pagar periódicamente a su

---

20. Aunque sobre una época mucho más temprana, ver el estudio lexicográfico de A. D. Espinel, *Etnicidad y territorialidad durante el Reino Antiguo*, tesis doctoral defendida en la Universidad de Salamanca el 5 de abril de 2001.
21. H. Goedicke, «God's Earth»: *GM* 166 (1998), pp. 23-28.

señor según lo estipulado previamente (en un «documento», *nt-ˁ*), consistente en una parte de los bienes que poseyera (ganado, minerales, productos elaborados, etc.) o la cantidad que hubiera cosechado en sus campos de labor. El resultado del trabajo (*bȝk*) de un siervo o de un vasallo se denomina *bȝkw*, parte del cual será recaudado después por su señor como su «contribución». Igual que *bȝkw* deriva del verbo *bȝk* «trabajar», sin prestar atención a la razón o procedimiento de obtener un bien, el término *inw* es simplemente el participio pasivo de un verbo que alude a la acción física que lo origina desde el punto de vista del receptor: de *in(i)*, «traer(se)», deriva *inw*, literalmente «lo que se trae», en los textos traducido por «productos».

Por último, señalar que los nombres de las tres estaciones en que los egipcios dividían el año normalmente se traducen: *Shemu* por «Verano», *Akhet* por «Inundación» y *Peret* por «Invierno». Cada una de ellas incluía cuatro meses de treinta días cada uno, a los que se añadían cinco días al final del año, denominados «epagomenales». En el presente libro se ha optado por no traducir el nombre de las estaciones, puesto que, debido a la ausencia de un año bisiesto, el calendario civil se fue desajustando del paso de las estaciones después de muchos años y, por tanto, no existía una plena coincidencia entre el nombre de las estaciones del calendario y su «traducción».

# TEXTOS

# AHMOSE Y SU INFLUENCIA EN EL EXTERIOR

Por raro que parezca, no poseemos una inscripción que conmemore la trascendental victoria de Ahmose, primer rey de la dinastía XVIII, sobre los hicsos y sus incursiones posteriores en territorio extranjero. Es gracias a las autobiografías de dos de sus soldados, curiosamente también llamados Ahmose, como conocemos algunos de los detalles de la contienda (ver *infra*). En una estela hallada en el patio entre el pilono VIII y el IX del templo de Karnak,[1] se inscribió un extenso panegírico del monarca, en el que se incluye una breve referencia a su poder en tierras extranjeras del sur y del norte.

Khenthennefer es un topónimo ambiguo empleado para referirse al extremo más meridional bajo el control egipcio, que en esta época pudiera corresponder con la región de la Tercera catarata o más al sur.[2] Su equivalente septentrional era por entonces el término igual de ambiguo «Tierras de los Fenkhu», que podría hacer referencia al norte de la península del Sinaí y al sur de Palestina.

TEXTO[3]

Los habitantes de tierras extranjeras vienen a una postrados y se detienen ante su sala. Su matanza está entre los habitantes de Khenthennefer, su reputación está por Tierras de los Fenkhu. El respeto a su majestad está dentro de esta tierra como el de Min cuando viene.[4] Ellos traen sus respectivas aportaciones, cargados con productos para el rey.

1. PM II², p. 179. Hoy en el Museo de El Cairo con el número de inventario CG 34001.
2. Ver H. Goedicke, «The Location of *Ḫnt-ḥn-nfr*»: *Kush* 13 (1965), pp. 102-111.
3. P. Lacau, *Stèles du Nouvel Empire*, I, El Cairo 1909, pp. 1-4, pl. 1; Urk. IV 18, 3-9; BAR, II, p. 13 (n.º 30).
4. Tanto el dios Min como la diosa Sakhmet eran frecuentemente mencionados para establecer símiles con acciones violentas y devastadoras.

# EL ALMIRANTE AHMOSE HIJO DE EBANA

Su biografía fue inscrita sobre las paredes interiores de su tumba rupestre en el-Kab. El texto se ha dispuesto en columnas, leyéndose en sentido inverso al que correspondería considerando la disposición de los signos jeroglíficos.[1] Comienza junto a una figura del propietario, representado de pie, apoyándose en un largo bastón y acompañado de su nieto Paheri. Describe el servicio militar que Ahmose hijo de Ebana prestó bajo los primeros reyes de la dinastía XVIII: Ahmose, Amenofis I y Tutmosis I. Empieza con el asedio de Avaris, capital de los hicsos en el Delta oriental, seguido del asedio de la ciudad de Sharuhen, probablemente situada al sur de la región de Palestina. Su empleo en el ejército del rey le haría remontar el Nilo más allá de la Tercera catarata en Nubia y ascender hasta la alta Mesopotamia en Siria. Éstos serían los extremos más o menos oficiales, estables y convencionales de la autoridad de los monarcas egipcios de la dinastía XVIII.

La penetración de las expediciones egipcias en territorio nubio solían remontar el curso del Nilo, y las acciones militares consistían sobre todo en sofocar los desórdenes provocados por tribus (semi)nómadas que se resistían a aceptar la autoridad del faraón. Si bien el reino de Kerma, que era el principal núcleo de poder en el siglo XVI a. C., se encontraba al sur de la Tercera catarata, las tropas egipcias tuvieron que intervenir repetidas veces al sur de la Primera catarata para frenar la entrada descontrolada de personas y productos, y para asegurar la extracción y transporte de piedra y minerales de las colinas desérticas.

---

1. Sobre el recurso de invertir el sentido de la lectura del texto para llamar la atención del lector, ver H. G. Fischer, *Egyptian Studies, II: The Orientation of Hieroglyphs, Part I: Reversals*, Nueva York, 1977.

Las campañas hacia el norte podían desplazarse por barco o a pie, haciendo escala en las ciudades que se iban encontrando en ruta. El grado de aceptación de la autoridad faraónica por parte de cada una de las ciudades-estado de Palestina y de Siria podía variar según las circunstancias de cada momento, pero su expansión hacia el norte quedaría frenada por la autoridad del rey de Mitani, en la región de Naharina, sirviendo circunstancialmente de línea divisoria entre los poderes egipcio y mitano el río Balih, afluente del Éufrates, a la altura de la ciudad de Ugarit en la costa siria.

Ahmose, además, informa en su biografía sobre el sistema utilizado para retribuir el servicio prestado de los soldados que participaban en las batallas. Tras el combate, el guerrero cortaba una mano al enemigo que él había derrotado (ver figura 20) y se la hacía llegar al heraldo real como prueba de su arrojo. El rey, por medio de su heraldo, le recompensaba con uno o varios objetos de oro, siervos, etc. Por referencias posteriores, sabemos que el rey se llevaría a Egipto las manos amputadas como prueba de sus hazañas bélicas, presentándolas en montones ante sus súbditos y ante su dios.[2]

TEXTO[3]

El almirante de la tripulación, Ahmose hijo de Ebana —(santo) inocente—, dice:

Permitidme que os hable a toda la gente, que os informe de los favores que me fueron concedidos. He sido recompensado con oro siete veces delante de la tierra entera, además de con dependientes[4] hombres y mujeres; se me han otorgado muchos campos de cultivo, pues el nombre/reputación de un valiente está en lo que él ha hecho y nunca desaparecerá de la faz de esta tierra.[5]

---

2. Ver J. M. Galán, «La mutilación de los enemigos del faraón», en *La guerra en el Oriente Próximo y Egipto antiguos*, Madrid, en prensa.
3. LD, III, pl. 12; Urk. IV 1, 15- 10, 9. Cl. Vandersleyen, *Les guerres d'Amosis*, Bruselas, 1971, pp. 17-127; R. Schulz, «Die Biographie des Ahomse– sohn der Abana. Versuch einer Erzähltextanalyse», en D. Kessler y R. Schulz (eds.), *Gedenkschrift für Winfried Barta*, Francfort del Meno, 1995, pp. 315-352. Una traducción actualizada puede encontrarse también en M. Lichtheim, *Ancient Egyptian Literature*, II, Berkeley, 1976, pp. 12-15.
4. ḥmw, término que no especifica el grado de dependencia.
5. Dicho egipcio que se repite en otras inscripciones, como en Urk. IV 780, 14-15.

Él continúa diciendo: Yo crecí en la ciudad de Nejeb (el-Kab), siendo mi padre un soldado del rey de Egipto Seqenenra —(santo) inocente—. Baba hijo de Rainet era su nombre. En época del señor de las Dos Tierras Nebpehtira (= Ahmose) —(santo) inocente— hice de soldado en su lugar en el barco «El toro bravo». Yo era todavía un adolescente, no había tomado aún esposa y dormía en pañales[6]. Habiendo fundado ya una casa, fui tomado para el barco del norte debido a mi valentía. Seguía al soberano a pie cuando marchaba sobre su carro. Cuando la ciudad de Avaris era sitiada, fui un valiente de pie junto a su majestad. Cuando fui asignado al barco «Aparición en Menfis», se luchaba en las aguas del canal de Padyeku de Avaris. Hice entonces una captura y me traje una mano, y cuando el heraldo real fue informado, se me otorgó el oro del valor. Cuando se repitió la lucha en este lugar, volví a efectuar una captura allí, me traje una mano y se me otorgó otra vez el oro del valor. Luego, cuando hubo lucha en el valle, al sur de esta ciudad, me traje a un hombre prisionero, habiendo tenido que meterme en el agua. En efecto, había sido atrapado en el extremo de la ciudad, (por lo que) atravesé el agua llevándole. El heraldo real fue informado y se me concedió entonces mi recompensa en oro por duplicado. Cuando la ciudad de Avaris estaba siendo saqueada, yo me traje como botín a un hombre y a tres mujeres, en total cuatro, y su majestad me los concedió como dependientes. Luego, la ciudad de Sharuhen fue sitiada por tres años y, cuando su majestad (por fin) la saqueó, yo me traje como botín a dos mujeres y una mano. Se me concedió entonces el oro del valor y, además, las capturas se me concedieron como dependientes.

Después de que su majestad hiriera a los *montiu*[7] de Palestina[8], navegó río arriba hasta Khenthennefer para atacar a los *iuntiu*[9], y su majestad llevó a cabo una gran matanza entre ellos. Yo me traje como botín a dos hombres vivos y tres manos. Se me recompensó

---

6. Se desconoce el significado de la palabra compuesta *smt šnw*. Parece que se refiere a un tipo de vestimenta y, por el contexto, el autor la emplea para aludir a la corta edad de Ahmose de una manera gráfica, caricaturesca, por lo que se ha traducido por «pañales».

7. Nombre genérico que denomina a los grupos (semi)nómadas de Palestina y Siria.

8. El término es *stt*. En la inscripción del rey Ahmose hallada en Karnak (ver *supra*) se alude a la región de Sharuhen empleando el término «Tierras de los Fenkhu». En la biografía de Ahmose Pennekhbet (ver *infra*) se dice que Ahmose luchó en «Dyahi», otro topónimo genérico que se refiere a la región de Siria-Palestina.

9. Término utilizado para referirse a las tribus nubias, generalmente asociadas al uso del arco.

con el oro del valor por duplicado y, además, se me otorgaron dos mujeres dependientes. Su majestad navegó río abajo, su corazón henchido de valor y victoria, pues había dominado a los del sur y a los del norte.

Aata había venido entonces al sur. Su destino[10] había apresurado su muerte, los dioses del Alto Egipto le tenían en el puño. Fue descubierto por su majestad en aguas de Tanettaa. Su majestad le trajo entonces como prisionero y a toda su gente como botín. Yo me traje capturados a dos soldados[11] del barco de Aata. Se me otorgaron cinco personas y cinco *arourae*[12] de campo cultivable en mi ciudad.[13] Lo mismo se hizo para toda la marinería.

Aquel enemigo, de nombre Tetian, vino entonces, habiendo reunido para sí a los de intenciones perversas. Su majestad le hirió y su tripulación fue (convertida en) inexistente. Me fueron concedidas tres personas y cinco *arourae* de campo cultivable en mi ciudad.

Siendo yo marinero del rey de Egipto Dyeserkara (= Amenofis I) —(santo) inocente—, él navegó río arriba hasta Kush para extender las fronteras de Egipto. Su majestad golpeó a aquel *iuntiu* en medio de su tropa, quienes fueron traídos atados por el cuello, sin que faltara uno solo, pues los que huían acabaron caídos como quienes no existen. Yo estaba entonces en la vanguardia de nuestra tropa, luché de verdad, y su majestad observó mi valor: me traje dos manos y se las presenté a su majestad. A continuación, se persiguió a su gente y a su ganado, y yo me traje a un prisionero y se lo presenté a su majestad. Conduje a su majestad de vuelta a Egipto en dos días desde la Pozo Superior, y se me recompensó con oro. Me traje a dos mujeres dependientes como botín, además de los que ya le había presentado a su majestad.[14] Fui nombrado entonces guerrero del gobernante.

10. El término egipcio es *šꜣw*. El concepto egipcio de «destino» se refiere especialmente al momento y a la forma de hallar la muerte. Véase S. Morenz y D. Müller, *Untersuchungen zur Rolle des Schicksals in der ägyptischen Religion*, Berlín, 1960.
11. El término empleado es *mgꜣ*.
12. Término griego utilizado para traducir el egipcio *stꜣt*: medida de superficie equivalente a 2.735 m², es decir, 2/3 de acre.
13. De época del rey Ahmose, proveniente de Deir el-Bahari, se conserva una estela que delimitaba una parcela donada por el rey a uno de sus vasallos. La inscripción dice así: «Frontera sureste del campo que donó el rey de Egipto Nebpehtira, hijo carnal de Ra Ahmose —¡que se le conceda vida por siempre!—. (Especificaciones:) un jalón (de cuerda, equivalente a una *arourae*) donado a él, quien elabora *ḫkr*, el supervisor de los orfebres [...]»; ver Galán, *Victory and Border*, p. 137.
14. En total Ahmose se hace con diecinueve dependientes, nueve hombres y diez mujeres, a quienes se les asigna un nombre egiptizado, como así aparece en la lista que se incluye en la inscripción (Urk. IV 11, 3-14).

Siendo marinero del rey de Aakheperkara (= Tutmosis I) —(santo) inocente—, navegó río arriba hasta Khenthennefer para reprimir el desorden por tierras extranjeras, para frenar la inmigración desde el desierto. Yo fui valiente delante de él en las aguas turbulentas, en el difícil paso del barco por la catarata. Así, fui nombrado almirante de la tripulación. Entonces, su majestad [...] Su majestad se enfureció como una pantera, disparó y su primera flecha se clavó en el pecho de aquel enemigo. Entonces, éstos [...] abatidos por la llamarada de su cobra-*uraeus*[15]. Al momento, se llevó a cabo una matanza y sus vasallos fueron traídos como prisioneros. Su majestad navegó río abajo, estando todas las tierras extranjeras en su puño, y aquel maldito *iuntiu* iba colgado boca abajo de la proa del barco de su majestad, «Halcón», atracando en Karnak.[16]

Después de esto, (su majestad) prosiguió a Retenu para saciar su deseo por tierras extranjeras. Su majestad alcanzó Naharina, y encontró a aquel enemigo reuniendo atacantes. Su majestad llevó a cabo una gran matanza entre ellos, incontables fueron los prisioneros que su majestad se trajo de sus victorias.[17] Yo estaba en la vanguardia de nuestra tropa, y su majestad pudo observar mi valor: me traje un carro, su caballo y al que estaba en él como prisionero, y se lo presenté a su majestad. Fui recompensado con oro por duplicado.

Ya soy anciano, he alcanzado la senectud, favorecido desde el principio, querido [... y ahora reposo en] mi tumba que yo mismo construí.

15. La figura de la serpiente que el rey de Egipto llevaba con frecuencia sobre su frente era, supuestamente, hija del dios solar Ra y, como tal, poseía la capacidad de lanzar llamaradas de fuego contra los adversarios del monarca.

16. En una de las paredes interiores de la tumba de Ineni se le representa a él, en calidad de supervisor de los graneros de Amon, recibiendo a distintos «contribuyentes», entre los que destaca un grupo de nubios. El texto que acompaña a la figura de Ineni describe la escena: «[Inspeccionando] a los nubios, los cuales eran otorgados como primicia de prisioneros a la fundación de Amon, después de que el maldito Kush fuera derrotado, junto con los productos de todas las tierras extranjeras que su majestad había otorgado al templo de Amon como contribución anual de parte del rey de Egipto Aakheperkara» (Urk. IV 70, 1-7). Ver E. Dziobek, *Das Grab des Ineni: Theben Nr. 81*, Maguncia del Rin, 1992, pp. 33-34, pls. 1-3, 60. Una exhibición similar del enemigo derrotado la llevó a cabo años después Amenofis II, según se describe en su estela del templo de Amada (ver *infra*).

17. Ineni menciona en su biografía que «los que están sobre la arena (= los nómadas) traían sus productos como (si se tratara) del tributo del Alto y del Bajo Egipto, y cada año su majestad (Tutmosis I) lo dirigía a Tebas para su padre Amon» (Urk. IV 55, 8-9).

# EL SOLDADO AHMOSE PENNEKHBET

La actividad militar en tierras extranjeras de Ahmose Pennekhbet se recoge por escrito en las paredes de su tumba rupestre en el-Kab, sobre el zócalo de una estatua de alabastro hoy en el Louvre (C.49) y sobre el zócalo de una segunda estatua de granito gris hallada por Mr. Finlay en el-Kab. El interés principal de Ahmose Pennekhbet era enumerar las capturas que realizó y las correspondientes recompensas que recibió de los distintos monarcas. Llegó a luchar bajo el reinado de Ahmose y bajo el reinado de Tutmosis II. Siendo ya mayor, estuvo encargado de criar a la hija mayor de la reina Hatshepsut y disfrutó de los favores del rey Tutmosis III.

### TEXTO PRINCIPAL[1]

El noble portavoz, líder, portador del sello del *bit*, amigo único [...] supervisor del sello, quien repite las capturas, Ahmose, también llamado Pennekhbet —(santo) inocente—, dice:

Cuando seguía al rey de Egipto Nebpehtira (= Ahmose) —(santo) inocente—, capturé para él en Dyahi a un prisionero y una mano.[2]

Cuando seguía al rey de Egipto Dyeserkara (= Amenofis I) —(santo) inocente—, capturé para él en Kush a un prisionero. De nuevo serví al rey Dyeserkara —(santo) inocente—, y capturé para él al norte de Imaukehek tres manos.

Cuando seguía al rey de Egipto Aakheperkara (= Tutmosis I) —(santo) inocente—, capturé en Kush a dos prisioneros, además de los

---

1. Urk. IV 35, 12- 36, 14.
2. El texto de la tumba de el-Kab menciona aquí, sin embargo, la captura de «diez manos» y ningún prisionero.

(numerosísimos) cautivos que me traje de Kush sin haberlos contado. De nuevo serví al rey de Egipto Aakheperkara —(santo) inocente—, y capturé para él en la tierra de Naharina veintiuna manos, un caballo y un carro.

Cuando seguía al rey de Egipto Aakheperenra (= Tutmosis II) —(santo) inocente—, me traje de Shasu[3] numerosísimos cautivos sin haberlos contado.

### RESUMEN BIOGRÁFICO[4]

Yo seguí a los reyes del Alto y del Bajo Egipto, a los dioses, apareciendo [junto a ellos según marchaban] por tierras extranjeras del sur y del norte, en cualquier lugar donde allí [estuvieran]: el rey de Egipto Nebpehtira —(santo) inocente—, el rey de Egipto Dyeserkara —(santo) inocente—, el rey de Egipto Aakheperkara —(santo) inocente—, el rey de Egipto Aakheperenra —(santo) inocente—, hasta el buen dios[5], el rey de Egipto Menkheperra (= Tutmosis III) —¡que le sea concedida vida por siempre!

He alcanzado una buena senectud, he obtenido vida[6] de la gracia del rey, he obtenido favores de sus majestades, he sido amado en Palacio. Repitió para mí los favores la esposa del dios, la gran reina Maatkara (= Hatshepsut) —(santa) inocente—. Yo crié a su hija mayor, a la princesa Neferumaatra —(santa) inocente—, cuando era una niña lactante.

El supervisor del sello, quien repite capturas, Ahmose, también llamado Pennekhbet.

---

3. Este topónimo será después utilizado como gentilicio para referirse a unas tribus (semi)nómadas de Palestina.

4. Urk. IV 34, 4- 35, 1. Este pasaje sólo fue inscrito en la tumba, no sobre las estatuas.

5. Un epíteto común de los reyes egipcios era el de *nṯr nfr*, «buen dios», el cual tal vez no haya que entender literalmente. Es posible que sea una forma para denominar al legítimo heredero. Véase *supra* «Notas sobre la traducción».

6. *ꜥnḫ*, literalmente «vida», adopta aquí y en otros pasajes el sentido de «sustento (físico)» y «reconocimiento (social y jurídico)», en este pasaje, siendo su equivalente *ḥswt*, «favores».

## RECOMPENSAS[7]

Él dice: Juro[8] por el gobernante —¡que viva por siempre!— que yo no me he apartado del rey en el campo de batalla, comenzando desde el rey de Egipto Nebpehtira —(santo) inocente—, hasta el rey de Egipto Aakheperenra —(santo) inocente—. He sido premiado por la gracia del rey hasta el rey de Egipto Menkheperra —¡que viva por siempre!

El rey de Egipto Dyeserkara me concedió dos pulseras de oro, dos pectorales, un brazalete, una daga, una diadema, un abanico y una placa-*meketbet*.

El rey de Egipto Aakheperkara me concedió cuatro pulseras de oro, cuatro brazaletes, una daga, seis moscas, tres leones y dos hachas (también) de oro.

El rey de Egipto Aakheperenra me concedió cuatro pulseras de oro, seis pectorales, tres dagas, una placa-*mekhetbet* y dos hachas de plata.[9]

---

7. Urk. IV 38, 10- 39, 3.
8. La frase dice literalmente: «Así perdure (*w3ḥ*) el gobernante —¡que viva por siempre!—...». Sobre las distintas fórmulas de juramento, ver J. A. Wilson, «The Oath in Ancient Egypt»: *JNES* 7 (1948), pp. 129-156.
9. En el texto de la tumba de el-Kab la recompensa que le otorgó Aakheperenra es ligeramente distinta: «cuatro pulseras de oro, cuatro brazaletes y cuatro bandas» (Urk. IV 39, 7-8).

# DIFUSIÓN DE LA TITULATURA DE TUTMOSIS I

Tutmosis I escribió al virrey de Nubia para comunicarle los cinco nombres que había adoptado en su coronación. A partir de ese momento, tanto las ofrendas a los dioses como los juramentos oficiales habrían de pronunciarse invocando esos nombres. Por ello, el virrey decidió, al recibir el documento real, reproducirlo en piedra. El texto jeroglífico comienza escribiéndose en una columna vertical para seguir en líneas horizontales, manteniendo así la apariencia de los decretos reales, que eran escritos en letra cursiva (hierático) sobre papiro. El texto se grabó al menos sobre tres estelas halladas entre la Primera y la Segunda catarata: en al área de Asuán,[1] en Qubán[2] y en Wadi Halfa[3]. Es el caso más antiguo en la historia de Egipto de la reproducción múltiple, publicación y difusión de un documento oficial.[4] La estela debería haber medido unos 150 cm de altura. En su parte superior, perdida en parte, se representó a Tutmosis I realizando una ofrenda a una divinidad, acompañado por las reinas Ahmose y Ahmose Nefertari.

---

1. De ella sólo se sabe que fue descubierta por Robert Mond.
2. Berlín n.º 13725; *Aegyptische Inschriften aus den staatlichen Museen zu Berlin*, II, Leipzig, 1924, p. 211; PM VII, p. 84.
3. El Cairo CG 34006; Lacau, *Stèles du Nouvel Empire*, pp. 11-13, pl. 5; PM VII, p. 141.
4. Decretos reales eran con frecuencia copiados en piedra a partir de un original en papiro. Incluso algunos oficiales incorporaron a sus biografías la transcripción al jeroglífico de las órdenes recibidas de la administración real, o la transcripción de una carta que les había sido enviada por el propio rey. El único caso anterior que se conoce de la duplicación de una inscripción son un par de estelas que Sesostris III mandó levantar en la Segunda catarata (véase *supra* «Prefacio del imperio»).

TEXTO[5]

Orden real para el príncipe, supervisor de las tierras extranjeras del sur, Turi.

Uno ha traído para ti[6] esta orden del rey para informarte de lo siguiente: su majestad ha aparecido como rey de Egipto sobre el trono de Horus de los que están vivos, sin que pueda haber nunca jamás su repetición.

Mi titulatura se ha configurado como: el Horus "Toro victorioso, Amado de Maat"; las dos Señoras "Quien aparece con la cobra-*uraeus*, Grande en fuerza"; el Horus de oro "Perfecto en años, Quien hace que los corazones vivan"; el rey de Egipto Aakheperkara; el hijo de Ra Totmose —¡que viva eternamente y por siempre!—. Así, deberás hacer que las ofrendas a los dioses del extremo sur, de Elefantina, se realicen como favores de parte del rey de Egipto Aakheperkara —¡que se le conceda vida!—. Así, deberás hacer que se haga tomar juramento[7] en nombre de mi majestad, nacido de la madre del rey Seniseneb —¡que esté sana!

Es un mensaje para informarte de ello y, además, de que la casa del rey está próspera y floreciente.

[...] Año 1, tercer mes de la estación *Peret*, día 21. Día de la ceremonia de la aparición oficial.[8]

---

5. Urk. IV 79, 5- 81, 8. Traducción en BAR, II, pp. 24-25 (n.ᵒˢ 54-60).
6. Aquí cambia el texto de columna a líneas horizontales.
7. El término egipcio comúnmente utilizado para pronunciar un juramento es ˁnḫ, literalmente «vida»; cf. *supra* p. 43 n. 8.
8. M. Schunck, *Untersuchungen zum Wortstamm* ḫˁ, Bonn, 1985; D. B. Redford, *History and Chronology of the Eighteenth Dynasty of Egypt. Seven Studies*, Toronto, 1967, pp. 3-27.

## TUTMOSIS I EN NUBIA

Una estela esculpida sobre una roca junto a la cantera de granito gris en Tombos, al sur de la Tercera catarata y ligeramente al norte de Kerma, celebra la autoridad del faraón en Nubia. La inscripción informa sobre una campaña conducida por el rey Tutmosis I al sur de Egipto, aproximadamente siete meses después de su coronación, según la fecha señalada en el edicto real publicado por el virrey de Nubia, Turi. El texto es en su mayor parte un panegírico del monarca, evitando las precisiones y referencias a acciones concretas. Aun así, se alude a los territorios más meridionales alcanzados por Tutmosis I y se menciona que en todas las tierras los juramentos habrían de pronunciarse en el nombre del nuevo rey de Egipto. Las biografías de Ahmose hijo de Ebana y de Ahmose Pennekhbet corroboran y complementan la información referida en esta narración.

¿Hasta dónde llegaron las tropas de Tutmosis I hacia el sur? Ahmose hijo de Ebana menciona «Khenthennefer», una región que ya había sido castigada por el rey Ahmose (ver *supra*). El término geográfico es un tanto ambiguo, tal vez empleado en esta época para denominar la región de la Tercera catarata o incluso más al sur. En efecto, la estela que nos ocupa se levantó a más de cien kilómetros al sur de la Terecera catarata. Pero, además, se ha localizado una inscripción rupestre de Tutmosis I (copiada más tarde por Tutmosis III) en Hagar el-Merwa, junto a el-Kenisa, río arriba de la Cuarta catarata.[1] Así, la estela conmemorativa de Tombos no se levantó en el lugar más distante alcanzado por las tropas del rey, sino en un lugar distante donde la influencia egipcia era significativa, o al menos se esperaba que así lo fuera en adelante.[2]

---

1. A. J. Arkell, «Varia Sudanica»: *JEA* 36 (1950), pp. 36-37, fig. 4; J. Vercoutter, «New Egyptian Texts from the Sudan»: *Kush* 4 (1956), pp. 67-70.
2. Ver Galán, *Victory and Border*, pp. 146-153.

TEXTO[3]

Año 2, segundo mes de la estación *Akhet*, día 15, bajo la majestad del Horus "Toro victorioso, Amado de Maat", las dos Señoras "Quien aparece con la cobra-*uraeus*, Grande en fuerza", el Horus de oro "Perfecto en años, Quien hace que los corazones vivan", el rey de Egipto Aakheperkara —¡que se le conceda vida!—, el hijo de Ra Totmose —¡por siempre!
Segundo año de su advenimiento. Él ha aparecido oficialmente como jefe supremo de las Dos Tierras para gobernar lo que rodea Aton (el disco solar), el norte y el sur (de Egipto) son como las porciones de Horus y Seth, las Dos Tierras unidas. Él está feliz sobre los tronos de Geb, portando las insignias y la doble corona. Su majestad ha tomado posesión de la herencia de su padre, se ha sentado (sobre) el podio de Horus, para extender las fronteras de Tebas, el territorio de Khefethernebes[4], para que trabajen para ella los nómadas, los habitantes de tierras extranjeras, los que insultan a dios y los demás que están confinados y dentro(?). Los del sur navegan río abajo, los del norte navegan río arriba, todas las tierras extranjeras juntas traen sus productos por primera vez para el buen dios Aakheperkara —¡que viva por siempre!
El Horus, señor de las Dos Tierras, es victorioso. Los estandartes, los mástiles[5], los jefes y la gente (extranjera) están entrelazados para él; sus poblados besando el suelo por él, y los habitantes corriendo hacia su majestad y postrándose en frente de él, (de su) cobra-*uraeus*. Él ha derrotado al jefe de los arqueros; el nubio está despojado y apresado en su palma. Él ha juntado los extremos de sus dos lados, sin que quedase ninguno de los rebeldes que vinieron a auxiliarle, ni siquiera uno de ellos. Los *iuntiu* nubios han sido derrotados con (su) matanza, tendidos por sus tierras, sus vísceras inundando sus valles, su sangre

---

3. LD, III, pl. 5 (a); Urk. IV 82, 3- 86, 15. Traducción y comentarios en BAR, II, pp. 27-31 (n.[os] 67-73); A. K. Grayson y D. B. Redford, *Papyrus and Tablet*, Englewood Cliffs, 1973, pp. 24-25; H. Goedicke, «The Thutmosis I Inscription Near Tomâs»: *JNES* 55 (1996), pp. 161-176.
4. Topónimo que denomina a la orilla occidental de Tebas.
5. Tanto «estandartes» como «mástiles» son traducciones hipotéticas. El primer término está escrito mediante un pictograma cuya lectura es incierta, tal vez *sryt*. Para el segundo término, *pnw*, sólo se conoce el significado de «ratón». La traducción de «mástil» parte del signo empleado como determinativo semántico: el arpón de hueso. Tal vez su lectura debiera modificarse por *gnw*, cuyo determinativo es frecuentemente el arpón de hueso, siendo uno de sus significados el de «poste».

como un chaparrón torrencial. Los restos (despedazados) son demasiado numerosos para las aves, apresando las capturas (y llevándoselas) hacia otro lugar. Quien iba a atraparle (al rey), el cocodrilo[6] está (sin embargo) sobre el que huye; quien se escondía de él, del Horus de fuerte brazo, ahora está bajo la acción del único rey.

El hijo de Amon, simiente del dios cuyo nombre es «El Oculto», procreador y toro (victorioso) de la Enéada, imagen andante del cuerpo de dios. Quien hace lo que los poderosos[7] de Heliópolis premian. (Así,) los señores del palacio han construido una fortaleza para su tropa. No hay quien se le oponga entre los Nueve Arcos[8] reunidos, igual que a una joven pantera entre la manada que huye, después de que los poderes de su majestad les hubieran cegado.

Quien se trae consigo los límites de la tierra a su territorio,[9] quien recorre sus extremos con su arma[10] victoriosa, buscando combate, pero sin encontrar quien se le opusiera.

Quien irrumpe en los valles que desconocían los antecesores, (los valles) que nunca vieron las coronas. Su frontera sur alcanza hasta la parte delantera de esta tierra,[11] y la norte hasta aquel río invertido (en el que) se navega río abajo yendo hacia el sur,[12] sin que nada igual le

---

6. El cocodrilo es uno de los animales en los que el rey transforma su apariencia durante el combate (ver *infra* la segunda parte del texto bajo el epígrafe «El dios Amon, origen de las acciones de Tutmosis III»). Además, el cocodrilo está estrechamente asociado al «destino» (*š3i*) y, por tanto, es una de las manifestaciones más recurrentes de la muerte (ver *supra* p. 39 n. 10); Ch. Eyre, «Fate, Crocodiles and the Judgement of the Dead. Some Mythological Allusions in Egyptian Literature»: *SAK* 4 (1976), pp. 103-114; J. M. Galán, *Cuatro Viajes en la Literatura del Antiguo Egipto*, Madrid, 1998, pp. 172-173. Esta frase y la siguiente incorporan a la narración un *topos* frecuente en la literatura y en las inscripciones reales: la acción heroica del protagonista cambia la suerte, ocurriendo lo contrario de lo que se suponía que iba a pasar.
7. El término es *b3w*, comúnmente traducido como «las almas».
8. Expresión utilizada para aludir a las diferentes tierras que el rey había conseguido someter a su autoridad, incluyendo tanto territorios extranjeros como el Alto y Bajo Egipto; ver E. Uphill, «The Nine Bows»: *JEOL* 19 (1965-66), pp. 393-420; D. Wildung, «Neunbogen»: LÄ, IV, cols. 472-473.
9. Expresión utilizada con frecuencia en las inscripciones conmemorativas para referirse al éxito de las acciones del rey contra los enemigos que le rodeaban; ver Galán, *Victory and Border*, pp. 128-132.
10. El término *ḫpš* en origen denotaba una pata trasera de un bóvido. De ahí pasó a referirse también a un brazo robusto y, por extensión, a una espada curva, a un hacha e incluso a un destacamento de la tropa del faraón; ver Galán, *Victory and Border*, pp. 69-73.
11. La expresión *ḫntyw t3 pn* es similar a la utilizada con mayor frecuencia *wp t3* (ver *infra* p. 55 n. 7), y ambas se utilizan para referirse al extremo sur de una forma ambigua, genérica, con connotaciones míticas.
12. Algunos egiptólogos han sostenido que esta perífrasis hacía referencia al río

hubiera ocurrido a otro de los reyes. Su nombre ha llegado hasta lo que abarca el cielo, tras haber alcanzado el final(?) de las Dos Tierras, (por lo que) se ha de jurar por él (el nombre de Tutmosis I) en todas las tierras, debido a los poderes de su majestad, sin que se haya visto (nada igual) en los anales de los antecesores desde los tiempos de los seguidores de Horus.[13]

Quien otorga su aliento (de vida)[14] a los que le siguen, siendo sus provisiones para quien persevera en su camino.[15]

Su majestad es como Horus, quien ha tomado posesión de su realeza de millones de años. Las islas del océano[16] le sirven a él, la tierra entera está bajo sus sandalias.

El hijo de Ra, de su propio cuerpo, su amado, Totmose —¡que viva eternamente y por siempre!—. Amon-Ra, el rey de los dioses, es su padre, quien ha moldeado sus perfecciones, el amado de la Enéada de Karnak —¡que se le conceda vida, prosperidad, autoridad y salud!—, que su corazón se regocije sobre el trono de Horus, guiando a todos los vivos, como (lo hace) Ra eternamente.

---

Éufrates. Sin embargo, Tutmosis I todavía no había llevado a cabo su campaña por Siria-Palestina, como bien señalan Ahmose hijo de Ebana y Ahmose Pennekhbet. En la búsqueda de otras soluciones más plausibles, H. Goedicke, «The Inverted Water»: *GM* 10 (1974), pp. 13-17; *idem, JNES* 55, p. 172, argumenta que la expresión *mw qdw* debe referirse a la Tercera catarata del Nilo. L. Bradbury, «The Tombos Inscription: A New Interpretation»: *Serapis* 8 (1984-85), pp. 1-20, argumenta en favor de su identificación con la curvatura del cauce del río Nilo en la región de la Cuarta catarata. Recuérdese que Tutmosis I dejó una inscripción rupestre al sur de la Cuarta catarata, en Hagar el-Merwa. Así, las fronteras norte y sur mencionadas en este pasaje harían referencia a los límites del área más meridional visitada por la tropa egipcia.

13. La figura de «los seguidores de Horus» alude a un tiempo mítico, al comienzo de la Historia, después de que reinaran los dioses (mayores) sobre la tierra y antes de que comenzara la primera dinastía de reyes del Alto y del Bajo Egipto. Ver D. B. Redford, *Pharaonic King-Lists, Annals and Day-Books: a Contribution to the Study of the Egyptian Sense of History*, Mississauga, 1986, pp. 160-161, 231-233.

14. Metáfora empleada frecuentemente para expresar un aspecto fundamental de la ideología de la monarquía egipcia: el rey es el origen de la vida, tanto física como legal y social, y sus súbditos están totalmente a merced de su voluntad.

15. Expresión utilizada para referirse a los que son fieles a un rey o a un dios.

16. El término *iw* puede aludir tanto a «islas» como a «territorios» bien delimitados dentro de una región. Por otro lado, el témino *šn wr* se traduce comúnmente como «océano» por el contexto: su determinativo es el signo de un canal, ocasionalmente también el del agua, y literalmente significa «el gran circuito (de agua)». Este término también es mencionado en la denominada «estela poética» de Tutmosis III, traducida más adelante.

## DESPEJANDO EL PASO HACIA NUBIA

Un año y siete meses después de la fecha señalada en la estela de Tombos, el virrey de Nubia, Turi, despejó de piedras la Primera catarata con motivo del paso de otra campaña real hacia Nubia, dejando constancia de su misión en tres grafitos conmemorativos en la zona, en Asuán (*texto a*) y en la isla de Sehel (*textos b y c*). La ejecución de obras para facilitar el paso de embarcaciones hacia el sur se documenta desde finales del Reino Antiguo.[1] El canal en cuestión había sido ya excavado por Sesostris III, y según su inscripción medía 150 codos de largo, 20 de ancho y 15 de profundidad.[2] Años después sería limpiado por Tutmosis III,[3] dejando también testimonio de ello en la isla de Sehel junto a uno de los grafitos de época de su abuelo, Tutmosis I, y copiándolo casi literalmente. El grafito de Tutmosis III, curiosamente, añade que «los pescadores de Elefantina son los que limpian este canal cada año».

TEXTOS[4]

*(a)* Año 3, primer mes de la estación *Shemu*, día 22, bajo la majestad del Horus "Toro victorioso, Amado de Maat", las dos Señoras

---

1. Urk. I 108, 13- 109, 11. Uni se encargó de la excavación de cinco canales durante el reinado de Merenra.
2. Sethe, *Lesestücke*, p. 85 (n.º 24). Nótese que el nombre que asigna Sesostris III al canal, «Buenos son los caminos de Khakaura», es similar al que posteriormente le pondría Tutmosis III, «Apertura del camino bueno de Menkheperra —¡que viva por siempre!—». Un «codo» equivale prácticamente a 50 cm.
3. Urk. IV 814, 19- 815, 2. Gracias al grafito de Tutmosis III se puede reconstruir el *texto (c)* de Tumosis I, el cual se conserva en mal estado. La avanzada edad de Tutmosis III por aquel entonces (año 50 de su reinado) y el hecho de que el texto no sea original permiten suponer que el rey no tomó parte activa en la expedición mencionada.
4. Urk. IV 88, 6- 90, 8. Traducción en BAR, II, p. 32 (n.ᵒˢ 75-77).

"Quien aparece con la cobra-*uraeus*, Grande en fuerza", el Horus de oro "Perfecto en años, Quien hace que los corazones vivan", el rey de Egipto Aakheperkara, el hijo de Ra Totmose, amado de Satet señora de Elefantina. Su majestad ha venido de Kush, derrotando a [sus] enemigos.

*(b)* El Horus "Toro victorioso, Amado de Maat", el rey de Egipto Aakheperkara, el hijo de Ra Totmose —¡que se le conceda vida por siempre!—. Año 3, primer mes de *Shemu*, día 22. Su majestad ha navegado este canal victoriosamente y poderosamente, a su regreso de derrotar al maldito[5] Kush.
El virrey Turi.

*(c)* Año 3, primer mes de *Shemu*, día 22, bajo la majestad del rey de Egipto Aakheperkara —¡que se le conceda vida!—. Su majestad ordena la excavación de este canal, después de que él lo encontrara [obstruido] por piedras, sin [que un barco] pudiera pasar [por él]. Él [ha navegado río abajo] por él, feliz, [después de haber abatido a sus enemigos].
El virrey [Turi].

---

5. El término traducido por «maldito», *ḥsi*, se refiere a una persona o a una tierra que ha sido o será «derrotada», según D. Lorton, «The So-called "Vile" Enemies of the King of Egypt (in the Middle Kingdom and Dynasty XVIII)»: *JARCE* 10 (1973), pp. 65-70; ver también B. M. Bryan, *The Reign of Thutmose IV*, Baltimore, 1991, pp. 338-339.

## TUTMOSIS I CAZA ELEFANTES EN NIY

Entre las panteras, jirafas y productos exóticos y de valor, la mayoría provenientes de Punt, que su hija, la reina Hatshepsut, mandó grabar como parte de la decoración de su templo funerario en Deir el-Bahari, se representan unos colmillos de elefante que, según la inscripción que los acompaña, fueron traídos de Siria por Tutmosis I. El texto aporta información sobre las supuestas acciones del rey al norte de Egipto. La cacería de elefantes en la región de Niy, al suroeste de Naharina/Mitani, ya emprendiendo el camino de regreso, se convertiría en una tradición para los reyes de la dinastía XVIII. La inscripción se conserva hoy muy dañada, ilegible a no ser por la disponibilidad de copias realizadas a finales del siglo XIX y principios del XX.

TEXTO[1]

Los poderes del rey Aakheperkara —(santo) inocente—, quien se trajo consigo estos colmillos, tras sus victorias en tierras extranjeras del sur y del norte. Su majestad en persona cazó [x ejemplar(es)] de elefante, en la tierra de Naharina, yendo a caballo, después de que procediera a derrotar al Alto Retenu en su [primera(?)] campaña de victoria. Su majestad llegó a Niy y encontró allí estos elefantes. No le había ocurrido nada igual a (ningún) rey anterior.

En cuanto a estos colmillos que su majestad se trajo de esta tierra extranjera, se los entregó al templo de su padre Amon señor de los tronos de las Dos Tierras, después de volver poderoso, victorioso y legitimado[2], tras derrotar a sus oponentes.

1. E. Naville, *The Temple of Deir el Bahari*, III, Londres, 1907, pl. 80; Urk. IV 103, 6- 104, 13.
2. El término *mꜥ3-ḫrw* se refiere a alguien cuyos argumentos son considerados

## TUTMOSIS I DA GRACIAS A AMON

La reina Hatshepsut, hija de Tutmosis I, mandó grabar una inscripción retrospectiva sobre la cara interior del pilono VIII de Karnak,[1] puerta de entrada para los que se aproximaban por entonces al templo desde el sur. Su intención era, supuestamente, legitimar su acceso al trono, al presentar a su padre reconociéndola como rey de Egipto y solicitando la bendición de Amon, Mut y Khonsu, la tríada tebana. Un pasaje de la inscripción alude al dominio de Tutmosis I fuera de Egipto.

### TEXTO[2]

[...] El Valle y el Desierto están bajo mi autoridad, y yo estoy satisfecho con las victorias que tú me has concedido. Todas las tierras extranjeras rebeldes están bajo mis sandalias, lo que rodea tu cobra*uraeus* trae sus aportaciones. Tú has fortalecido mi majestuosidad [dentro de ellos], mi fama recorre sus tierras. Sus miembros tiemblan, después de que yo les atrapara con la victoria que tú habías decretado. (Ahora) actúan como siervos [según] tus [instrucciones], los jefes de todas las tierras extranjeras están con la cabeza inclinada. [Sus contribuciones son] recaudadas [para tu templo...].

---

verdaderos y legítimos. La expresión es utilizada principalmente para referirse al veredicto favorable al difunto emitido por el tribunal en su juicio final.
1. PM II², p. 174 (517).
2. Urk. IV 271, 14- 272, 7; BAR, II, p. 101 (n.º 245).

## TUTMOSIS II EN NUBIA

El texto de una estela grabada sobre una roca en el camino entre Asuán y Philae celebra la victoria de la tropa del rey contra unos jefes nubios que estaban actuando contra los intereses egipcios al norte de Kush. Pero ¿dónde ha de localizarse la acción? En el preámbulo que nos informa de las causas del envío de tropas al sur se mencionan unas fortalezas que Tutmosis I había levantado después de haber conducido una o más campañas en la región, convirtiendo a las poblaciones de la zona en «siervos»[1]. Si bien Tutmosis I sobrepasó la Cuarta catarata, probablemente el texto se refiera al sur de la Tercera catarata, donde mandó levantar una estela conmemorativa en Tombos, en la región denominada Khenthennefer. La acción punitiva de Tutmosis II adquiere un significado ideológico al llevarse a cabo poco después de su coronación.

La acción del rey se presenta arropada por pasajes retóricos, precediéndola un breve himno al monarca que alude a los límites de su autoridad mediante perífrasis, y clausurándola el cántico de alabanza que el pueblo le dirige. La narración, por su parte, no está exenta de elementos dramáticos. La fórmula introductoria «uno vino a informar a su majestad...» se utiliza frecuentemente en las inscripciones conmemorativas para añadir realismo, funcionando como revulsivo, verdadero desencadenante de la reacción del rey.[2] Acto seguido, el rey se enfurece como una pantera, animal característico del sur, que era precisamente donde el rey iba a actuar. El juramento del monarca, cambiando a estilo directo, introduce un momento inesperado de tensión

---

1. En egipcio *n-ḏt*. Sobre los distintos términos empleados para denominar situaciones de dependencia, ver A. M. Bakir, *Slavery in Pharaonic Egypt* (*CASAE* 18), El Cairo, 1978.

2. A. Spalinger, *Aspects of the Military Documents of the Ancient Egyptians*, New Haven, 1982, pp. 1-33.

en la descripción de los hechos. Una noticia de interés es que a uno de los rebeldes, a un hijo del jefe de Kush, se le perdona la vida tras la batalla y es llevado como prisionero ante el rey. En definitiva, es un texto que compagina la información política con un estilo narrativo literario.

TEXTO[3]

Año 1, segundo mes de la estación *Akhet*, día 8. Aparición oficial de su majestad, el Horus "Toro victorioso, Poderoso en fuerza", las dos Señoras "El de realeza divina", el Horus de oro "Quien controla las transformaciones", el rey de Egipto Aakheperenra, el hijo de Ra Totmose-"Perfecto en apariciones oficiales", sobre el trono de Horus de los vivos, estando su padre Ra y Amon señor de los tronos de las Dos Tierras protegiéndole, dispuestos a golpear a sus adversarios por él.

Estando su majestad en Palacio, sus poderes[4] son el mando, el respeto hacia él cruza la tierra, (su) majestuosidad (alcanza) las orillas de los territorios más lejanos[5], las dos partes de los dos (Horus y Seth) están bajo su autoridad, los Nueve Arcos bajo sus sandalias. Los *montiu* vienen a él con productos, los *iuntiu* de Nubia traen tributo[6]. Su frontera sur llega hasta el cuerno de la tierra[7], la norte hasta lo más recóndito[8]. Nubia es como un siervo de su majestad, y la acción de sus comisionados no es obstaculizada en las Tierras de los Fenkhu.[9]

Alguien vino a informar a su majestad de que el maldito Kush había comenzado a rebelarse. Los que eran siervos del señor de las Dos Tierras habían tramado una conspiración. Los criminales habían co-

3. LD, III, pl. 16 (a); Urk. IV 137, 1- 141, 9; BAR, II, pp. 48-50 (n.ᵒˢ 119-122). Ver también la traducción y estudio de D. Lorton, «The Aswan/Philae Inscription of Thutmosis II», en S. Israelit-Groll (ed.), *Studies in Egyptology Presented to Miriam Lichtheim*, Jerusalén, 1990, pp. 668-679.
4. *b3w*; ver *supra* «Notas a la traducción».
5. *ḫ3w nbw*; ver M. M. Bonty, «The Haunebu»: *GM* 145 (1995), pp. 45-58.
6. El término empleado, *g3w*, es un *hapax*.
7. *wp t3* es un topónimo abstracto, imaginario, que alude al extremo sur.
8. El término *pḥw* alude a las marismas y, por extensión, se utilizó para referirse a la región septentrional más distante de Egipto.
9. Las fronteras de Egipto alcanzan hasta donde la autoridad del faraón es respetada, y ésta, a su vez, alcanza hasta la región más distante donde sus comisionados pueden llevar a cabo las actividades para las que fueron enviados; véase J. M. Galán, «Aspectos de la diplomacia del antiguo Egipto, hasta *ca.* 1320 a. C.»: *Sefarad* 55 (1995), pp. 105-126.

menzado a golpear a la gente de Egipto, a robar el ganado de estas fortalezas que tu padre, el rey de Egipto Aakheperkara (= Tutmosis I) —¡que viva por siempre!— había levantado con sus victorias para oponerse a las tierras extranjeras rebeldes, a los *iuntiu* nubios de Khenthennefer.[10]

Hay un jefe del maldito Kush que ha pasado a la condición de enemigo, junto con dos *iuntiu* de Nubia y tres hijos de un jefe del maldito Kush, los cuales habían huido delante del señor de las Dos Tierras el día de la matanza[11] del buen dios y habían dividido su territorio en cinco partes, cada uno custodiando su posesión.

Su majestad se enfureció como una pantera tras oír esto. Su majestad dijo entonces: «Juro (por mi vida), (como que) Re me ama, y mi padre, el señor de los dioses, Amon señor de los tronos de las Dos Tierras, me premia, que no dejaré vivo a ninguno de sus hombres, que sembraré la muerte entre ellos».

Entonces, su majestad apresuró una numerosa tropa hacia Nubia en su primera ocasión de victoria, para derrotar a quienes se habían rebelado contra su majestad y a los demás que habían cometido crímenes contra el señor de las Dos Tierras. La tropa de su majestad alcanzó el maldito Kush, guiándoles los poderes de su majestad, su (capacidad de provocar una) matanza protegiendo sus pasos. La tropa de su majestad derrotó a estos extranjeros. No dejaron a ninguno de sus hombres vivo, según lo que había ordenado su majestad, a excepción de uno de estos hijos del jefe del maldito Kush, el cual fue traído como cautivo, junto con los dependientes de ellos, hasta el lugar donde estaba su majestad, y fue puesto bajo los pies del buen dios.

Su majestad apareció sobre un podio, y los prisioneros que trajo la tropa de su majestad fueron presentados (ante él). Esta tierra extranjera fue hecha sierva de su majestad, como lo era antes.

La gente estaba gritando y bailando, y la infantería estaba en júbilo. Ellos saludaban al señor de las Dos Tierras, ensalzaban a este dios benefactor (evocando) las circunstancias de su divinidad:[12] «Ha ocurrido gracias a los poderes de su majestad, porque su padre Amon

---

10. Nótese que la fortaleza levantada por Sesostris III en Uronarti, ligeramente al sur de la Segunda catarata, recibió el nombre de «Oposición a los *iuntiu*»; ver A. H. Gardiner, «An Ancient List of Fortresses of Nubia»: *JEA* 3 (1916), pp. 184-192 (n.º 4).

11. Probablemente se trate de la acción descrita en la estela de Tutmosis I en Tombos (ver *supra*).

12. He interpretado el final del texto que sigue a continuación como la reproducción de la alabanza que le dirige el pueblo a su rey. Otros traductores no lo han hecho así.

le quiere más que a ningún rey que haya existido desde el primer momento de la tierra: el rey de Egipto Aakheperenra, el hijo de Ra Totmose-"Perfecto en apariciones oficiales" —¡que se le conceda vida, prosperidad y autoridad como la de Ra por siempre!—».

# CAMPAÑA DE HATSHEPSUT EN NUBIA

Un grafito inscrito sobre una roca en la isla de Sehel, en la Primera catarata del Nilo, informa sobre una expedición militar por territorio nubio durante el reinado de Hatshepsut, probablemente no muy lejos de aquel lugar. La persona que encargó la inscripción, un tal Tey, participó años después en una expedición en busca de turquesas en la península del Sinaí, apareciendo retratado en la representación iconográfica de la parte superior (denominada «luneta») de una magnífica estela levantada en Serabit el-Khadim en el año 25 de Tutmosis III.[1]

El texto ocupa ocho columnas, seguidas por la figura de un hombre de pie, con un cetro-*sekhem* en su mano derecha. Debajo, el autor material de la composición, de unos 40 x 62 cm, firma su trabajo.

### TEXTO[2]

El noble portavoz, líder, portador del sello del *bit*, amigo único, supervisor del sello, el que atrapa, Tey, dice: «he seguido al buen dios, el rey de Egipto [Maatkara] —¡que se le conceda vida!—. He presenciado cómo derrotaba a los *iuntiu* y se traía a sus jefes vencidos como prisioneros. He presenciado cómo arrasaba la tierra de Nubia. Cuando yo era asistente de su majestad, (desempeñaba la función de) comisionado real, quien lleva a cabo lo que se dice.

Realizado por el artesano de Amon, Amonmose.

---

1. A. H. Gardiner, T. E. Peet y J. Černý, *The Inscriptions of Sinai*, Londres, 1952 (texto) y 1955 (láminas), pp. 159-160, pl. 64 (n.º 196).
2. L. Habachi, «Two Graffiti at Seheē from the Reign of Queen Hatshepsut»: *JNES* 16 (1957), pp. 99-104; W. Helck, *Historisch-biographische Texte der 2. Zwischenzeit und neue Texte der 18. Dynastie*, Wiesbaden, 1983, p. 121 (n.º 133).

## HATSHEPSUT Y LAS TIERRAS EXTRANJERAS

No nos ha llegado ninguna inscripción de la reina Hatshepsut que celebre el éxito de alguna campaña militar conducida durante sus años de reinado. Sin embargo, en sus inscripciones conmemorativas se incluyen con frecuencia referencias a su poder sobre las tierras que circundaban Egipto, entre las que se han seleccionado tres. La primera de ellas (*texto a*), grabada en Deir el-Bahari, recoge las palabras que los dioses de Egipto le dirigen a Hatshepsut, cuando todavía era una niña e iba acompañada de su padre Tutmosis I. La segunda (*texto b*) fue esculpida sobre la parte inferior de la cara este del obelisco que ella mandó levantar a la entrada del templo de Karnak y que actualmente está derruido. Y la tercera (*texto c*) sobre la parte inferior de la cara este de su obelisco en Karnak que se mantiene en pie, todavía casi intacto. En ambos obeliscos, el texto de la base, escrito en líneas horizontales, contrasta con la columna de texto que se descuelga por cada uno de los cuatro lados, cuyos signos se realizaron a escala mucho mayor.

### TEXTOS[1]

*(a)* «¡Atraviesa las tierras! Apresa numerosas tierras extranjeras, aplasta a la tierra de Tchehenu, golpea con la maza a los *iuntiu* y corta las cabezas de (su) tropa, agarra a los jefes de Retenu según la matanza de tu padre, tráete a millones de hombres como botín de tu arma, guía a miles de hombres hacia los templos de los pueblos...».

---

1. Texto *(a)*: Urk. IV 248, 1-9; Naville, *Deir el Bahari*, III, pl. 57; BAR, II, pp. 91-92 (n.° 225); D. B. Redford, *Egypt, Canaan and Israel in Ancient Times*, Princeton, 1992, p. 151. Texto *(b)*: Urk. IV 372, 1- 373, 11; BAR, II, pp. 134-135 (n.° 321); Redford, *Egypt, Canaan and Israel*, pp. 151-152; L. Habachi, *The Obelisks of Egypt*, El Cairo, 1984, p. 66. Texto *(c)*: Urk. IV 368, 8-12; BAR, II, p. 134 (n.° 319).

(b) [Yo soy su heredero] benefactor, el amado[2] de su majestad. Él me ha otorgado la realeza del Valle y del Desierto. Todas las tierras extranjeras están reunidas bajo mis sandalias: mi frontera sur (alcanza) hasta las orillas de Punt, [la Tierra-de-dios[3] está en (mi) puño]; la frontera este hasta los confines de Palestina, los *montiu* de Palestina están en mi mano; la frontera oeste hasta Manu, pues gobierno a los [*tchehenu*]; [la frontera norte hasta...], mis poderes están entre los nómadas reunidos. La mirra de Punt es traída para mí como se transporta en barco el grano [...] todas las nobles maravillas[4] de esta tierra extranjera y se dirigen a mi palacio a la vez. Los palestinos dirigen [...] turquesas de la tierra de Roshaut[5]. Ellos me traen una selección de Negau(?), consistente en madera de pino, de junípero y madera-*meru* [...] toda clase de plantas típicas de la Tierra-de-dios. Productos de Tchehenu son traídos para mí, consistentes en setecientos colmillos de marfil de allí y numerosas [pieles] de pantera del sur de seis codos de largo y cuatro codos de ancho, además de todos los productos de esta tierra extranjera.

(c) ...(Amon señor de los tronos de las Dos Tierras) ha hecho que yo gobierne el Valle y el Desierto como su herencia. No hay ningún enemigo mío en ninguna tierra, (pues) todas las tierras extranjeras son mis siervos. Él ha establecido mi frontera hasta los límites del cielo, y todo lo que circunda el disco solar trabaja para mí...

---

2. El verbo *mr(i)*, comúnmente traducido por «amar», se refiere a la acción de «elegir» o «preferir» a alguien sobre los demás.
3. Término utilizado para referirse de forma alegórica a los territorios extranjeros donde los egipcios conseguían materias primas y productos exóticos, como Punt, el Sinaí o el Líbano.
4. bi3w, término ambiguo empleado para referirse casi a cualquier cosa que maravillase o brillase. En este caso probablemente se refiera a productos exóticos y especias. Ver E. Graefe, *Untersuchungen zur Wortfamilie* bj3-, Colonia, 1971.
5. Probablemente una región del Sinaí.

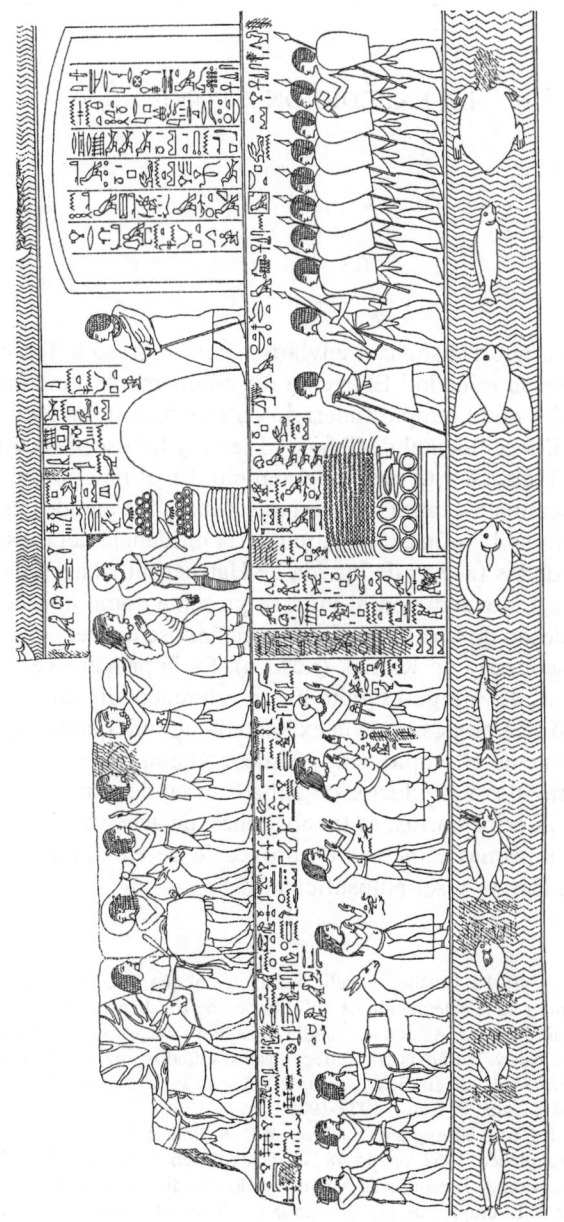

Fig. 2: El comisionado real de Hatshepsut intercambia productos con los jefes de Punt, según los relieves que decoraban una de las paredes de Deir el-Bahari.

## LA EXPEDICIÓN A PUNT

La expedición que Hatshepsut enviara a Punt regresó a Tebas en el noveno año de su reinado.[1] El evento fue conmemorado mediante relieves grabados en el templo funerario de Hatshepsut, en Deir el-Bahari, en la orilla occidental de Tebas. El texto y las escenas ocupan el lado sur de la terraza intermedia del templo. En el lado norte, al otro lado de la escalinata central, el tema que decora las paredes es el nacimiento divino y la infancia de la reina. La influencia del dios Amon en cada una de las facetas de la vida de Hatshepsut se acentúa en las inscripciones. La expedición al Punt se presenta como consecuencia del expreso deseo de la divinidad, comunicándoselo directamente a la reina en su santuario de Karnak (*texto a*). Es la primera vez que las fuentes escritas del antiguo Egipto hacen referencia directa al empleo de un oráculo.[2] El propósito de la expedición al Punt queda expresado muy claramente en el propio texto: desde los tiempos de los ancestros se traían maravillas y productos de allí a cambio de numerosos pagos efectuados a intermediarios; se trataba, pues, de acceder directamente a las materias primas e incluso de proveerse de ejemplares para replantarlos en Egipto y ser autosuficientes.

---

1. Urk. IV 349, 10. Hatshepsut sube al trono en el año 7 de Tutmosis III. En el año 15, con motivo de la celebración de la fiesta Sed de Hatshepsut, se escenifica una reconciliación entre ambos. Así, en la «capilla roja», cuya decoración conmemora esta ocasión, Hatshepsut y Tutmosis III aparecen representados juntos, ella denominada «rey» (*nswt bit*) y él «buen dios» (*nṯr nfr*); P. Lacau y H. Chevrier, *Une Chapelle d'Hatshepsout à Karnak*, El Cairo, 1977-1979.
2. Véase J. Černý, «Egyptian Oracles», en R. A. Parker, *A Saite Oracle Papyrus from Thebes*, Providence, 1962, pp. 35-48. Tutmosis III, años después, alegará que fue durante una procesión de la estatua de Amon cuando esta divinidad le señaló como futuro rey de Egipto. El empleo de oráculos en la resolución de pleitos judiciales se generalizará en época ramésida.

Las escenas escogidas para describir la expedición despachada por Hatshepsut, acompañadas por los textos del epígrafe *(b)*, muestran claramente que fue un verdadero intercambio comercial lo que ocurrió en Punt:[3] el comisionado real llevó consigo productos de Palacio para adquirir de los jefes del Punt las deseadas especias y productos exóticos y valiosos (figura 2). La compensación entregada se menciona y se representa de pasada, formando parte del anecdotario del evento. Incluso se pretende camuflar el pago como si fuera una ofrenda efectuada al templo de la diosa egipcia Hathor que supuestamente se había levantado en aquellas tierras extranjeras. Por otro lado, los autores de las inscripciones y de los relieves, como era de esperar, fijan su atención y se recrean en los bienes obtenidos y traídos a Egipto, pues servirían para dar testimonio del extenso poder del monarca. Los artífices de la escenografía y de la fraseología que daba forma y expresaba la ideología de la monarquía adaptan los hechos a sus propósitos y los presentan como parte de sus victorias y triunfos.

TEXTOS[4]

*(a)* El Horus "Poderosa en *kas*", las dos Señoras "Afortunada en años", el Horus de oro "Divina en apariciones", el rey de Egipto Maatkara, imagen [sagrada] de Amon, a quien él ha elegido para que esté sobre su trono. Él le ha asignado a ella la herencia de las Dos Tierras, la realeza del Alto y del Bajo Egipto. Él le ha otorgado a ella lo que Aton circunda, lo que engloban Geb y Nut. No hay oponentes suyos entre los del sur, no hay contrincantes suyos entre los del norte.

El cielo y todas las tierras extranjeras que dios ha creado trabajan únicamente para ella, ellos vienen hasta ella con respeto, sus jefes con

---

3. Ver M. Liverani, *Prestige and Interest: International Relations in the Near East ca. 1600-1100 B.C.*, Padua, 1990, pp. 240-246.
4. El *texto (a)* se integra en una escena en la que se representa a la reina frente al dios Amon; Naville, *Deir el Bahari*, III, pls. 83-84; Urk. IV 341, 1- 347, 1; A. de Buck, *Egyptian Reading Book*, Leiden, 1948, pp. 49-50; BAR, II, pp. 116-118 (n.os 285-288). Los textos del epígrafe *(b)* acompañan a las escenas que recogen diversas instantáneas de la expedición a Punt; Naville, *Deir el-Bahari*, III, pls. 72, 69, 75, 76; Urk. IV 322, 5-15; 323, 17- 326, 6; 329, 15- 333, 2; BAR, II, pp. 106-110 (n.os 253-262; 266-269). Algunas escenas hoy perdidas fueron copiadas a finales del siglo XIX; ver A. Mariette, *Deir el Bahari*, Leipzig, 1877, pl. 5; N. B. Millet, «A Fragment of the Hatshepsut Punt Relief»: *JARCE* 1 (1962), pp. 55-57; W. S. Smith, «The Land of Punt»: *JARCE* 1 (1962), pp. 59-61. Puede leerse con provecho, incluso aunque no se esté de acuerdo,

la cabeza inclinada, sus presentes sobre sus espaldas, sus hijos[5] como ofrendas para ella, solicitando que les sea concedido el aliento de vida, debido a los poderes de su padre Amon, quien ha puesto a todas las tierras bajo sus sandalias.

El propio rey, el rey de Egipto Maatkara, la majestad de Palacio —¡vida, prosperidad y salud!—, preguntó hacia la escalinata del señor de los dioses. Se escuchó un pronunciamiento[6] desde el trono, un anuncio[7] del propio dios:

«Exploraré las rutas hacia Punt, descubriré los caminos hacia las terrazas de mirra, tras guiar a la tropa por agua y por tierra para traer maravillas de la Tierra-de-dios para este dios que ha creado sus perfecciones (de Hatshepsut)».

(La reina responde:) «Haré para ti de acuerdo con todo lo que ha pronunciado la majestad de este noble dios, (pues) así es lo desea hacer su majestad (Hatshepsut) —¡que se le conceda vida, renovación y autoridad, como a Ra por siempre!—».

Palabras pronunciadas por Amon [señor de los tronos de las Dos Tierras]:

«¡Bienvenida! dulce hija, quien está en mi corazón, rey de Egipto Maatkara, quien ha construido un monumento perfecto, purificado el lugar de la gran Enéada y [llenado] mi santuario con los recuerdos que ella quiso.

Tú eres el rey, quien ha tomado las Dos Tierras, Hatshepsut-"Engendrada por Amon", rica en ofrendas, pura en viandas. Satisfaces mi deseo en todo momento, (por lo que) te he concedido toda la vida y la autoridad de mi parte, toda renovación de mi parte, toda salud de mi parte, toda felicidad de mi parte.

Te he concedido todas las tierras llanas y todas las tierras montañosas, (para) que estés contenta con ellas. Yo te las anuncié ya desde hace tiempo, y las observará la eternidad de los incontables años que yo transcurriré gloriosamente.

A.-A. Saleh, «Some Problems relating to the Pwenet Reliefs at Deir el-Bahari»: *JEA* 58 (1972), pp. 140-158.

5. *msw*, «hijos», participio del verbo *ms(i)* «nacer», «formar», no hay que entenderlo en muchos casos como hijos de sangre o carnales, sino, en un sentido amplio, como «súbditos».

6. El término empleado es *wḏ*, cuyo significado principal es «decreto», «orden» de un rey o de un dios.

7. *mdwt-r*, en este pasaje generalmente traducido como «oráculo» únicamente por el contexto.

## LA EXPEDICIÓN A PUNT

Te he concedido Punt entero hasta las tierras de los dioses, la Tierra-de-dios que no ha sido pisada, las terrazas de mirra que la gente ignora[8]. Uno lo ha escuchado de boca en boca, en relatos de los [ante]pasados, que se traían maravillas y productos de allí bajo (el reinado de) tus antecesores, cada uno de los reyes del Bajo Egipto, desde los tiempos de los ancestros, los reyes del Alto Egipto, los que existieron primero, a cambio de numerosos pagos, (pues) no se alcanzan salvo por tus enlaces.[9] Así, haré que tus tropas las pisen, tras guiarles por agua y por tierra, descubriendo para ellos las rutas ocultas, tras penetrar las terrazas de mirra. Ésta es la región más apartada de la Tierra-de-dios; es mi lugar de esparcimiento. Yo lo he creado para solaz mío junto con Mut y Hathor, señora de la corona blanca y de Punt, señora del [cielo], grande en magia, señora de todos los dioses. Ellos recogen mirra a su antojo y cargan barcos con árboles de mirra fresca y con todo tipo de productos típicos[10] de esta tierra extranjera hasta quedar satisfechos. Yo predispuse a los habitantes de Punt que la gente ignora, a los barbados de la Tierra-de-dios,[11] para que ellos te alabaran como a un dios, puesto que tus poderes cruzan la tierra extranjera. Les he conocido: yo soy su señor. Tengo el conocimiento: yo soy el progenitor, Amon-Ra, y mi hija es quien rodea la totalidad[12], el rey de Egipto [Maatkara], a quien he creado.

Yo soy tu padre, quien establece el respeto hacia ti en los Nueve Arcos. Así, ellos vienen en paz [hasta Karnak]. Traen muchas maravillas y toda clase de productos típicos de la Tierra-de-dios a por los que tu majestad les envió: montones de terrones de mirra y árboles de mirra fresca con cepellón, plantados en el patio de ceremonias para ser vistos por todos los dioses. Tu majestad en persona los hará cre-

---

8. El verbo *ḫm*, «ignorar», connota el no tener relaciones con un lugar o con una persona. La palabra «gente», *rmṯ*, en este texto implícitamente se refiere a los egipcios.
9. *smntyw*. Las palabras puestas en boca de Amon revelan claramente que el propósito de la expedición de Hatshepsut al Punt era eliminar los intermediarios y, por tanto, eliminar las tasas con las que éstos gravaban el transporte de especias y productos exóticos. La expedición comercial de Hatshepsut pretendía no sólo ganar acceso directo a las materias primas, sino traerse consigo la propia fuente de riqueza, transplantando los árboles. Con ello, además de ahorrarse pagos, se ganaría plena disponibilidad sobre los productos deseados.
10. El término es *nfr*, comúnmente traducido por «bueno».
11. Los relieves que acompañan al texto muestran a los nativos de Punt con facciones no negroides, de un color de piel igual al de los egipcios y luciendo una prominente perilla.
12. *nbw*, abreviación de la expresión más frecuente *ḥ3w-nbw*, una forma de referirse al «resto», a la «totalidad»; ver p. 55 n. 5.

cer [en el campo a ambos lados] de mi templo, para que yo disfrute con ellos».

*(b)* Navegando por el mar. Tomando la ruta correcta hacia la Tierra-de-dios. Atraque con éxito en Punt por parte de la tropa del señor de las Dos Tierras, según las instrucciones del señor de los dioses, Amon señor de los tronos de las Dos Tierras, el primero de Karnak, para que le sean traídas maravillas de todas las tierras extranjeras, debido a que él ama [a su hija, la reina Maatkara, más que a ningún rey del Alto Egipto, más que a ningún predecesor, sin que esto hubiera ocurrido] para ningún otro rey (del Bajo) Egipto que hubiera existido en esta tierra nunca jamás.

Llegada del comisionado real a la Tierra-de-dios, junto con la tropa que iba con él, frente a los jefes de Punt. Viniendo con todo tipo de cosas típicas de Palacio —¡vida, prosperidad y salud!— para Hathor, señora de Punt, en nombre de la vida, prosperidad y salud de su majestad.

Llegada por parte de los jefes de Punt, postrados, inclinando la cabeza, para recibir a la tropa del rey. Ellos dan gracias al señor de los dioses Amon-Ra, dios primordial de las Dos Tierras, quien [recorre] las tierras extranjeras. Ellos dicen, solicitando paz:[13]

«¿Para qué habéis llegado aquí, a esta tierra que la gente ignora? ¿Habéis descendido por los caminos de arriba? ¿Habéis viajado por agua y por tierra? ¡Cuán afortunada es la Tierra-de-dios al pisarla el dios Ra para vosotros! No hay ninguna ruta que se le resista a la majestad del rey de Ta-meri[14], y nosotros vivimos del [aliento] que él concede».

El jefe de Punt (llamado) Palhu, su esposa Aty, (seguidos de) sus dos hijos, de su hija y del asno que carga con su esposa.

Llegada del jefe del Punt trayendo sus regalos junto al mar, frente al [comisionado] real [...]

Recepción de los regalos del jefe de Punt por parte del comisionado real.

Levantando la tienda del comisionado real y su tropa junto a la terraza de mirra de Punt, al lado del mar, para recibir a los jefes de esta

---

13. A modo de saludo.
14. Término empleado para referirse a los dominios del monarca egipcio, incluyendo tanto el Alto y el Bajo Egipto como las regiones extranjeras cuyos gobernantes fueran vasallos del faraón.

tierra extranjera. Ofreciéndoles a ellos pan, cerveza, vino, carne, frutas y todo lo que hay en Ta-meri, como había sido ordenado desde Palacio —¡vida, prosperidad y salud!

Navegando. Llegada con éxito y atracando en Karnak felizmente por parte de la tropa del señor de las Dos Tierras y de los jefes de esta tierra extranjera que les acompañaban.[15] Ellos traían lo que no se había traído ni parecido para otro rey del Bajo Egipto, consistente en maravillas de la tierra de Punt, debido a los poderes de este noble dios, Amon-Ra señor de los tronos de las Dos Tierras.

[Saludando al rey Maatkara], besando el suelo por la "Poderosa en *ka*s" por parte de los jefes de Punt [...] Los *iuntiu* de Nubia, de Khenthennefer y de todas las tierras [del sur de Egipto vienen con reverencias], inclinando la cabeza, trayendo sus regalos hasta donde está su majestad [...] rutas que no habían sido pisadas por nadie [...] todas las tierras extranjeras como siervos de su majestad. [Sus contribuciones] son contabilizadas [para el templo de Amon-Ra] señor de Karnak como el impuesto anual [...como] le ordenó a ella su padre Amon, quien ha puesto a todas las tierras bajo sus sandalias —¡que viva eternamente!

Los jefes de Punt dicen, solicitando paz ante su majestad:
«¡Saludos a ti, oh rey de Ta-meri, Sol[16] que brilla como el disco solar, nuestra señora, la señora de Punt, la hija de Amon rey de los dioses! Tu nombre alcanza hasta donde el cielo abarca; los poderes de la reina [Maatkara] circundan [el océano, ...las Tierras de los Fenkhu...] que nosotros vivamos entre los vivos».[17]

---

15. En Urk. IV 329, 11, se hace referencia a que el barco de regreso fue cargado también con «sirvientes e hijos» (*mrwt ḥn ᶜmsw*) de los jefes de Punt.
16. En el texto está escrito *rᶜt*, con determinativo semántico de mujer, versión femenina excepcional del dios solar *rᶜ* (Ra).
17. Recuérdese el valor metafórico que con frecuencia adquiere la palabra *ᶜnḫ* «vida» y sus derivados. Una inscripción de Deir el-Bahari pone en boca de Tutmosis I las siguientes palabras: «Quien le alabe a ella, él vivirá; quien diga calumnias y se rebele contra su majestad, él morirá» (Urk. IV 257, 14-15); y en otra ocasión dice: «Quien la ame en su corazón y la alabe todos los días, él ascenderá, él prosperará más que nada...» (Urk. IV 260, 8-11), estableciendo así un paralelismo entre vivir y ascender o prosperar dentro de la sociedad.

## HATSHEPSUT RESTAURADORA DEL ORDEN

El santuario rupestre llamado Speos Artemidos, en la región de Beni Hasan, estaba dedicado a Pakhet, divinidad local de carácter leonino, asociada a las incursiones egipcias por los *wadis* del desierto oriental. Encima de la puerta de entrada al santuario se grabó una inscripción que celebra la restauración de los templos en ruinas y la reorganización del culto de diversos dioses llevado a cabo por la reina Hatshepsut. El ámbito religioso era sin duda donde adquiría una mayor trascendencia el papel del monarca como restaurador y guardián del orden (*maat*) frente al caos que imperaba en Egipto antes de su coronación, un tópico usado y abusado por la monarquía en sus inscripciones conmemorativas.[1] Sin embargo, la elevada altura a la que se encuentra la inscripción y las irregularidades de la roca harían que ya en la antigüedad su lectura estuviera al alcance de muy pocos. La erosión de la lluvia y del viento ha reducido aún más el grado de legibilidad de la inscripción. Un primer pasaje hace referencia al poder de la reina fuera de Egipto. Un segundo, el epílogo del texto, alude al gobierno de los hicsos como inicio de una época nefasta para Egipto.

TEXTO[2]

...Ra dispuso, cuando delimitó el total de las tierras bajo mi autoridad, que el Valle y el Desierto me tuvieran respeto a mí, que mis po-

---

1. E. Teeter, *The Presentation of Maat: Ritual and Legitimacy in Ancient Egypt* (*SAOC* 57), Chicago, 1997.
2. Urk. IV 385, 9- 386, 2; 390, 1- 391, 5. Una copia más fidedigna del texto, acompañada de una traducción anotada, se encuentra en A. H. Gardiner, «Davies's Copy of the Great Speos Artemidos Inscription»: *JEA* 32 (1946), pp. 43-56, pl. 6, líneas 11-15 y 35-42. El primer pasaje es traducido también en Redford, *Egypt, Canaan and Israel*, p. 152.

deres hicieran que las tierras extranjeras se postrasen y que la cobra-*uraeus* de mi frente infundiera terror a todas las tierras. Roshaut e Iuu[3] no se han ocultado de mi majestad, Punt ha [florecido] para mí en los campos de cultivo, (sus) árboles con mirra fresca. Los caminos, que estaban bloqueados en ambos lados, han sido abiertos. Mi tropa, que estaba desprovista, tiene su mantenimiento[4] desde mi aparición oficial como rey (...).

Escuchad todos los nobles y la numerosa muchedumbre. Yo he hecho esto como un plan de mi corazón.[5] No me he dormido olvidadizo, sino que he reforzado lo que estaba endeble, levantado lo que estaba caído desde que los semitas[6] estaban en medio del Delta, (en) Avaris, y los nómadas[7] en medio de ellos, derruyendo lo que estaba construido. Ellos gobernaban en ausencia de Ra, y él no promulgó ningún decreto divino hasta el momento en que mi divina majestad ocupó el trono de Ra. Se me anunció un periodo de años como conquistadora, habiendo accedido (al gobierno) como la única Horus, lanzando llamaradas contra mis oponentes. He alejado a quienes los dioses aborrecen y la tierra se ha tragado sus huellas. Ésta era la norma de los antecesores, quienes vinieron (al gobierno) en su momento. Nunca se destruirá lo que Amon ha ordenado y mi inscripción perdurará como la roca.[8] El disco solar brilla y sus rayos caen sobre los nombres de mi majestad, (mientras) mi halcón asciende sobre el *serekh*[9] para la eternidad.

3. Dos localidades probablemente del Sinaí, la primera de ellas al menos relacionada con la extracción de turquesas (Urk. IV 373, 2), lo que concuerda con la elección del verbo que acompaña a los dos topónimos, *sdg3*, «ocultar», utilizado en los textos que de forma alegórica aluden al trabajo en las canteras y minas; ver J. M. Galán, «The Stela of Hor in Context»: *SAK* 21 (1994), p. 73-74.
4. El término empleado es *šps*, que alude a la «nobleza» o «riqueza» de alguien, es decir, a su posición privilegiada sobre todo desde un punto de vista material.
5. La fraseología de la monarquía egipcia insiste en que el rey concibe los planes en el corazón, los expresa por medio de la boca y los ejecuta con sus manos.
6. *ʿ3mw*, término que se refiere a un conjunto de personas originario de la región de Palestina y alrededores. En este caso se refiere a los hicsos. El autor del texto necesitaba aludir a un periodo caótico para que Hatshepsut pudiera figurar como la encarnación del orden, por lo que establece la conexión entre el reinado de los hicsos y la coronación de Hatshepsut, saltándose por alto a sus predecesores de la dinastía XVIII.
7. *šm3mw*, de la raíz *šm(i)*, «marchar», «caminar», «transitar».
8. Alude a la roca misma sobre la que se inscribió el texto.
9. Representación esquemática de la fachada de un palacio sobre la que reposa el halcón Horus y en la cual se escribía uno de los cinco nombres que adoptaba el monarca.

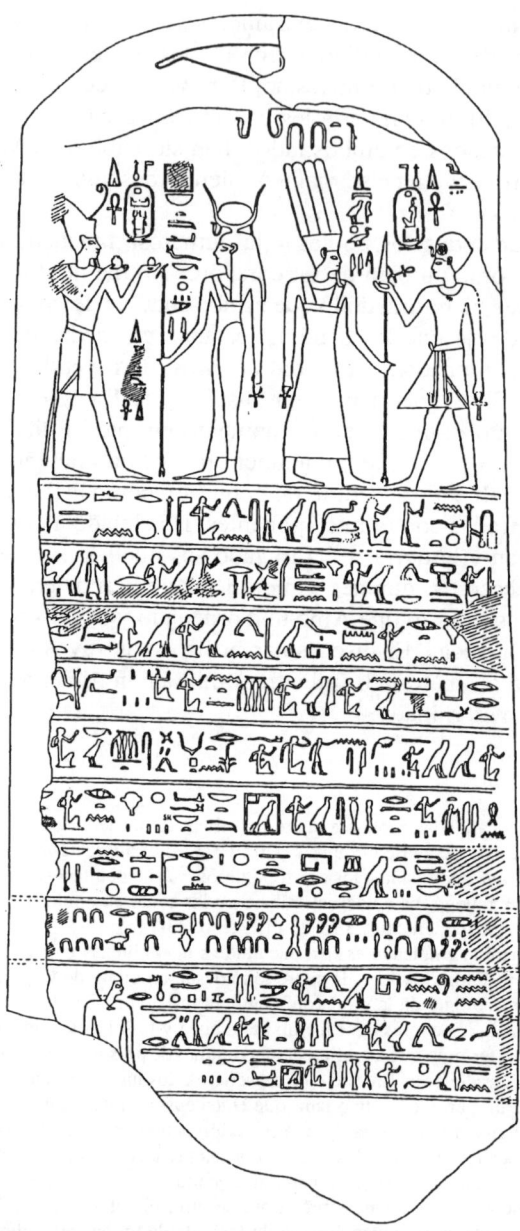

Fig. 3: Estela del escriba Nakht en Serabit el-Khadim (Sinaí), con Hatshepsut y Tutmosis III representados en la parte superior.

# HATSHEPSUT Y TUTMOSIS III EN EL SINAÍ

Durante el gobierno conjunto de Hatshepsut y Tutmosis III se enviaron un número considerable de misiones para extraer cobre y turquesas en el Sinaí, concretamente en un lugar llamado Serabit el-Khadim. Allí se había levantado un templo dedicado a la diosa Hathor señora de la turquesa ya en la dinastía XII, donde las inscripciones constatan una intensa actividad bajo sus últimos reyes, en la primera mitad del siglo XVIII a. C.

Una estela de 148 x 62 cm conmemora una misión llevada a cabo en el año 20 de la corregencia de Hatshepsut y Tutmosis III (figura 3). El monumento y su texto sirven de ejemplo del tipo de testimonio que los oficiales encargados de conducir a un destacamento para extraer mineral y/o piedras preciosas en tierras extranjeras solían dejar en el lugar de destino. El hecho de que el artífice de la estela fuera originario de la ciudad de Tinis (= Coptos), como se menciona en otra inscripción cercana, parece indicar que la expedición debió marchar a lo largo del *wadi* Hammamat y cruzar el mar Rojo, alcanzando la península del Sinaí a la altura de Serabit el-Khadim.[1]

En la parte superior se representa, debajo de la indicación de la fecha, «año 20», a Hatshepsut realizando una ofrenda al dios Onuris-Shu, hijo de Ra; y por otro lado se representa a Tutmosis III ofreciéndole a Hathor señora de la turquesa.

---

1. Durante el reinado de Amenofis III la actividad en Serabit el-Khadim volvió a ser muy intensa. En una de las inscripciones de esa época, traducida más abajo, el Sinaí se confunde con la tierra de Punt y su autor dice que marchó «por las dos orillas del mar».

TEXTO[2]

El escriba Nakht dice:
Cuando seguía al buen dios, el señor de las Dos Tierras sabía que yo era excelente. Habiendo marchado por el (buen) camino, fui halagado por ello y los oficiales inclinaron el brazo por mí. El mismo Horus me envió para llevar a cabo lo que su *ka* deseaba. Él me promovió, estando yo entonces delante de millones de hombres, habiendo sido escogido entre cientos de miles de hombres. Me nombró comisionado real,[3] adelantándome a los cortesanos, debido a que Hathor señora de la turquesa me favorecía por todo lo que yo hacía [...] turquesa(s) cada día.

Relación de las ofrendas divinas diarias: [...] panes-*bit*, 350 panes[...], 320 panes blancos, 360 jarras de cerveza, 30 vasijas de vino, 60 aves, 100 [vasos de] agua.

Descendí a la orilla en el momento adecuado,[4] sin que me alcanzara ninguno como yo que hubiera venido hasta esta tierra [extranjera], pues yo era el favorito de Hathor señora de la turquesa.

---

2. Gardiner, Peet y Černý, *Inscriptions of Sinai*, pl. 57 (n.° 181), pp. 152-153; Urk. IV 1377, 1- 1378, 14.
3. Ver J. M. Galán, «Aspectos de la diplomacia del antiguo Egipto, hasta ca. 1320 a. C.»: *Sefarad* 55 (1995), pp. 105-126.
4. Eufemismo para referirse a la muerte.

# ANALES DE TUTMOSIS III

Inscritos en el interior del templo de Amon en Karnak, sobre las paredes de dos salas contiguas emplazadas justo detrás del pilono VI, una delante y otra envolviendo el *sancta sanctorum* (figura 4),[1] donde reposaba sobre un pedestal la barca de Amon con su efigie dentro de un sagrario. Es, por tanto, un lugar de suma importancia y, a la vez, un lugar de acceso muy restringido.

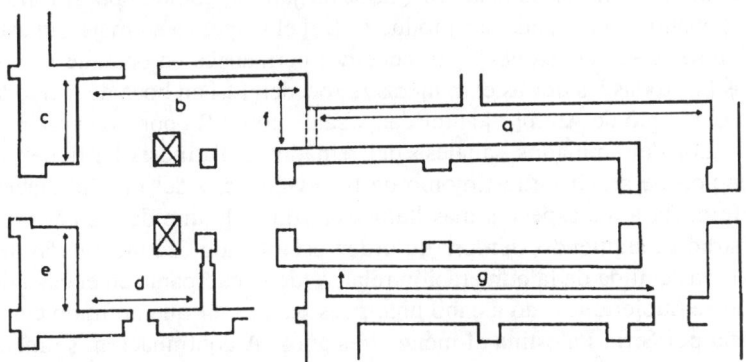

Fig. 4: Plano indicando la ubicación de los Anales de Tutmosis III en el templo de Karnak.

La pared principal de la sala este, la más interior, mide unos ocho metros de altura y unos doce metros de longitud, interrumpida por el vano de una puerta lateral de granito gris, llamada «Puerta de Menkheperra: Grandes son los poderes de Amon». Más de la mitad de la superficie de la pared está ocupada por la representación de una es-

---

1. PM II², plano XII (1) salas V, Va y VIII (n.ᵒˢ 280-282, 284, 240-247); Urk. IV 625; W. Helck, «Annalensaal»: LÄ, I, cols. 280-281.

cena en relieve en la que aparece Amon sentado en su trono, recibiendo las ofrendas presentadas por Tutmosis III, quien está de pie detrás de diez registros donde se exponen todo tipo de vasijas y objetos valiosos, además de dos obeliscos y dos mástiles con sendas banderas que marcarían la entrada del templo. Siguiendo a la figura del monarca, al otro lado de la puerta lateral, se representaron seis registros de mujeres entonando cánticos acompañados por instrumentos musicales.

El texto se escribió en columnas separadas por líneas verticales, y los signos jeroglíficos fueron esculpidos en alto relieve, con sumo esmero. El comienzo discurre debajo de la escena anteriormente descrita, en columnas de texto de un metro de altura (separadas del suelo unos setenta centímetros), para alcanzar la altura máxima de la pared una vez completada la escena. Aquí y en la otra sala el texto se adapta al espacio que dejan libre las representaciones plásticas.

Justo debajo de la figura de Amon se inscribió un breve texto en sentido inverso al resto de la inscripción. Son las palabras que, con motivo de la excepcional ofrenda presentada por el rey, pronuncia la divinidad: «Palabras pronunciadas: Que se dirijan [...] como impuesto anual [...] ébano [...] llevando sus productos [...] el respeto a su majestad está [dentro de sus corazones], [su recuerdo] permanece en boca de los vivos [...] todas las tierras extranjeras retroceden [...] en boca de [...] todo en el templo de Atum[...] autoridad y salud como Ra por siempre».[2]

Los denominados «anales» del reinado de Tutmosis III tienen la función de servir de testimonio de las «victorias» del faraón. Hacen referencia a los aspectos más llamativos de cada uno de los años registrados, siguiendo siempre un orden establecido. La indicación del año va seguida de la numeración relativa de la campaña, en el caso de que se hubiera llevado a cabo una, pues parece ser que no hubo campaña por Siria-Palestina al menos tres años. A continuación, se menciona alguna acción militar o políticamente significativa, y se detalla el botín capturado en tierras extranjeras, haciendo hincapié en los objetos exóticos y de especial valor material y simbólico. Por último, se incluye la relación de las contribuciones de otros lugares llegadas hasta Tebas desde el norte y desde Nubia y Punt principalmente.

No todos los aspectos mencionados aparecen recogidos para cada uno de los años, y además, según considerase oportuno el redactor, éste se entretiene más en unos aspectos que en otros y se extiende de forma desigual en unos años y en otros. Por todo ello, si bien los «ana-

2. Urk. IV 644, 1- 645, 5.

les» pueden considerarse una unidad, con elementos reiterativos incluso, ciertamente es un texto irregular en la forma y en el contenido, lo que pone en entredicho su pertenencia al género de los anales. Probablemente la inscripción se grabase al menos en dos momentos diferentes: el texto de la sala más al interior (sala este) debe de ser del año 40 o ligeramente posterior, y el de la sala justo detrás del pilono (sala oeste) es inmediatamente posterior a la campaña del año 42.[3] La fuente de información para componer el extracto de cada año fueron los libros de contabilidad de los ingresos y los diarios de las campañas por Siria-Palestina escritos en rollos de cuero y guardados en el templo desde el año 23.[4]

La «primera campaña de victoria» fue sin duda la más importante de las que condujo Tutmosis III y la que sentó las bases del dominio egipcio en la región de Siria-Palestina. Las siguientes campañas de este rey y de sus inmediatos sucesores serían una mera continuación de las pautas entonces marcadas. El propio Tutmosis III también lo entendió así, por lo que fue ésta la campaña que más veces se recuerda en las inscripciones conmemorativas y la que se describe más extensamente, con mayor lujo de detalles y con una mayor riqueza expresiva y narrativa.

*Desde un punto de vista histórico*, cabe resaltar las siguientes noticias sobre la primera campaña de Tutmosis III:

— La campaña tiene lugar en su primer año de reinado en solitario tras la corregencia con su tía Hatshepsut, en el año 22.

— Algunos de los gobernantes extranjeros que se niegan a someterse a la autoridad de Tutmosis III habían sido leales a un rey egipcio anterior, probablemente a Tutmosis I, por lo que son considerados «rebeldes».

3. A. Spalinger, «A Critical Analysis of the "Anals" of Thutmose III (*Stücke* V-VI)»: *JARCE* 14 (1977), pp. 41-54, sostiene que se compusieron en un mismo momento, aunque tal vez no de forma continuada de principio a fin. Efectivamente, la recensión del año 40 escrita detrás del año 23, para luego volver al año 24, refleja una alteración en el criterio de la composición del texto, o al menos un reajuste del texto al espacio arquitectónico disponible para la inscripción. Spalinger cree que la inscripción se grabó en el año 42 o poco después, cuando Tutmosis III probablemente dejara de participar personalmente en las campañas. Por esos años fue, además, cuando el monarca victorioso comenzó a actuar contra la memoria de Hatshepsut.

4. Ver Redford, *Pharaonic King-Lists, Annals and Day-Books*. Sobre los diarios de campaña, ver más abajo la biografía del escriba del ejército Tchanuny, quien acompañó a Tutmosisi III en sus campañas por Siria-Palestina y dice de sí mismo: «Yo soy quien registró las victorias que él llevó a cabo en todas las tierras extranjeras, quien (lo) escribió tal y como ocurrió».

— El gobernante de Qadesh es quien organiza la confederación para enfrentarse al faraón, en la que también toma parte Naharina.

— La tropa egipcia, por su parte, sitía la ciudad amurallada de Megiddo, provocando la rendición de los gobernantes allí reunidos y refugiados.

— El rey egipcio se apodera de todas las pertenencias de valor de sus enemigos, incluyendo sus gentes.

— La tropa del faraón se hace con los víveres: cereal, vino, ganado bovino y ovino, etc.

— La campaña por la región también sirve para recaudar bienes de los vasallos fieles.

— Tutmosis III nombra a los gobernantes de las ciudades conflictivas, quienes serían ahora (o nuevamente) vasallos del faraón.

— El rey egipcio establece un impuesto anual sobre los bienes y sobre las cosechas.

*Desde un punto de vista ideológico y literario*, destacan los siguientes aspectos:

— Noticia sobre la redacción de un diario de campaña, escrito sobre un rollo de cuero y posteriormente resumido en una inscripción conmemorativa.

— Se legitima la acción del rey informando sobre la provocación del enemigo, presentándose el faraón como el defensor del orden anteriormente establecido.

— El rey consulta a sus oficiales, pero será él quien conciba el plan acertado y quien demuestre ser el más valiente.

— La divinidad arropa en todo momento a la persona del faraón.

— La apariencia física del rey egipcio es suficiente para causar pánico entre los enemigos.

— Los enemigos son caracterizados como cobardes, que huyen ante la sola presencia del faraón.

— La cuantificación y descripción del botín capturado es de suma importancia para los propósitos de la inscripción, pues es la prueba material de las victorias obtenidas en tierras lejanas y es, en gran medida, la aportación del faraón a la fundación del templo de su dios patrono, lo que le convierte en un rey benefactor y, por tanto, legítimo.

## TEXTO[5]

*(Introducción)*
El Horus "Toro victorioso, Quien ha aparecido oficialmente en Tebas", [las dos Señoras "(Su) realeza está establecida como la de Ra en el cielo", el Horus de oro "Quien controla la fuerza, Excepcional de apariciones oficiales",] el rey de Egipto y señor de las Dos Tierras Menkheperra, el hijo de Ra [de su propio cuerpo Totmose-"Perfecto de transfomaciones" —¡que se le conceda vida por siempre!—].
Su majestad ordena que se hagan grabar [las victorias que su padre Amon le ha concedido] en una inscripción, en el templo que su majestad ha construido para [su padre Amon. Se registrará] cada una de las campañas,[6] junto con el botín que [su majestad] se trajo [de ella y las contribuciones] de todas [las tierras extranjeras] que su padre Ra le ha concedido.

*Año 22, cuarto mes de la estación Peret, día 25.*[7]
[...] Sile en su primera campaña de victoria, [...] las fronteras de Egipto, valientemente [...]
En efecto, por un periodo de tiempo de [muchos] años [... estaba abandonado al] saqueo, cada hombre [agraviando] a su semejante [...].[8] Ocurrió en la época [de otro], la guarnición que estaba allí (ahora) estaba en la ciudad[9] de Sharuhen. Desde Yursa hasta los confines de la tierra se habían rebelado contra su majestad.

---

5. Urk. IV 647, 1-756, 15, salvo las secciones omitidas y mencionadas en las notas. Ver PM II², plano XII (1, n.ᵒˢ 240-247; 292-294). Véanse los estudios de H. H. Nelson, *The Battle of Megiddo*, Chicago, 1913; M. North, «Die Annalen Thutmoses III. als Geschichtsquelle»: *ZDPV* 66 (1943), pp. 156-174; H. Grapow, *Studien zu den Annalen Thutmosis des Dritten und zu ihnen verwandten historischen Berichten des Neuen Reiches* (Abhandlungen der deutschen Akademie der Wissenschaften zu Berlin, Philosophisch-historische Klasse 2), Berlín, 1947. La primera campaña está traducida en Lichtheim, AEL, II, pp. 29-35.
6. Literalmente, «cada campaña por su nombre».
7. Hatshepsut había muerto dos meses antes. Así, el año 22 del reinado de Tutmosis III es, en realidad, su primer año como monarca.
8. El texto se conserva muy mal en esta sección, y las reconstrucciones de Sethe en Urk. IV 647-648 son en gran medida gratuitas. Véase D. B. Redford, «The Historical Retrospective at the Beginning of Thutmose III's Annals», en M. Görg (ed.), *Festschrift Elmar Edel* (ÄAT 1), Bamberg, 1979, pp. 338-342; W. J. Murnane, «Rethorical History? The Beginning of Thutmosis III's Campaign in Western Asia»: *JARCE* 26 (1989), pp. 183-189.
9. El término más común para referirse a una ciudad es *niwt*, el signo de su logograma aludiendo a un asentamiento. Sin embargo, en esta inscripción se ha optado

*Año 23, primer mes de Shemu, día 4.* Día de la fiesta de la aparición oficial del rey, en la ciudad de «Conquista del gobernante», [cuyo nombre local era] Gaza.

*[Año 23,] primer mes de Shemu, día 5.* Marcha de este lugar valientemente, [victoriosamente], poderosamente y legítimamente, para derrotar a aquel maldito enemigo, para expandir las fronteras de Egipto, puesto que su padre Amon-Ra había ordenado [...] la victoria de su conquista.

*Año 23, primer mes de Shemu, día 16,* en la ciudad de Yehem. [Su majestad] ordenó un consejo[10] con su tropa de guerreros para informar de lo siguiente: «Aquel maldito enemigo de Qadesh ha venido y ha entrado en Megiddo. Él está [allí] ahora. Ha reunido para sí a los jefes de [todas] las tierras extranjeras que [habían sido] leales a Egipto, además de Naharina [...] los de Kharu y los de Qedy con sus caballos, su tropa [y su gente]. Él (el jefe de Qadesh) les dice además: "Yo [lucharé contra su majestad aquí] en Megiddo". Decidme pues [lo que está en vuestros corazones]».

Ellos le dijeron a su majestad:[11] «¿Qué es eso de marchar por este camino que se hace estrecho, cuando se [informa de que] los enemigos allí están esperando [fuera] y serán más numerosos? ¿No marchará un caballo tras otro y los soldados de igual modo? ¿Es que nuestra vanguardia va a estar luchando, mientras que la retaguardia está todavía aquí, en Aruna, sin poder luchar con ellos? Aquí hay, por tanto, dos caminos (posibles): uno de los caminos es [...] nuestro, y saldrá a Taanach; el otro es el camino norte de Dyefti, y nosotros saldremos al norte de Megiddo. Así que nuestro victorioso señor prosiga por el que él prefiera de ellos, pero no nos haga que marchemos por aquel camino encajonado».

Entonces, [...] unos comisionados [...] la situación que habían descrito antes.[12]

por el término *dmi*, escrito con determinativo semántico de región, queriendo tal vez expresar la idea de ciudad-estado característica de Siria-Palestina, que englobaba tanto el asentamiento, generalmente amurallado, como las tierras que lo circundaban y que estaban bajo la autoridad y protección del gobernador del núcleo urbano.

10. El rey reuniendo a un consejo antes de tomar una decisión trascendente es un escenario frecuente en inscripciones reales, parte integrante del sub-género que se ha denominado *Königsnovelle*. El rey informa a sus allegados de la situación y/o de un deseo suyo, escucha la opinión general y luego hace lo que él considera más oportuno. Generalmente, el rey lleva la contraria a sus consejeros y el desenlace de la acción acaba dándole la razón, lo que le proyecta por encima de ellos como guerrero y como estratega.

11. La intervención del consejo no responde a la cuestión planteada por el rey. El autor parece haber omitido una parte del discurso de Tutmosis III para no hacer el texto repetitivo y/o para añadir dramatismo a la composición.

12. Sethe rellena la laguna del texto interpretando que los «comisionados» que informan a Tutmosis III sobre el enemigo eran precisamente del bando contrario, pero

Palabras pronunciadas por la majestad de Palacio —¡vida, prosperidad y salud!—: «[Juro que], así como Ra me ama, como mi padre [Amon] me favorece y como mi nariz se rejuvenece con vida y con autoridad, que proseguiré por este camino de Aruna. Aquellos de vosotros que quieran marchar por los caminos que habéis dicho, hacedlo. Aquellos de vosotros que quieran seguir a mi majestad, hacedlo. Que no digan ellos, los enemigos, la abominación de Ra: "Su majestad ha proseguido por otro camino, (pues) le había entrado miedo de nosotros". (Así) dirían».

Ellos dijeron a su majestad: «Que tu padre Amon[13] señor de los tronos de las Dos Tierras, primero de Karnak, haga [según tu deseo]. Nosotros seguiremos a tu majestad a cualquier lugar a donde prosiga [tu majestad], siendo (nosotros como) un siervo detrás de [su] señor».

[Su majestad...] delante de toda su tropa: [«Vuestro victorioso señor protegerá vuestros pasos por] aquel camino que se hace [estrecho». Su majestad hizo entonces] un juramento, diciendo: «No dejaré que [mis soldados salgan] por delante de mí de [este lugar». Era el expreso deseo de su majestad] que él mismo saliera al frente de su tropa. [Cada hombre] fue informado sobre su puesto de marcha, caballo tras caballo y [su majestad] al frente de su tropa.

*Año 23, primer mes de Shemu, día 19.* Despertándose [vivamente] en la tienda de ¡vida, prosperidad y salud!, en la ciudad de Aruna. Marcha de mi majestad hacia el norte, llevando a mi padre Amon-Ra señor de los tronos de las Dos Tierras [abriendo los caminos] por delante de mí. Ra-Horakhti [fortalecía el ánimo de mis soldados], mi padre Amon hacía victoriosa mi arma y [...] la frente de mi majestad.

Partida de su majestad [al frente de] su [tropa, formada] por numerosos atacantes, [sin encontrarse a] un solo [enemigo]. Los de su flanco sur estaban en Taanach, y los de su flanco norte estaban en el brazo [sur(?)] del valle de Qina. Su majestad les llamó [...] Entonces, aquel enemigo [...][14]

---

esto no tuvo necesariamente que ser así. La presencia de informadores del otro bando antes de entablar combate con el enemigo jugará un papel aún más importante en la «inteligencia» de Ramsés II previa a la batalla de Qadesh, cuyo relato debió de influir en la restitución de este pasaje de los «anales» por Sethe.

13.  En este y en otros lugares de la inscripción el nombre y los epítetos de Amon fueron restaurados por Horemheb y Seti I, después de haber sido borrados en época de Amarna.

14.  El texto continúa a partir de aquí al otro lado de la puerta lateral de granito gris, debajo del cortejo de bailarinas que siguen a Tutmosis III en la escena en relieve.

[...]¹⁵ la tropa de su majestad en Aruna. Cuando la retaguardia de la tropa victoriosa de su majestad estaba (todavía) en [la ciudad] de Aruna, la vanguardia había salido al valle de Qina y habían cubierto la explanada de este valle.

Ellos dijeron entonces a su majestad —¡vida, prosperidad y salud!—: «Su majestad ha salido junto con sus soldados, y ellos han cubierto el valle. Que nuestro victorioso señor ahora nos escuche a nosotros, y que nuestro señor aguarde por nosotros a la retaguardia de su tropa y a su gente. Cuando la retaguardia de la tropa haya salido fuera, nosotros lucharemos contra estos extranjeros y, así, no tendremos que preocuparnos de la retaguardia de nuestra tropa».

Su majestad permaneció fuera, sentado allí, aguardando a la retaguardia de sus soldados. Cuando por fin el [último] contingente había salido por este camino, la sombra giró.¹⁶

Su majestad alcanzó el sur de Megiddo por la orilla irrigada (del valle) de Qina, en la séptima hora de la tarde. El campamento se estableció entonces allí para su majestad. Uno se colocó delante de toda la tropa para decir: «Ataviaros, afilad vuestras armas, pues se entablará el combate con aquel maldito enemigo por la mañana, porque se pisoteará [...]». Reposando en el campamento de ¡vida, prosperidad y salud! Realizando las tareas de los oficiales y las funciones de los asistentes, repartiendo los turnos de guardia de la tropa y diciéndoles: «¡Firmes! ¡Alerta!».

Despertándose vivamente en la tienda de ¡vida, prosperidad y salud! Uno vino a decir a su majestad: «La zona se encuentra bien y las guarniciones del sur y del norte también».

*Año 23, primer mes de Shemu, día 21.* El día exacto de la fiesta de la luna nueva. El rey ha hecho (su) aparición oficial al alba. Uno se puso delante de la tropa entera para [...] Su majestad proseguía sobre su carro de electro, equipado con sus galas de combate, como el Horus de fuerte brazo, señor de la acción, como Montu de Tebas, su padre Amon habiéndole hecho victoriosos sus brazos. El flanco sur de la tropa de su majestad estaba en la colina sur[...] de Qina. El flanco norte estaba al noroeste de Megiddo. Su majestad estaba en medio de ellos, Amon protegiéndole sus miembros y la fuerza de [Seth(?)] haciendo combativos sus músculos.

Entonces, su majestad asumió el mando al frente de su tropa. (El ejército enemigo,) ellos vieron a su majestad al mando y huyeron atro-

---

15. Las restituciones del texto que hace Sethe confunden más que aclaran el sentido del texto, por lo que han sido aquí omitidas.
16. Alusión al mediodía.

pelladamente hacia Megiddo con rostros de miedo. Abandonaron sus caballos y sus carros de oro y plata. Fueron alzados por medio de sus piezas de tela hasta la ciudad. En efecto, la gente había cerrado[17] la ciudad y [colgaban] telas para alzarles hasta lo alto de la ciudad.

¡Ay!, si la tropa de su majestad no se hubiera empeñado en saquear las posesiones de los enemigos, ellos hubieran [saqueado] Megiddo en ese momento. El maldito enemigo de Qadesh junto con el maldito enemigo de la ciudad estaban siendo izados para introducirlos en su ciudad. El miedo a su majestad había penetrado [sus miembros] y sus brazos languidecían. La autoridad de su cobra-*uraeus* estaba en ellos.

Sus caballos y sus carros de oro y plata fueron entonces saqueados y presentados como botín. Sus [atacantes] yacían abatidos, como los peces dentro de una red, mientras la tropa victoriosa de su majestad hacía el recuento de las posesiones allí. Fue saqueada la tienda de [aquel] maldito [enemigo], la cual estaba labrada [en plata...].

La tropa entera estaba gritando y alabando a Amon [por las victorias] que él había concedido a su hijo en [este día y elogiaban] a su majestad por la grandeza de sus victorias. Presentaban el botín que ellos habían traído: manos, cautivos, caballos, carros de oro y plata y [pintados].

[...Su majestad dirigió entonces unas] palabras a su tropa, diciendo: «¡Conquistad con destreza! Oh, Mi tropa] victoriosa. [...] concedido, [según dispone] Ra en este día. Así, todos los jefes de todas las tierras extranjeras [del norte] están encerrados en su interior. Así, la captura de Megiddo es la captura de mil ciudades. ¡Conquistad con firmeza! [...]».

[...los supervisores de] la infantería organizando la tropa, asignando a] cada uno su sitio. Ellos circunvalaron la ciudad, rodeada con un foso, cercada con madera tierna de todos sus árboles frutales. Su majestad en persona estaba en la fortaleza oriental de la ciudad, vigilando [desde allí día y noche...] [...] la muralla [...] su muro, al que se llamó «Menkheperra, quien rodea a los palestinos». Se dispusieron hombres para vigilar la tienda de su majestad, diciéndoles: «¡Firmes! ¡Alerta!».

[...] Su majestad [...sin permitir que] ninguno de ellos fuera por encima de la muralla, excepto para golpear la puerta de su fortaleza.

Así, todo lo que su majestad había hecho contra esta ciudad, a aquel maldito enemigo y a su maldita tropa, fue registrado cada uno de los días, cada expedición, cada supervisor de infantería [...siendo demasiado numeroso para ser recogido por escrito en esta inscrip-

---

17. Literalmente, «sellado», *ḫtm*.

ción], quedando registrado en un rollo de cuero en el templo de Amon en este día.

Los jefes de esta tierra extranjera vinieron postrados para besar el suelo debido a los poderes de su majestad, para solicitar aliento (de vida) para sus narices debido a su arma, porque los poderes de Amon estaban sobre todas las tierras extranjeras [...] Los jefes [...] por los poderes de su majestad, trayendo sus productos de plata, oro, lapislázuli y turquesas; y transportando cereal, vino, ganado bovino y ovino para la tropa de su majestad. Un grupo de ellos trajo los productos navegando hacia el sur.[18] Su majestad nombró de nuevo a los jefes de [cada ciudad...].

[Relación de las capturas que la tropa de su majestad trajo de la ciudad de] Megiddo: 340 cautivos, 83 manos, 2.041 caballos, 191 potros, 6 sementales, [...] caballos jóvenes, un carro de aquel enemigo labrado en oro con la pértiga en oro, un buen carro labrado en oro del jefe de [Megiddo...] y 892 carros de su maldita tropa, en total 924, una buena malla de bronce para luchar de aquel enemigo, una buena malla de bronce para luchar del jefe de Megiddo y 200 mallas de bronce para luchar de su maldita tropa, 502 arcos, 7 postes de madera-*meru* labrados en plata de la tienda de aquel enemigo.

La tropa [de su majestad] se había apoderado [del ganado de la ciudad...] 387 [...]; 1.929 bóvidos, 2.000 cabras, 20.500 ovejas.

Relación de lo que, además, fue traído por el rey de las propiedades de la casa de aquel enemigo que estaba en la tierra de Yanoam, en Iniugas y en Herenkaru, junto con lo de las ciudades que le fueron leales, y que fueron traídos por [los poderes de su majestad...] 38 [...] de su propiedad, 87 hijos de aquel enemigo junto con los de los jefes que estaban con él, 5 *marianu*[19] de su propiedad, 1.796 dependientes hombres y mujeres con sus niños, 103 que se rindieron[20] habiendo escapado de aquel enemigo debido al hambre; en total, 2.503. Además, platos de piedras preciosas y oro, varias vasijas [...] un jarrón de estilo de Kharu, jarras, platos, bandejas, ánforas, varias copas para beber, cuchillos [...], sumando 1.784 *deben*[21]. Aros de oro labrados la-

---

18. Sobre el envío de regalos y/o tributo desde Palestina a Egipto por barco, ver también Urk. IV 686, 13- 687, 2.

19. Miembros de una casta militar, expertos en el empleo del caballo para el combate. Parece ser que tuvieron especial relevancia en el desarrollo de los reinos de Siria a mediados del segundo milenio a. C.

20. *ḥtpw*. Lichtheim traduce «perdonados», pero el término alude a la actitud de un grupo de extranjeros y no a la consecuencia de una acción del faraón.

21. 1 *deben* = 91 gramos. Cada *deben* se divide en 10 *qidet*.

boriosamente y plata en numerosos aros, sumando 966 *deben* y 1 *qidet*. Una estatua de plata, elaborada [...] una cabeza de oro, 3 bastones con la cara de un noble, 6 sillas portátiles de aquel enemigo (hechas) de marfil, ébano, madera-*sesenedyem* y labradas en oro, 6 escabeles de su propiedad, 6 mesas grandes de marfil y madera-*sesenedyem*, una litera de madera-*sesenedyem* labrada en oro y con toda clase de piedras preciosas a la manera de la *karakara* de aquel enemigo, labrada en oro a todo lo largo, una estatua de aquel enemigo que estaba allí, (hecha) de ébano, labrada en oro y la cabeza con [lapislázuli...] vasijas de bronce y numerosas vestimentas de aquel enemigo.
Los campos de cultivo fueron convertidos en parcelas, las cuales fueron asignadas a los agentes de Palacio —¡vida, prosperidad y salud!— para recoger su cosecha. Relación de la cosecha que su majestad trajo de las parcelas de Megiddo: 207.300 sacos de trigo, además de lo que se segó al paso de la tropa de su majestad [...]

[Relación de los productos traídos debido a los poderes de su majestad por] los jefes de Retenu *en el año 40*.[22]
Productos del jefe de Assur:[23] una gran piedra de lapislázuli auténtico, sumando 20 *deben* y 9 *qidet*, y dos piedras de lapislázuli auténtico; en total tres. Lámi[nas, sumando] 30 *deben*, en total 50 *deben* y 9 *qidet*. Tres trozos de buen lapislázuli de la tierra de Babel.[24] Vasijas de Assur de [numerosas] formas [...] muy [equipa]das.
Productos de los jefes de Retenu: la hija de un jefe, provista de oro y lapislázuli de su tierra, 30 [asisten]tes, [ayu]dantes y [dependientes hombres y mujeres que la pertene]cían, 65 dependientes hombres y mujeres de los productos de él (su padre), 124 caballos, 5 carros labrados en oro de pértigas (también) en oro y 5 carros labrados en oro de pértigas barnizadas, en total 10, un buey, 45 vacas, 749 toros, 5.703 cabras, [...] platos de oro [...] impecable, un plato de plata junto con láminas, (sumando) 104 *deben* y 5 *qidet*, un hacha de oro con incrustaciones de lapislázuli, un bocado de bronce con incrustaciones de

---

22. BAR, II, pp. 190-192 (n.[os] 444-447), corrige la fecha y lee «año 24», suponiendo que tras la primera campaña del año 23 seguiría la segunda del año 24; véase su nota *a* en p. 191. Sethe argumenta su desacuerdo en Urk. IV 672-675.
23. Entre la correspondencia diplomática de el-Amarna (ver *supra* «Imperialismo egipcio» en la Introducción) figuran un par de cartas enviadas al faraón desde Assur. El rey Assurubalit menciona que uno de sus antecesores, Assurnadinakhe, mantuvo ya relaciones diplomáticas con Egipto, con quien intercambiaba regalos (EA 16: 19-21). Assurubalit mandaba de regalo uno o dos carros con sus caballos y lapislázuli.
24. Babel, por otro lado, figura como el lugar de origen del lapislázuli enviado por el jefe de Babilonia en el año 33; ver *infra*.

oro, vasijas de fayenza [...] 823 jarras de incienso, 1.718 jarras de licor de miel, maderas barnizadas, numeroso barniz y pintura, marfil, madera-*sesenedyem*, madera-*meru*, un tablón de madera-*pesgau*, numerosa madera para leña y todo lo valioso de esta tierra.
[Todas las escalas[25] que su majestad alcanzó proporcionaron...]
[Los jefes de esta tierra extranjera transportaban todas las cosas buenas] hasta cada uno de los lugares del recorrido de su majestad donde se montaba la tienda.

*Año 24.*
Relación de los productos que fueron traídos de Retenu, debido a los poderes de su majestad.
Productos del jefe de Assur: una gran piedra de lapislázuli auténtico [...]
[Productos de los jefes de Retenu:...] un brazalete de cuero repujado; una carcasa de carro con cabezales de madera; 192 [...] 343 piezas de madera-*neheb*; 50 de madera-*sesenedyem*; 190 de madera-*meru*; 206 de madera-*nib* y madera-*kanaktu*; moringa [...] 20 de madera-*kedet*; madera-*neri* [...]

[...][26]

*[Año ( ? )]*
[...navegación,] la cual no tuvo consecuencias; su tripulación [...] con todas las cosas buenas para Amon-Ra señor de los tronos de las Dos Tierras, y para Ra-Hor[akhty...] Entonces su majestad se recreó disparando [...prendiendo] fuego en estas ciudades, después [...] [...su majestad condujo entonces a la] caballería para saquear esta región. Trajo entonces [...] —¡vida, prosperidad y salud!—. Su majestad ordenó hacer que regresaran [...] penetrado los caminos de esta tierra [...] su parte para mí afuera [...]

25. El término *mniwt*, literalmente, significa «puerto». Esta frase es traducida e interpretada muy diferente a como se hace aquí; su justificación puede encontrarse en Galán, «The Heritage of Thutmosis III's Campaigns...», p. 97.
26. Si bien la pared norte de la sala más interior (sala este) se conserva relativamente bien, el texto grabado sobre la pared sur y sobre la pared oeste ha desaparecido prácticamente en su totalidad. Allí tal vez pudieron recogerse los años 25 a 28. Los fragmentos que se conservan, traducidos a continuación, se encuentran hoy en el Museo de El Cairo y proceden supuestamente del lado norte de la pared oeste. Un aspecto novedoso de la segunda o tercera campaña de Tutmosis III por Siria-Palestina se encuentra documentado en el denominado «Gabinete de curiosidades», cuyos relieves fueron esculpidos en el año 25; véase *infra* «Flora y fauna de Siria-Palestina».

[...]

*(Nueva introducción)*[27]
Viva el Horus "Toro victorioso, Quien ha aparecido oficialmente en Tebas", el rey de Egipto, señor de la acción, Menkheperra, el hijo carnal de Ra Totmose-"Perfecto en transformaciones" [...]
Su majestad ordena que se hagan grabar las victorias que su padre [Amon] le ha concedido sobre (las paredes) de piedra del patio, en el templo que su majestad construyó de nuevo [para su padre Amon... según este dios mismo ordenó: que se registrara] cada una de las campañas, junto con el botín que su majestad trajo de ella. Se hizo como [era el deseo de su majestad...].

*Año 29.*
Su majestad [estaba en Dya]hi, atacando a las tierras extranjeras que le habían desobedecido, en la quinta campaña de victoria.
Su majestad había saqueado la ciudad de Uartchet [...] Ensalzamiento de su majestad por parte de su tropa, alabanza a [Amon] por las victorias que había concedido a su hijo. Ellos eran los mejores en el corazón de su majestad. Después, su majestad prosiguió al almacén. Realizando ofrendas para Amon y Ra-Horakhty, consistentes en bueyes, vacas, aves [...en nombre del rey de Egipto] Menkheper[ra] —¡que se le conceda vida por siempre!
Relación del botín traído de esta ciudad, consistente en la guarnición de aquel enemigo de Tunip, 1 jefe de esta ciudad, 329 *tehur*[28], 100 *deben* de plata, 100 *deben* de oro, lapislázuli, turquesas y vasijas de bronce y cobre.
Captura de dos barcos [con su tripulación] y equipados con todo, con dependientes hombres y mujeres, cobre, plomo, *ismir*[29] y todo lo bueno. Después, su majestad prosiguió feliz en dirección sur, a Egipto, hacia su padre Amon-Ra.
Su majestad atacó la ciudad de Arvad con su cosecha y cortó todos sus árboles frutales.
[Su majestad] encontró [la tierra de] Dyahi entera (con) sus árboles repletos de frutos. Sus vinos se encontraban en sus cubas como (si se

---

27. Comienza aquí la inscripción de la sala oeste, sobre su pared norte. La «Nueva introducción» se escribió en una línea horizontal que discurría sobre el resto del texto escrito en columnas, a modo de título. Los bloques de piedra sobre los que se grabó fueron extraídos de su sitio y transportados por Salt hasta el Louvre (n.º de inventario C. 51).
28. Denominación de un tipo de soldado de Siria.
29. Un tipo de metal probablemente.

tratara del) fluir del agua, su cereal ya molido en montones era más numeroso que la arena de la orilla, y la tropa se aprovisionaba de todo esto.

Relación de los productos traídos de esta campaña para su majestad: 51 dependientes hombres y mujeres, 32 caballos, 10 platos de plata, 470 jarras de incienso, de aceite y de miel, 6.424 jarras de vino, cobre, plomo, lapislázuli, gemas verdes, 818 bueyes, 3.636 cabras, numerosísimas hogazas y barras de pan, telas, trigo, harina [...] y toda clase de frutas típicas de esta tierra.

La tropa de su majestad estaba todos los días embriagada y perfumada con aceites como si estuvieran en una fiesta en Ta-meri.

*Año 30.*
Su majestad estaba en la tierra de Retenu en la sexta campaña de victoria de su majestad.

Alcanzando la ciudad de Qadesh; atacándola; cortando sus árboles frutales; saqueando su cereal.

Prosiguiendo por la tierra de [Seshe]riut, y alcanzando la ciudad de Simira y la ciudad de Arvad. Lo mismo se hizo contra ellas.

Relación de los productos traídos por los jefes de Retenu en este año, debido a los poderes de su majestad: (¿?).

Los hijos[30] y los hermanos de los jefes fueron traídos para ser guerreros[31] (fieles) a Egipto.[32]

En cuanto a todos aquellos que murieran de entre estos jefes, su majestad haría entonces que su hijo ocupara su trono.

Relación de los hijos de los jefes que fueron traídos en este año: 35 hombres, 181 dependientes hombres y mujeres, 188 caballos, 40 carros labrados en oro y plata y pintados.

*Año 31, primer mes de Shemu, día 3.*
Botín de su majestad recogido en este año. Botín traído de la ciudad de Ullaza, que está en la orilla del canal de Nesrana: 492 cautivos,

---

30. Recuérdese que el término *msw* no necesariamente se refiere a hijos de sangre.
31. *nḫtw* implica una posición de líder (de un grupo). En algunas ocasiones el término se utiliza para designar un tipo de fortaleza, pero no parece que sea éste el caso.
32. Esta frase y la siguiente han sido utilizadas para afirmar que el faraón pretendía «educar» a los príncipes sirios en la cultura egipcia, con el fin de que cuando volvieran a sus tierras como gobernantes fueran vasallos fieles del faraón. Para un testimonio de hijos de jefes nubios educados en Egipto, ver *infra* la tumba de Huy virrey de Kush durante el reinado de Tutankhamon. Esta idea ya aparece expresada en BAR, II, p. 197 (n.º 463); pero ahora ver E. Feucht, «Kinder fremder Völker in Ägypten, I», en *Festschrift Jürgen von Beckerath* (*HÄB* 30), Hildesheim, 1990, pp. 29-48; *idem*, «Kinder fremder Völker in Ägypten, II»: *SAK* 17 (1990), pp. 177-204.

1 caballerizo del niño del enemigo de Tunip, 1 capitán de la guarnición que estaba allí, en total 494 hombres, 26 caballos y 13 carros equipados con todas las armas para el combate.

Su majestad saqueó esta ciudad en poco tiempo, y todas sus pertenencias fueron presentadas como botín.

Productos de los jefes de Retenu que habían venido este año a besar el suelo, debido a los poderes de su majestad: [...] dependientes [hombres y mujeres...] 72 [...] de esta tierra, 761 *deben* y 2 *qidet* de plata, 19 carros labrados en plata y equipados con armas para el combate, 104 bueyes y cabestros, 172 vacas y toros, en total 276, 4.622 cabras, 40 lingotes de cobre de su tierra, plomo [...] 41 sacos de oro grabados y con todos sus objetos y todas las plantas típicas de esta tierra.

Cada escala que su majestad alcanzaba proporcionó hogazas y barras de pan, aceites, incienso, vino, miel [y todos los frutos típicos de esta tierra].

[...] más numeroso que cualquier cosa, que lo que había conocido la tropa de su majestad, sin exagerar, y está recogido en el registro diario de Palacio —¡vida, prosperidad y salud!—. No se ha incluido en esta inscripción para no multiplicar las palabras, para hacer (sitio para) sus aportaciones en el lugar en el que fueron hechas [...]

[...] la cosecha de Retenu fue comunicada: maíz abundante, trigo, cebada, incienso, aceite virgen, vino, frutas y todo lo dulce de la tierra. Se debía informar al Tesoro de igual modo que la contabilidad de la contribución de los nu[bios].

[...] 33 vasijas, junto con malaquita y todas las piedras valiosas de esta tierra, además de numerosas piedras para fundir metal [...] buenas de esta tierra.

Llegada de su majestad a Ta-meri. Viniendo los comisionados de Genebtu[33] trayendo sus productos, consistentes en mirra, frutos [...]

[Contribución del maldito Kush este año: oro, dependientes hombres y mujeres...] 10 varones nubios para ser asistentes[34], 113 bueyes y vacas, 230 toros, en total 343; además de los barcos cargados con marfil, ébano, pieles de pantera y [todo lo típico que ofrece esta tierra, junto con la cosecha de esta tierra.]

[Contribución de Wawat: oro, dependientes hombres y mujeres...] de Wawat, 31 bueyes y vacas, 61 toros, en total 92; además de los barcos cargados con todo lo de esta tierra y la cosecha de Wawat también.

---

33. Región asociada al Punt; ver A.-A. Saleh, «The *Gnbtyw* of Thutmosis III's Annals and the South Arabian *Geb(b)anitae* of the Classical Writers»: *BIFAO* 72 (1972), pp. 245-262.

34. El término utilizado es *šmsw*. Ver *infra* el tributo del año 41.

*Año 33.*
Su majestad estaba en la tierra de Retenu. Alcanzando [la región de Qadna en la octava campaña de victoria.
Vadeando el Éufrates[35] de Naharina por su majestad al frente de su tropa, hasta (alcanzar) la orilla] oriental del río. Él dejó otra al lado de la estela de su "padre"[36] el rey de Egipto Aakheperkara (= Tutmosis I).[37] Su majestad viajó hacia el norte saqueando ciudades, asolando regiones, debido a aquel enemigo de la maldita Naharina. Él [marchó] un *iter*[38] de navegación tras ellos, sin atisbar a nadie detrás de él, excepto a (los que) huían derechos como rebaños de cabras. Los caballos se apresuraban [...]
[...] con la tropa entera: 3 jefes, 30 mujeres suyas, 80 personas capturadas, 66 dependientes hombres y mujeres junto con sus niños, [...] hombres que se habían rendido, [sus] mujeres [y sus niños...].
[...] su cosecha saqueada.
Su majestad alcanzó la ciudad de Niy viajando hacia el sur. Al llegar su majestad, él había dejado su estela en Naharina, expandiendo las fronteras de Egipto [...]
[Relación] de los productos traídos por los jefes de esta tierra para su majestad: 513 dependientes hombres y mujeres, 260 caballos, 45 *deben* y 1/9 de *qidet* de oro, vasijas de plata al estilo de Dyahi [...carros labrados en plata...equipados] con todas las armas para el combate, 28 bueyes, vacas y cabestros, 564 toros, 5.323 cabras, 828 jarras de incienso, jarras de aceite y de [aceite virgen...] todo lo dulce de esta tierra y todas sus abundantes frutas.
Las escalas proporcionaron todo como su impuesto, como (indicaba) su documento[39] anual, junto con la contribución del Líbano, como (indicaba) su documento anual, junto con los jefes del Líbano [...]

---

35. *pḫr wr*, término ocasionalmente precedido de la palabra «río», *itrw* (Urk. IV 613, 9; 1245, 20), y al menos una vez sustituido por «aquel gran río» (Urk. IV 1232, 5). Mencionado siempre asociado a Naharina y a la región de Niy.
36. Realmente su abuelo. «Padre», *it*, se empleaba frecuentemente con el sentido de «antepasado».
37. Ver *supra* la referencia al extremo norte alcanzado por Tutmosis I en su estela de Tombos. Los dos soldados llamados Ahmose (ver *supra*) dan testimonio de que Tutmosis III alcanzó efectivamente Naharina.
38. Literalmente, «río», pero también se empleaba este término para referirse a una jornada de viaje.
39. El término *nt-ˁ* denota un documento escrito, pudiendo referirse a un «tratado» (internacional), a un «acuerdo», a un «permiso» o a una «obligación» contraída por escrito, como es el caso del establecimiento de un «impuesto» (*ḥtr*).

[...] desconocidos y 4 aves de esta tierra. Ellas [ponían] cada día. Productos del jefe de Babilonia:[40] [...] *deben* de lapislázuli auténtico, lapislázuli sumando 24 deben, lapislázuli de Babel [...]
[Productos del jefe de Assur(?) en este año]: una cabeza de carnero de lapislázuli auténtico, 15 *qidet* de lapislázuli auténtico, junto con vasijas [...]
Productos de la gran Hatti[41] en este año: 8 aros de plata que suman 401 *deben*, 2 piedras grandes blancas valiosas, madera-*tchagu* [...]
Su majestad llegó en paz a Ta-meri de su marcha por Naharina, expandiendo las fronteras de Egipto.
Maravillas traídas para su majestad de la tierra de Punt en este año: 1.685 *heqat*[42] de mirra seca, oro [...]
[Contribución del maldito Kush en este año:] 155 *deben* y 2 *qidet* de oro, 134 dependientes hombres y mujeres, 114 bueyes y vacas, 305 toros, en total 419 bóvidos; además de barcos cargados de marfil, ébano, pieles de pantera y todo lo típico de esta tierra, [junto con la cosecha de esta tierra también.]
[Contribución de Wawat en este año: oro..., dependientes...,] 12 varones nubios, en total 20, 44 bueyes y vacas, 60 toros, en total 104; además de un barco cargado con todo lo típico de esta tierra y la cosecha de este lugar también.

*Año 34.*
Su majestad estaba en Dyahi, [en la novena campaña de victoria.]
[Su majestad saqueó la ciudad de Iniugas.]
[La gente de otra ciudad que estaba en su región] se rindió a su majestad completamente y sumisamente.

40. El término empleado es *Sangar*. Algunos egiptólogos se resisten a identificar este topónimo con Babilonia, como C. Vandersleyen, «L'Asie des égyptiens et les îles de la Méditerranée orientale sous le Nouvel Empire»: *OLA* 25 (1994), pp. 37-39. En la correspondencia de el-Amarna, Amenofis III denomina a Babilonia con el término *Karadunishe* (EA 1), una versión del término *Karaduniyash* usado por sus propios reyes Kadashmanenlil y Burraburiyash. Éstos recordaban insistentemente al faraón en sus cartas que las relaciones cordiales entre ambas casas reales se estrecharon ya en tiempos de sus antecesores, desde la época de Karaindash (EA 10: 8-24), contemporáneo de Tutmosis III. Al margen de los regalos intercambiados con motivo de una boda interdinástica, los regalos diplomáticos que con cierta regularidad Babilonia enviaba a Egipto por entonces incluían hasta muebles de lujo (EA 5: 13-33), pero con más frecuencia carros y caballos y, sobre todo, lapislázuli. Por su parte, ellos solicitaban del monarca egipcio oro en abundancia.
41. Al final de la época de Amarna, el rey de Hatti Supiluliuma envía al faraón diversas vasijas y bandejas de plata (EA 41: 39-43).
42. Un *heqat* equivale a 4,54 litros.

Relación de las ciudades saqueadas en este año: 2 ciudades. Ciudades que se rindieron en la región de Iniugas: un total de 3.
Botín que su majestad trajo [de estas ciudades: ...] 90 [personas traídas] como capturas, [...] hombres que se habían rendido, sus mujeres y sus niños [...], 40 caballos, 15 carros labrados en plata y oro, vasijas de oro, 50 *deben* y 8 *qidet* de aros de oro, vasi[jas de pla]ta de esta tierra, junto con 153 *deben* de aros, cobre, [plomo, bronce, toda clase de armas para] el combate, 326 bóvidos, 40 ovejas, 50 cabras pequeñas, 70 asnos, abundante madera-*tchagu*, una silla portátil de madera negra y madera-*sesenedyem*, abundante madera-*hetep*, junto con 6 postes de una tienda labrados en bronce y llenos de piedras preciosas, junto con el resto de la madera típica de esta tierra.

Productos de los jefes de Retenu en este año: [...] caballos, 90 carros labrados en oro y plata y pintados, 72 dependientes hombres y mujeres, 55 *deben* y 6 *qidet* de oro, [...] *deben* de vasijas de plata al estilo de la tierra, vasijas de oro, plata, piedras de [lapislázuli] y toda clase de piedras preciosas, 80 lingotes de cobre de su tierra, 11 lingotes de plomo, 100 *deben* de pinturas, mirra seca y fresca, malaquita, [...], 13 bueyes y vacas, 530 toros, 84 asnos, numerosas armas de bronce, muchas vasijas de cobre, 693 vasijas de incienso, 2.040 [vasijas] de aceite, 608 vasijas de vino, madera-*tchagu* [para] carros, madera-*sesenedyem*, madera-*kenkut*, y toda la demás madera típica de esta tierra.

Todas las escalas de su majestad proporcionaron todo lo bueno de lo que su majestad recogió [en la tierra de Dya]hi, consistiendo en barcos de madera de pino de Keftiu, de Biblos y de combate, cargados con postes y mástiles, junto con grandes tablones para su majestad.

Productos del jefe de Isy[43] en este año: 108 lingotes de [cobre], 1.040 *deben* de láminas de cobre, 5 lingotes de plomo, 1.200 barras de plomo, 110 *deben* de lapislázuli, un colmillo de marfil y 2 palos de madera-*tchagu*.

Contribución del maldito Kush: [...] *deben* de oro, [...], 60 [dependientes hombres y mujeres] nubios, un[a] hij[a] del jefe de Irem, en total 64, [105] bue[yes y vacas], 170 [to]ros, en total 275; además de [barcos] cargados con marfil, ébano y todo lo que ofrece esta tierra, junto con la cosecha de Kush también.

[Contribución] de Wawat: 2.554 *deben* de oro, 10 dependientes hombres y mujeres nubios, bueyes y vacas [...]; [además de barcos cargados] con todo lo típico de [esta] tierra [y la cosecha de Wa]wat también.

43. Topónimo identificado por algunos con la isla de Chipre.

*Año 35.*
Su majestad estaba en Dyahi, en su décima campaña de victoria.
Su majestad alcanzó la ciudad de Arana.
Aquel maldito enemigo de Naharina había reunido a los caballos y su personal [...] de los confines de la tierra; ellos eran más numerosos [que la arena de la orilla] y habían comenzado a luchar con su majestad. Su majestad se encaró con ellos. La tropa de su majestad hizo el avance a la manera de tomar-y-traerse. Su majestad se hizo con el mando en medio de [estos] extranjeros, con los poderes de su padre Amón, [quien le ha concedido valor y victoria...] de Naharina [...] Ellos huían, atropellándose uno tras otro delante de su majestad.
Relación de las capturas que su majestad en persona trajo de entre estos extranjeros de Naharina: [...] 2 [mallas de bronce para] el combate, [... cascos] de bronce [...]
Relación de las capturas que la tropa de su majestad trajo de entre [estos enemi]gos: 10 cautivos, 180 caballos, 60 carros [...] 13 bocados [de bronce] repujados, [...] mallas de bronce para el combate [...], 5 cascos de bronce, 5 arcos de Kharu.
Botín conseguido en otro [lugar: ...].
[Productos de los jefes de Retenu en este año:] 226 [caballos], 1 carro labrado en oro, 1[5] carros labrados en plata y oro, [vasijas de oro, aros] de oro [...84 vasijas de incienso], 989 vasijas de aceite, 3.099 [vasijas de vino...].
[Todas las escalas proporcionaron todo lo bueno, como (indicaba) su documento anual, al igual que] la contribución del [Líbano, y] la cosecha de Dyahi, consistente en [maíz, incienso, aceite, vino...].
[...]⁴⁴

*[Año 37.]*
[...]
Contribución del maldito Kush: 70 *deben* y 1 *qidet* de oro, [...] dependientes hombres y mujeres [nubios], [...] bueyes y vacas, [...toros...; además de los barcos cargados] con ébano, marfil y todo lo típico que ofrece esta tierra, junto con la cosecha [de esta tierra.]
[Contribución de Wawat: oro...], 34 dependientes hombres y mujeres nubios, 94 bueyes, vacas y toros; además de los barcos cargados con todo lo bueno y la cosecha de Wawat [también].

---

44. Una extensa porción de la inscripción ha desaparecido o está muy dañada. El año 36 se ha perdido por completo. Véase Urk. IV 713, 9- 715, 8.

*[Año 38.]*
[Su majestad estaba en Dyahi], en la decimotercera campaña de victoria.
Su majestad estaba atacando [la ciudad de..., junto con las ciudades que estaban en la región] de Iniugas.
Relación de las capturas que la tropa de su majestad trajo de la región de Iniugas: 50 cautivos, [...] caballos, [...] carros [labrados en oro y plata y equipados] con sus armas para el combate, hombres que se habían rendido de la región de Iniugas, [sus mujeres y sus niños...].
[Relación de] los productos traídos en este año, debido a los poderes de su majestad: 28 caballos, 522 dependientes hombres y mujeres, 9 carros labrados en oro y plata y 61 pintados, en total 70, 1 pectoral de lapislázuli auténtico [...] un jarrón de [plata], 3 platos, tres cabezas de cabra y una cabeza de león, vasijas al estilo de Dyahi, [...] 2.821 *deben* y 3 *qidet*, 276 lingotes de cobre de su tierra, 26 lingotes de plomo, 656 jarras de incienso, 1.752 vasijas de aceite, aceite virgen y aceite-*sefet*, 155 de vino, 12 bueyes [...], 1.200 [cabras], 46 asnos, 1 cabeza de ciervo, 5 colmillos de marfil, mesas de marfil y madera-*senedyem*, 68 *deben* de piedra blanca, [41 mallas de bronce para el combate], lanzas de bronce, escudos, arcos y toda clase de armas para el combate, madera tierna de esta tierra y todo lo típico que ofrece esta tierra.
Todas las escalas proporcionaron todo lo bueno, como (indicaba) su documento anual, yendo [hacia el norte] o hacia el sur, al igual que la contribución del Líbano y la cosecha de Dyahi, consistente en maíz, aceite virgen, incienso, [vino y miel].
Productos del jefe de Isy: [...lingotes de] cobre de su tierra y 2 caballos.
Productos del jefe de Alalah en este año: 5 dependientes hombres y mujeres, 2 lingotes de cobre de su tierra, 65 (tablas) de madera-*senedyem*, junto con todas las plantas dulces de su tierra.
[Maravillas traídas] de Punt, debido a los poderes de su majestad: 240 *heqat* de mirra seca.
Contribución del maldito Kush: [...] *deben* y 6 *qidet* de oro, 36 dependientes hombres y mujeres nubios, 111 bueyes y vacas, 185 toros, en total 306; además de las barcas cargadas con marfil, ébano y todo lo típico que ofrece esta tierra, junto con la cosecha de esta tierra.
Contribución de Wawat: 2.844 *deben* [de oro], 16 dependientes hombres y mujeres nubios, 77 bueyes y vacas; además de [los barcos] cargados con todo lo típico que ofrece esta tierra.

*Año 39.*
Su majestad estaba en Retenu, en su decimocuarta campaña de victoria. Después, [su majestad] marchó [para subyugar] a los enemigos de Shasu.

Relación de [los productos de los jefes de Retenu en este año:] 197 dependientes hombres y mujeres, 229 caballos, 2 platos de oro y 12 *deben* y [...] *qidet* de aros, 30 *deben* de [lapislázuli] auténtico, un plato de plata, un jarrón con cabeza de toro, 325 vasijas y aros de plata sumando 1.495 *deben* y 1 *qidet*, [...] carro[...] piedras blancas valiosas, bloques de piedra blanca, un bloque de piedra de natrón y toda clase de piedras preciosas de esta tierra, [364] vasijas de incienso, aceite, aceite virgen, aceite-*sefet* y [miel], 1.405 vasijas de vino, 84 toros, 1.183 cabras pequeñas, [...hachas] de bronce [... toda clase de plantas] aromáticas de esta tierra, junto con todo lo típico que ofrece esta tierra.

Todas las escalas proporcionaron todo lo bueno, como (indicaba) su documento anual, yendo hacia el norte [o hacia el sur], al igual que [la contribución del Líbano] y la cosecha de Dyahi, consistente en maiz, incienso, aceite [virgen, aceite y vino].
[...]
[...][45]
[Productos del jefe] de Isy: 2 colmillos de marfil, 40 lingotes de cobre y 1 lingote de plomo.
Productos [de...]
[Contribución del maldito Kush en] este año: 144 *deben* y 3 *qidet* de oro, 101 dependientes hombres y mujeres nubios, bueyes [y vacas ...; además de los barcos cargados con todo lo típico de esta tierra y la cosecha del maldito Kush también.]
[Contribución de Wawat en este año: oro..., dependientes hombres y mujeres nubios...], 35 [bueyes y] vacas, 54 toros, en total 89; además de los barcos cargados [con todo lo típico de esta tierra y la cosecha de esta tierra también.]

*[Año 40.]*
[Su majestad estaba en ... , en su decimoquinta campaña de victoria...].[46]

45. La inscripción continúa grabándose a partir de aquí por la cara interior del lado norte del pilono VI. Sólo la parte inferior de las columnas de texto ha llegado hasta nosotros, habiéndose perdido las referencias a los años y a las campañas. BAR, II, p. 212 (n.º 520), sitúa aquí el extracto del año 40, su decimoquinta campaña.
46. Sethe reconstruye así parte de la sección dañada: «Puesto (por escrito) antes

Relación de los productos de los jefes de Retenu, traídos debido a los poderes de su majestad *en [el año 41:]*

[...] 40 lingotes de [plomo, una malla] de bronce para el combate, hachas, lanzas de bronce [...] esta tierra, 18 colmillos de marfil, 241 (tablas) de madera-*sesenedyem*, 184 bóvidos, [...] ovejas [...]

[Todas las escalas proporcionaron todo lo bueno, como (indicaba) el documento anual, al igual que la cosecha de Dyahi, consistente en maíz e] incienso.

Productos del jefe de la gran Hatti en este año: plata [...]

[Contribución del maldito Kush en este año:] 195 [*deben*] y 2 *qidet* de oro, dependientes hombres y mujeres nubios, 13 varones nubios traídos para ser asistentes, en total 21, bueyes y [vacas...; además de los barcos cargados con marfil, ébano y con todo lo típico de esta tierra, y la cosecha del maldito Kush también.]

[Contribución de Wawat:] 3.144 *deben* y 3 *qidet* de oro, 35 bueyes y vacas, 79 toros, en total 114; además de los barcos cargados con marfil, [ébano y todo lo bueno, y la cosecha de Wawat también.]

[Año 42.]

[Su majestad estaba en Dyahi, en su decimoséptima campaña de victoria para subyugar a los que se habían rebelado contra él en las Tierras de] los Fenkhu.

Su majestad estaba en el camino de Merit, para atacar la ciudad de Irqata, junto con las ciudades que estaban [en su región ...]

[Alcanzando ...la ciudad de]Kana. Atacando esta ciudad, junto con su región.

Llegando hasta Tunip; atacando la ciudad; saqueando su cosecha y cortando sus árboles.

[...] los miembros[47] de la tropa que los trajeron.

Llegando en paz. Alcanzando la región de Qadesh y saqueando las 3 ciudades de allí.

Relación del botín que fue traído de éstas: [...]

[Su majestad saqueó a los extranjeros] del maldito Naharina que estaban de guardianes entre ellos, junto con sus caballos, 691 hombres y mujeres, 29 manos, 48 caballos, [...]

---

en otro lugar, (por lo que) no se debe incluir en esta segunda inscripción». Aunque la reconstrucción es gratuita, véase *supra* el resumen del año 40 que sigue a la primera campaña del año 23, grabado en la otra sala.

47. ꜥḫw nw mšꜥ. Tal vez ꜥḫw sea aquí el equivalente de *rmṯ*, «gente», mencionados en la descripción de la primera campaña como integrantes del ejército de Tutmosis III.

[Relación de los productos de los jefes de Retenu] en este año: 295 dependientes hombres y mujeres, 68 caballos, 3 platos de oro, platos de plata, jarrones de metal fundido, junto con plata [en aros ...], 47 lingotes de plomo, 1.100 *deben* de plomo, pinturas, *ismir*, toda clase de piedras preciosas de esta tierra, una malla de bronce para el combate, armas para luchar, [... toda clase de plantas] dulces de esta tierra.

Todas las escalas proporcionaron todo lo bueno, como (indicaba) su documento anual, y la cosecha de esta tierra [también.]

[Productos del jefe de ... en este año: ...] junto con platos, cabezas de toros, sumando 341 *deben* y 2 *qidet*, 1 piedra de lapislázuli auténtico, sumando 33 *qidet*, 1 buen palo de madera-*tchagu*, bronce de su tierra [...]

[Productos del jefe] de Tinay: un jarrón-*shubti* de estilo de Keftiu, junto con vasijas de metal y cuatro manos de plata, sumando 56 *deben* y 3 *qidet*.

[Contribución del maldito Kush en este año: oro..., dependientes..., bueyes...; además de los barcos cargados] con todo lo típico de esta tierra, y la cosecha del maldito Kush también.

Contribución de Wawat en este año: 2.374 *deben* y 1 *qidet* de oro, [dependientes..., bueyes...; además de los barcos cargados con marfil, ébano y todo lo típico que ofrece esta tierra, junto con la cosecha de] Wawat.

*(Epílogo)*
Su majestad ha ordenado que se registrasen las victorias que él consiguió, desde el año 2[3] hasta el año 42, cuando fuera grabada esta inscripción en este santuario. ¡Que se le conceda vida por siempre![48]

[...][49]

*(Ofrendas a Amon)*
[...][50]
[...] en la tierra de Retenu, en la fortaleza que su majestad construyó con sus victorias, en medio de los jefes del Líbano, cuyo nombre es «Menkheperra, quien doblega a los nómadas»[51].

---

48. La escena que ocupa el espacio entre el final de la inscripción y la puerta del pilono representa a Amon-Ra y a la diosa Mut recibiendo a Tutmosis III y ofreciéndole vida al observar los monumentos (*mnw*) que el rey ha hecho para su «padre».

49. El texto de la pared sur de la sala oeste está muy mal conservado. Parece ser que recoge diversas obras arquitectónicas que Tutmosis III llevó a cabo en Karnak.

50. Texto inscrito a partir de aquí por la cara interior del lado sur del pilono VI.

51. El término es *šmꜣw*, ver *supra* p. 69 n. 7.

Cuando él atracó en Tebas, su padre Amon estaba [feliz... Karnak]. Mi majestad estableció para él una nueva fiesta de la victoria, al regresar mi majestad de la primera campaña de victoria, subyugando al maldito Retenu y expandiendo las fronteras de Egipto en el año 23, con las primeras victorias que él había ordenado para mí, [después de que él me] guiara [por el buen camino...].

[... La primera celebración de la fiesta de la victoria es en el día...] de la primera fiesta de Amon, para que ocurra durante cinco días. La segunda celebración de la fiesta de la victoria es en el día de entrar a la divinidad, segunda fiesta de Amon, para que ocurra durante cinco días. La tercera celebración de la fiesta de la victoria es en el quinto día de la fiesta de Amon, en el santuario «Ofrenda de vida»[52], después del regreso [de la majestad de este augusto dios de su bella fiesta del valle[53], para que ocurra durante cinco días...].

[Mi majestad ha establecido para él] una gran ofrenda para la fiesta de la victoria que mi majestad ha creado nueva, consistiendo en panes, cerveza, bueyes, vacas, toros, aves, antílopes, gacelas, ibis, incienso, vino, frutas, pan blanco y todas las ofrendas típicas [de cada año.]

[Mi majestad ha establecido para él nuevas ofrendas, para ganar favores en su templo en Luxor, en su bella fiesta de Opet[54], en el segundo mes] de la estación *Akhet*, día 14, después de que la majestad de este augusto dios prosiguiera su navegación desde Luxor. Mi majestad ha establecido para él una gran ofrenda para el día después de entrar en Luxor, consistiendo en panes, bueyes, vacas, toros, aves, incienso, vino, [frutas y todo lo típico de cada año.]

[Mi majestad le ha entregado a todos los prisioneros... que mi arma ha traído] como primicia de las victorias que él me ha concedido, para llenar su almacén, para que sean sirvientes[55], con el fin de elaborar para él lino del sur, lino fino, lino blanco, lino-*sekheru* y lino-*wemet*, para ser labradores[56], para trabajar los campos de la-

---

52. Nombre del templo funerario de Tutmosis III, emplazado en la orilla occidental de Tebas, junto al de Hatshepsut en Deir el-Bahari.
53. Durante la «fiesta del valle» la estatua de Amon-Ra era sacada de Karnak en procesión y cruzaba el río para visitar a la diosa Hathor en Deir el-Bahari y los templos funerarios de los reyes ubicados en la orilla oeste de Tebas.
54. Fiesta durante la cual la estatua de Amon-Ra de Karnak, seguido por Mut y Khonsu, visitaba el templo de Luxor, donde residía Amon-Min, dios de la fertilidad, personificación de la capacidad creadora del dios Amon.
55. *mrwt*. Ver *supra* una mención muy similar en la tumba del visir Rekhmira (*texto f*).
56. *ꜣḥwty*.

branza, para cosechar y llenar el granero de la fundación del templo [... de mi padre Amon,] quien me guía por el buen camino. Relación de los semitas hombres y mujeres y de los nubios hombres y mujeres[57] que mi majestad entregó a mi padre Amon, desde el año 23 hasta que se grabó esta inscripción en este templo: 1.588 habitantes de Kharu [...]

[Mi majestad le ha entregado 1 vaca lechera del ganado del] Alto y Bajo Egipto, 2 vacas lecheras del ganado de Dyahi, 1 vaca lechera del ganado de Kush, en total 4 vacas lecheras, para ordeñar la leche en cántaros de electro cada día y ofrecérsela a mi padre [Amon...].

Mi majestad le ha entregado 3 ciudades del Alto Retenu: una es Iniugas, otra es Yanoam y la otra es Herenkaru. El tributo de (su) contribución anual será para la fundación del templo de mi padre Amon.[58]

[...] todo, consistente en plata, oro, lapislázuli y turquesas. Mi majestad condujo hasta él mucho oro, plata, lapislázuli, turquesas, cobre, bronce, plomo, pinturas e *ismir*, para construir todos los monumentos para mi padre Amon [...]

Mi majestad ha dispuesto para él bandadas de gansos para llenar el estanque, para las ofrendas diarias. Mi majestad le ha entregado 2 gansos cebados cada día, como impuesto fijado para la eternidad, para mi padre Amon [...]

[Mi majestad ha establecido para él nuevas ofrendas diarias, superando lo que existía antes,] consistiendo en 1.000 panes. Mi majestad ha ordenado doblar esta ofrenda en (otros) 1.000 panes, después de que mi majestad regresara de subyugar Retenu en la primera campaña de victoria, para ganar favores en el gran templo de Menkheperra-*Akhmenu*[59] [...] 634 de lo ingresado cada día, superando lo que había antes.

(...)[60]

No he pronunciado una proclamación para alardear de lo que he realizado, y decir que he hecho un asunto cuando mi majestad (en realidad) no lo ha hecho. No he actuado para la gente, y (para que) ello sea proclamado, sino que he realizado esto para mi padre [el señor de los dioses...] decir un asunto que no se haya hecho, puesto que él co-

---

57. ꜥmw ꜥmwt nḥsy nḥsyt.
58. Estas tres ciudades figuran como parte del botín obtenido tras la primera campaña.
59. Templo construido por Tutmosis III dentro del recinto de Karnak, detrás del *sancta sanctorum*. Véase *infra* la sección denominada «Flora y fauna de Siria-Palestina».
60. La traducción omite aquí otras ofrendas: Urk. IV 746, 1- 751, 4.

noce el cielo y conoce la tierra, y observa la tierra entera a la hora. Juro, como que Ra me ama, mi padre Amon me favorece y mi nariz inhala vida y autoridad, que yo he realizado esto [de verdad...].
(...)[61]

61. La inscripción termina con una serie de instrucciones para el clero sobre el culto y las ofrendas a realizar. La escena que acompaña al texto es similar a la esculpida al otro lado del pilono, representando a la divinidad recibiendo al rey y ofreciéndole vida.

## LA AUTORIDAD DE TUTMOSIS III EN EL EXTERIOR (1)

Sobre una prolongación del lado norte de la fachada exterior del pilono VI de Karnak se representa a Tutmosis III ante una lista de ofrendas para Amon. La escena va acompañada del *texto (a)*, inscrito en sentido inverso al que sería normal.[1] A continuación, a ambos lados de la puerta de entrada, el rey aparecería dispuesto a golpear con una maza a un grupo de jefes extranjeros atados y postrados, implorando clemencia, a los que el faraón sujetaría con su mano izquierda. Esta doble escena hoy está casi íntegramente perdida, pero puede reconstruirse gracias a que fue repetida más tarde sobre el pilono VII. La composición, diseñada ya en los comienzos de la historia de Egipto, capta una instantánea de una hipotética acción para convertirla, a través de un posible ritual, en una metáfora, en un mensaje atemporal sobre la autoridad del monarca egipcio.[2] A ambos lados de la puerta se alinean una serie de bustos de hombres con facciones extranjeras, atados por los codos, que personifican las tierras del norte y del sur sometidas a la autoridad de Tutmosis III, con sus nombres inscritos dentro de la representación del perímetro de una ciudad amurallada que ocupa el torso de cada uno de los individuos. Así, los pilonos VI y VII incluyen un listado de tierras extranjeras dominadas por el faraón, tanto de Siria-Palestina como de Nubia.[3] Los *textos (b)* y *(c)* fueron escritos sobre el listado de tierras.

---

1. Ver *supra* la introducción al texto de «El almirante Ahmose hijo de Ebana».
2. E. S. Hall, *The Pharaoh Smites his Enemies* (MÄS 44), Berlín, 1986.
3. Siria-Palestina: Urk. IV 781, 5- 794, 9; Nubia: Urk. IV 796, 9- 806, 6. Véase J. Simons, *Handbook for the Study of Egyptian Topographical Lists Relating to Western Asia*, Leiden, 1937.

## LA AUTORIDAD DE TUTMOSIS III EN EL EXTERIOR (I)

TEXTOS[4]

*(a)* [Presentación de ofrendas por parte del rey en persona para su padre] Amon-Ra señor de los tronos de las Dos Tierras, tras haber derrotado al maldito Retenu. [El propio rey dice: ... he establecido ofrendas] nuevas para mi padre Amon [señor de los tronos de las Dos Tierras, primero de Karnak, después de que mi majestad regresara de la primera campaña de victoria ... en] Tierras de los Fenkhu; los habitantes habían comenzado a transgredir mis fronteras [...] él había [reclutado] atacantes para repudiar a mi majestad, pero yo les abatí sobre sus rostros [... la ciudad] de Meggido. Entonces, mi majestad les rodeó dentro de la muralla [...] ellos no podían respirar el aliento de vida, encerrados dentro de su fortaleza. Los semitas de cada una de las tierras vinieron con la cabeza inclinada, postrados debido a los poderes de mi majestad [...] Estos extranjeros que estaban en el maldito Meggido [vinieron... a solicitar paz ante mi majestad, diciendo: «¡Saludos a ti, oh rey, soberano,] grande de poderes, Menkheperra, [hijo de Amon!] Concédenos nuestra oportunidad y nosotros dirigiremos hacia tu majestad nuestra contribución [para tu Tesoro...] Nunca ha habido [ningún rey que haya hecho] lo que tu majestad ha hecho con esta tierra». Entonces, mi majestad les concedió el aliento de vida [...] ellos con todas sus posesiones [...] por el buen camino [...]

*(b)* Conjunto de las tierras del Alto Retenu que su majestad ha capturado en la ciudad del maldito Meggido. Su majestad se ha traído a sus hijos/súbditos como prisioneros hasta la ciudad[...] abatida en Karnak, en su primera campaña de victoria, como había ordenado su padre Amon, quien le guía por los buenos caminos.

*(c)* Conjunto de estas tierras extranjeras del sur, los *iuntiu* de Nubia de Khenthennefer que su majestad golpeó, provocando una incontable matanza entre ellos. Todos sus súbditos fueron traídos como cautivos a Tebas, para llenar los almacenes de mi padre Amon-Ra señor de los tronos de las Dos Tierras. Todas las tierras extranjeras son siervas de su majestad, según había ordenado mi padre Amon.

---

4. Urk. IV 757, 14- 760, 2; 780, 4-9; 795, 5-14; ver PM II², p. 88 (n.[os] 234, 235, 238), plano X.

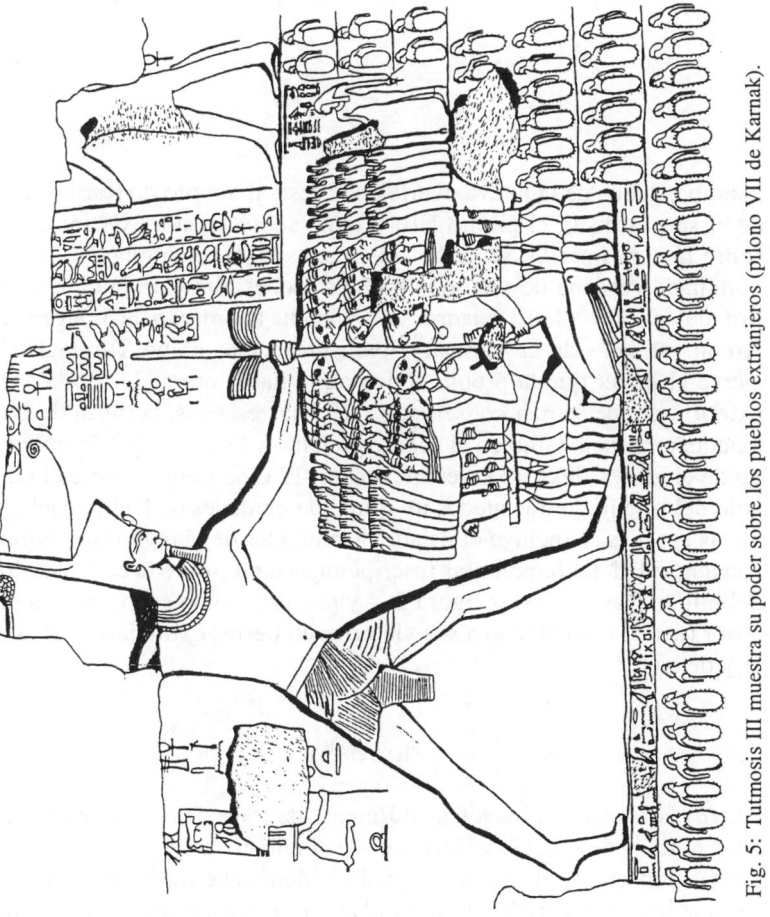

Fig. 5: Tutmosis III muestra su poder sobre los pueblos extranjeros (pilono VII de Karnak).

## LA AUTORIDAD DE TUTMOSIS III EN EL EXTERIOR (2)

A ambos lados de la nueva puerta de acceso al templo de Karnak desde el sur, es decir, el pilono VII, y tanto sobre la cara exterior como sobre la cara interior, se grabaron escenas y textos similares. La denominada «escena de victoria» ya ha sido descrita para la cara exterior del pilono VI. El cuadro se completa ahora con la imagen de Amon saliendo de su santuario para presenciar cómo Tutmosis III ejerce el poder que la propia divinidad le había otorgado. En la cara exterior, donde se han conservado mejor las escenas, la diosa de Occidente presencia también el acontecimiento y le trae al faraón un grupo de ciudades de Siria-Palestina atadas. El dios Dedun, sobre el otro lado del pilono, le trae atadas un grupo de ciudades de Nubia. Debajo de las escenas se incluye el listado de ciudades de la región sometidas a la autoridad del faraón. Las inscripciones tanto sobre la cara exterior del pilono (*texto a* —ver figura 5— y *texto b*), como sobre su cara interior (*textos c, d*) aluden a sus victorias en tierras extranjeras del norte y del sur.

TEXTOS[1]

*(a)* Golpeando a los jefes de Retenu, de todas las tierras extranjeras ocultas y de todas las Tierras de los Fenkhu.
(Amon dice:) «[...mi hijo amado,] Menkheperra, tus buenos pasos, habiendo celebrado (tu) autoridad, grandeza y poder [...] tus enemigos están abatidos, todas las tierras extranjeras están en tu puño, tus poderes han alcanzado las fortalezas (más) al norte [...] Mi corazón

---

1. Urk. IV 773, 2- 774, 2; 795, 15- 796, 3; 780, 10-15; 780, 16- 781, 4; 796, 4-8; PM II[2], pp. 167, 170 (n.[os] 496, 497, 498-500), plano XIV.

está muy complacido de ver las victorias de tu majestad. ¡Que seas feliz y vivas por siempre!».

(La diosa de Occidente dice:) «He traído para ti todas las tierras extranjeras ocultas, todas las Tierras de los Fenkhu están reunidas bajo tus sandalias».

(Sobre el listado de ciudades:) Todas las tierras ocultas de los confines de Siria-Palestina que su majestad se ha traído como cautivos. Él ha provocado una gran matanza en ellas, las cuales no habían sido pisadas por (ningún) otro rey del (Alto) Egipto salvo por su majestad. El nombre de un valiente está en [lo que él ha hecho], sin que desaparezca [nunca] de la faz de esta tierra.[2]

*(b)* (Sobre el listado de ciudades presentadas por Dedun, divinidad «principal de Nubia»:) Conjunto de estas tierras del sur y del norte que su majestad golpeó, provocando una gran matanza en ellas, in[contable. Sus súbditos han sido traídos como cautivos para] llenar el almacén [de su padre Amon...].

*(c)* (Sobre el listado de ciudades:) Conjunto de las tierras extranjeras del Alto Retenu que su majestad ha capturado en la ciudad del maldito Meggido. Su majestad ha traído a sus hijos/súbditos como cautivos a la ciudad de Tebas, para llenar el almacén de mi padre Amon en Karnak, en su primera campaña de victoria, como había ordenado su padre Amon, quien le guía por los buenos caminos.

*(d)* (Sobre la lista de ciudades:) [...in]contable. Sus súbditos fueron traídos como cautivos para llenar el almacén de su padre [Amon] en [Karnak]. Todas las tierras extranjeras son siervos de su majestad.

---

2. Esta última frase se incluye literalmente en la inscripción de «El almirante Ahmose hijo de Ebana» (véase *supra*).

## ESTELA EN EL TEMPLO DE PTAH (KARNAK)

Dentro del templo dedicado al dios Ptah en Karnak, junto al pilono IV, se levantó una estela de granito gris, de casi un metro y medio de altura.[1] En la escena de la parte superior se representa a Tutmosis III ofreciendo vino y agua a Ptah. La esposa divina Satiah sigue los pasos del monarca ofreciendo ungüentos. El texto está escrito con gran esmero, pero tuvo que ser restaurado por el rey Seti I tras los daños sufridos en época de Amarna. Describe en veintisiete líneas el estado ruinoso en el que se encontraba el templo y su reconstrucción, haciendo especial hincapié en el establecimiento de ofrendas. Entre otras cosas, se menciona la elaboración de portones de madera de pino, montadas en cobre palestino. El pasaje que se traduce a continuación hace referencia a la primera campaña de Tutmosis III en el norte.

TEXTO[2]

Llené su santuario (el de Ptah al sur de su muralla en Tebas) con todo lo apropiado, con bóvidos, aves, incienso, vino y ofrendas de todo tipo de frutos, tras el regreso de mi majestad de la tierra extranjera de Retenu, en la primera ocasión de victorias que mi padre Amon me había concedido, entregándome a mí todas las tierras de Dyahi reunidas y encerradas en una sola ciudad. El respeto hacia mi majestad atravesaba sus corazones, abatidos y afligidos cuando mi majestad les alcanzó, sin que escapase ninguno de ellos. Les acorralé en una sola ciudad, construí a su alrededor una muralla para privar a sus na-

---

1. 144 x 75 cm. Hoy en el Museo de El Cairo, CG. 34013; Lacau, *Stèles du Nouvel Empire*, pp. 27-30, pl. 9; PM II², p. 198 (n.º 6), plano XVI (4).
2. Líneas 8-12; Urk. IV 767, 1-15; BAR, II, p. 246 (n.º 616).

## ESTELA EN EL TEMPLO DE PTAH (KARNAK)

rices del aliento de vida, gracias a los poderes de mi padre Amon, quien me guía por el buen camino, gracias a todos los buenos planes que él llevó a cabo para mi majestad. Él ha aumentado las victorias de mi majestad más que las de ningún rey que hubiera existido antes...

## FLORA Y FAUNA DE SIRIA-PALESTINA

La que fuera tal vez su segunda campaña de victoria incluyó, al margen de intereses económicos y acciones militares, una cierta curiosidad pseudo-científica, observando y documentando animales y plantas que no eran comunes en el valle del Nilo. El rey egipcio inmortalizó estos hallazgos y se los dedicó a Amon sobre las paredes de una de las salas del templo *Akhmenu*, que él mismo mandó levantar en la parte de atrás de Karnak, detrás del *sancta sanctorum* y del patio del Reino Medio. Dos inscripciones sirven de introducción a los magníficos relieves que representan distintas especies de flora y fauna de Siria-Palestina que se alinean y discurren a lo largo de las paredes de la sala.

TEXTOS[1]

*(a)* Año 25 bajo el rey de Egipto Menkheperra —¡que viva por siempre!—. Plantas que su majestad encontró de la tierra extranjera de Retenu.

*(b)* [...] todas las plantas extrañas, todas las flores típicas que están en la Tierra-de-dios que su majestad trajo, cuando su majestad prosiguió hacia el Alto Retenu para derrotar a las tierras extranjeras [del norte], según había ordenado su padre Amon, quien había colocado a todas las tierras bajo sus sandalias, desde [este día] hasta dentro de un millón de años.

Su majestad dijo: «Juro, como que Ra [me ama] y mi padre Amon me favorece, que todo esto ha sucedido [en verdad]; sin que haya es-

---

1. Urk. IV 775, 14- 777, 2; BAR, II, pp. 192-193 (n.ᵒˢ 451-452); N. Beaux, *Le cabinet de curiosités de Thoutmosis III* (*OLA* 36), Lovaina, 1990, pp. 38-46, pl. 1, fig. 1; PM II², pp. 120-121 (n.ᵒˢ 403-407), plano XII.

crito nada falso, sino (sólo) lo que me ocurrió debido a los poderes de mi majestad, habiendo ofrecido la tierra² espléndida su abundancia». Mi majestad ha hecho esto para hacer que estén delante de mi padre Amon, en su gran templo de [Akh]menu, por siempre jamás.

2. Ver Beaux, *Cabinet de curiosités*, p. 44 (j).

## TEMPLO SUR DE BUHEN

Buhen era la principal fortaleza egipcia al norte de la Segunda catarata, ligeramente al sur de la actual frontera entre Egipto y Sudán.[1] El virrey de Kush, Nehy, se ocupó de la inscripción de un texto sobre uno de los pilares del templo dedicado a Horus señor de Buhen, conmemorando de forma poética el poder del monarca sobre las tierras extranjeras del norte, poco después de la primera campaña victoriosa de Tutmosis III por Siria-Palestina.

Al final del reinado de Tutmosis III, en el año 52, el texto fue copiado casi literalmente en una inscripción junto al santuario rupestre de el-Lessiya, a unos cien kilómetros más al norte, cerca de Aniba (antigua Miam).[2]

TEXTO[3]

Año 23 bajo la majestad del Horus "Toro victorioso, Quien ha aparecido oficialmente en Tebas", el rey de Egipto Menkheperra, amado de Amon-Ra señor de los tronos de las Dos Tierras, quien aparece oficialmente en la cara (de la gente) como brilla el disco solar, habiendo sus rayos engalanado las Dos Tierras como cuando el Sol brilla en el horizonte del cielo. El buen dios, señor de la felicidad, el hijo de Ra Totmose-"Perfecto en transformaciones", amado de Horus señor de Buhen. Él (Horus) se ha juntado con su Enéada para crearle con sus cuerpos y le ha asignado su herencia desde el vientre, (pues) sabía

---

1. Véase *supra* «Prefacio del imperio».
2. Urk. IV 811, 10- 813, 15.
3. R. A. Caminos, *The New-Kingdom Temples of Buhen*, I, Londres, 1974, pp. 49-52, pls. 60-62; Urk. IV 806, 8- 810, 10; un fragmento traducido en BAR, II, pp. 178-179 (n.os 411-413); PM VII, p. 134 (11w), plano en p. 132.

que él le invocaría, y ha establecido su aparición oficial (como) rey de Egipto sobre el trono de Horus de los vivos. Él hace que se le tenga miedo y crea su terror en el interior de las Tierras de los Fenkhu. Yo soy el rey de aquel que le ha creado, el hijo amado de aquel que le ha hecho. Edifico su templo y construyo sus monumentos, del mismo modo que él hace que yo conquiste las Dos Orillas. El hijo que busca algo magnífico para mi padre, quien elabora el deseo de aquel de quien él ha salido, quien vivifica los nombres y elabora las ofrendas, quien vivifica el nombre de cada uno de los dioses después de haber repetido sus formas.[4] Él ha conquistado esta tierra desde su comienzo, estando la Fuente de Seth bajo su autoridad, y la ha sellado desde su (extremo) norte hasta la Fuente de Horus.[5] Es todo esto lo que la luna ilumina, lo que circunda el disco solar cuando brilla, lo que abarcan [Geb] y Nut. Él ha rodeado todo(?) en medio de sus brazos.

Estando su majestad en el Cuerno de la Tierra[6] para derrotar a los *montiu* de Palestina. Yo soy el toro victorioso, quien ha aparecido oficialmente en Tebas,[7] el hijo de Atum, el amado de Montu, quien lucha delante de su tropa para que las Dos Tierras sean testigo. No hay falsedad. Yo salí del templo de mi padre, el rey de los dioses, [Amon], quien ordenó victorias para mí. El propio rey tomó el camino, su valiente tropa al frente como llamaradas de fuego.

El rey victorioso, quien actúa con su arma, un campeador sin igual, quien quema las tierras extranjeras, quien pisotea Retenu, trae a sus jefes como cautivos, a sus carros labrados en oro y ata a sus caballos, quien contabiliza las tierras de Tchehenu, postradas debido a los poderes de su majestad, sus productos sobre sus espaldas acudiendo como hacen los perros,[8] viniendo para que se les conceda el aliento de vida.

El buen dios, valiente, alerta, señor de las apariciones oficiales, igual que (aparece) el Horus del horizonte, digno de respeto, grande

---

4. Dar vida (*s'nḫ*) a un dios o a un difunto puede consistir simplemente en grabar su nombre en una inscripción o en elaborar una imagen suya.
5. La fuente (*ḳbḥ*) de Seth y la de Horus marcan los extremos norte y sur del dominio del rey en un plano mitológico. En una inscripción en Gebel Barkal del reinado de Amenofis III se dice que el dios Amon es «quien ha ordenado para él valor y victoria contra todas las tierras extranjeras, quien ha hecho que él conquiste (desde) la Fuente de Horus hasta la Fuente de Seth» (Urk. IV 1751, 17-18).
6. Otra forma metafórica para referirse a la región más distante alcanzada por el faraón.
7. Estas dos frases reproducen el nombre «Horus» de Tutmosis III.
8. *ṯsm*, «perro», es lo que un vasallo fiel debe ser con respecto a su señor; ver J. M. Galán, «What is He, the Dog?»: *UF* 25 (1993), pp. 173-180.

de majestuosidad, [...] en los corazones de las tierras extranjeras. Todas las tierras están bajo su autoridad, los Nueve Arcos están atrapados bajo sus sandalias.

El rey de Egipto Menkheperra, señor del arma, único valiente [...] quien ilumina Tebas para su padre Amon-[Ra]. El hijo de Ra Totmose-"Perfecto en transformaciones", amado de Horus señor de Buhen —¡que le conceda vida!

El noble portavoz, líder, [...]del señor de las Dos Tierras, el virrey, supervisor de las tierras del sur, Nehy.

ESTELA EN ARMANT

La localidad de Armant se encuentra a unos veinte kilómetros al sur de Tebas. El dios guerrero Montu era la divinidad principal del lugar. La estela que nos ocupa, de granito rosa, estuvo apoyada contra el pilono de entrada al templo. Originalmente debió de medir unos dos metros y medio de altura, pero hoy sólo se conserva la parte superior, que mide 155 x 124 cm, sobresaliendo unos diez centímetros de la roca madre. Fue esculpida con sumo cuidado. La doble escena de la «luneta» representa a Tutmosis III realizando un ritual delante de «Montu señor de Tebas», quien le obsequia a su vez con «toda la vida y autoridad, con toda la salud y con toda la valentía y victoria», y, además, dice haberle otorgado «millones de años estando todas las tierras extranjeras bajo tus sandalias». Al monarca le sigue en una ocasión Tchenenet y en otra Iunyt, ejerciendo la función de diosas protectoras.

Es difícil establecer la fecha de la composición y ejecución de la inscripción, pues al comienzo y al final del fragmento conservado aparecen dos fechas distintas: el año 22 y el 29. Todo parece indicar que se realizó al menos después del año 33, pues en ella se menciona que Tutmosis III mandó grabar una estela a orillas del río Éufrates, junto a la que había grabado allí su abuelo Tutmosis I alrededor de medio siglo antes.

El texto recoge acciones memorables del monarca en tierras extranjeras del norte y del sur, tanto de carácter bélico como de carácter cinegético. A ello se suma la mención a la destreza deportiva del monarca en el tiro con arco.[1] Al igual que la caza, las competiciones deportivas servían para demostrar la fuerza física y la habilidad de un in-

---

1. W. Decker, *Sports and Games of Ancient Egypt*, New Haven, 1992. Sobre el valor simbólico del arco, ver O. Keel, «Der Bogen als Herrschaftssymbol»: *ZDPV* 93 (1977), pp. 141-177.

dividuo en ausencia de batallas. El sucesor de Tutmosis III, Amenofis II, se recrea en este tipo de pasajes.[2] Las inscripciones conmemorativas recogen las competiciones celebradas entre el rey y sus guerreros para destacar las cualidades del primero sobre sus potenciales rivales a ocupar el trono de Egipto (los nobles cortesanos y militares). Indirectamente estas menciones nos indican que el parentesco no era un argumento suficiente para ocupar el trono de Egipto, sino que el rey tenía que demostrar sus cualidades.[3]

Es importante destacar la referencia que se hace a la inscripción de una «estela de victoria» ubicada en el extremo meridional y en el septentrional del territorio bajo dominio del faraón. Si bien no deben ser consideradas «estelas de frontera»,[4] no puede dudarse que entre sus pretensiones estaba el servir de testimonio del alcance de la autoridad del monarca en un determinado momento.

Por último, hacer notar que las campañas de Tutmosis III no pretendían simplemente recolectar tributo y castigar a los que se resistieran a someterse a la autoridad del faraón, sino que también tenían previsto el recompensar con bienes materiales a los vasallos leales, como bien señala un pasaje del texto. Las inscripciones egipcias mencionan este aspecto tan sólo un par de veces, porque éste no entraba dentro de los acontecimientos que los autores pretendían conmemorar con las inscripciones monumentales que han llegado hasta nuestros días y que hoy se utilizan como fuentes «históricas».[5]

TEXTO[6]

Que viva el Horus "Toro victorioso, Quien ha aparecido oficialmente en Tebas", las dos Señoras "(Su) realeza está establecida como la de Ra en el cielo", el Horus de oro "Quien controla la fuerza, Excepcional de apariciones oficiales", el rey de Egipto, señor de las Dos Tierras, señor de la acción Menkheperra, el hijo de Ra Totmose-"Go-

---

2. Véase el texto de sus dos estelas ubicadas junto a la esfinge de Giza (Urk. IV 1276-1286) y el relieve hallado en el pilono III del templo de Karnak y hoy en el Museo de Luxor (Urk. IV 1321, 9- 1322, 9); P. der Manuelian, *Studies in the Reign of Amenofis II* (*HÄB* 26), Hildesheim, 1987, pp. 191-213.
3. Ver J. M. Galán, «La *Odisea* desde la Egiptología»: *Gerión* 19 (2001), pp. 91-93.
4. Galán, *Victory and Border*, p. 148-150.
5. Véase *infra* la inscripción de Amenofis II en Menfis.
6. Museo de El Cairo, JdE 67377. R. Mond y O. H. Myers, *Temples of Armant*, Londres, 1940, vol. I, pp. 182-184; vol. II, pls. 88, 103; Urk. IV 1243, 9- 1247, 14.

## ESTELA EN ARMANT

bernante justo", amado de Montu señor de Tebas, (dios) principal de Armant —¡que viva por siempre!

Año 22, segundo mes de la estación *Peret*, día 10. Recopilación de sucesos de valentía y victoria que este buen dios realizó en cada beneficiosa ocasión de heroicidad desde la primera generación. El señor de los dioses y señor de Armant, quien aumenta sus victorias, los había hecho para él con el fin de que su valentía sea relatada por millones de años venideros, al margen de los actos de heroicidad que su majestad realiza regularmente, pues si se relatara cada ocasión serían demasiado numerosas para ponerlas por escrito.

Cuando dispara a una diana (chapada en bronce), cada madera se parte como si fuera un papiro. Su majestad colocó una en el templo de Amon, una diana de cobre de tres dedos de grosor con su flecha, la cual la había atravesado y salía por detrás tres palmos, con el fin de que los que estaban con él alabaran la firmeza de sus brazos (fortalecidos) con valentía y victoria.[7]

Os contaré lo que se hizo delante de toda la tropa, sin exagerar ni mentir, sin adornar las palabras. Si pasa un momento de diversión cazando en cualquier colina, el número de lo que él se trae es mayor que las capturas de toda su tropa. Él mató siete leones disparando (flechas) en un instante, y se trajo un grupo de 12 toros salvajes a la hora del almuerzo, sus colas colgándole por detrás. Abatió a 120 elefantes en la tierra de Niy, volviendo de Naharina. Cruzó el Éufrates y pisoteó los poblados a ambos lados, consumidos por el fuego para siempre. Inscribió una estela de victoria en su lado [oeste][8]. Se trajo un rinoceronte[9] disparando en la tierra del sur de Nubia, después de que procediera hasta Miu para buscar a quien le había desobedecido en aquella tierra. Inscribió su estela allí, igual que lo había hecho en los confines [de la tierra]. Su majestad no tardó en proseguir hacia la tierra de Dyahi, para matar a los desobedientes que estaban allí y para dar cosas a los que le eran fieles.[10] La fama [de ellos...] con respecto a sus días.

    7.   Su sucesor, Amenofis II, dice haberle superado, colocando cuatro dianas de un palmo de grosor y habiéndolas atravesado sus flechas por completo hasta caer por el otro lado (Urk. IV 1280, 12- 1281, 7).
    8.   W. Helck, «Wo errichtete Thutmosis III. Seine Siegesstele am Euphrat?»: *CdE* 56 (1981), pp. 241-244, sostiene que se trata de la orilla este; pero en la inscripción de Gebel Barkal (traducida a continuación) se indica que la estela fue «esculpida en la vertiente del lado oeste del Éufrates».
    9.   El rinoceronte en cuestión fue representado en un relieve grabado sobre una de las caras del pilono del templo de Armant, incluyendo referencias a las medidas de sus distintas partes; ver Urk. IV 1248.
    10.  Literalmente, «... a los que estaban sobre su agua».

EL IMPERIO EGIPCIO

Cada vez que su majestad regresaba, habiendo sucedido su ataque con valor y victoria, él hacía que Egipto estuviera como fue concebido, igual que cuando Ra existía en él como rey.[11]

[...] partiendo de la ciudad de Menfis para herir a las tierras del maldito Retenu, en la primera ocasión de victoria. Su majestad fue quien abrió su camino, allanó todas las rutas para su tropa. Después de que su majestad lo hubiera hecho [...] Megiddo. Su majestad, a la cabeza de toda su tropa, se adentró por aquel camino que se hacía muy angosto, mientras todas las tierras extranjeras estaban reunidas y preparadas a la salida [...] caídos y abatidos, huyendo despavoridos hacia su ciudad, junto con el jefe que estaba [...] ellos implorando a su majestad, con sus pertenencias a la espalda. Su majestad regresó contento, pues toda esta tierra extranjera entera era (ahora) su siervo [...] vinieron a una trayendo sus productos [...]

Año 29, cuarto mes de *Peret*, día [...]

---

11. Antes de que los hombres reinaran en Egipto, en la prehistoria, reinaban los dioses, en un mundo perfecto, ordenado, según la mitología egipcia, que aflora incluso en textos no religiosos. El rey es el encargado de velar por que se mantenga ese orden y de restaurarlo en caso de que el caos hubiera surgido en algún lugar.

## ESTELA EN GEBEL BARKAL

A unos cien kilómetros antes de llegar a la Cuarta catarata del Nilo viniendo desde Egipto, cerca de Napata/Meroe, se levantó un templo dedicado a Amon, a la sombra de un promontorio rocoso. La estela, de granito gris, de 173 cm de altura, 97 de anchura y 15 de grosor, fue hallada en el primer patio del templo, apoyada contra una de las columnas, junto a dos estelas de Piankhy y una estatua de Taharqa. Ésta no debió de ser su ubicación original, siendo trasladada allí tal vez en el reinado de Taharqa desde otro santuario cercano.

En la parte superior, bajo un par de alas desplegadas y el disco solar, se ha representado una doble escena simétrica en la que aparece Tutmosis III ofreciéndole vino y una libación al dios Amon-Ra, quien dice haberle otorgado al monarca la realeza de las Dos Tierras y todas las tierras llanas y montañosas. La inscripción vertical detrás de las dos figuras del faraón dice que «Él será el primero de los *ka* de todos los vivos, quien ha aparecido como rey sobre el trono de Horus como lo hizo Ra», «... quien ha aparecido como rey del Alto y del Bajo Egipto como lo hizo Ra». Las dos figuras de Amon-Ra y su nombre han sido intencionadamente borrados.

La inscripción principal ocupa cincuenta líneas y, a pesar de estar emplazada en el sur, presta especial atención a los sucesos acaecidos durante la primera campaña por Siria-Palestina y durante la octava, conducida en el año 33 de su reinado. Además, el autor del texto se entretiene describiendo la tala de maderas y su posterior envío a Egipto desde Nubia y desde el Líbano. Tutmosis III es repetidas veces comparado con el dios guerrero Montu, y su acción en el combate es equiparada a la llamarada de una estrella fugaz. El texto presenta los hechos memorables del rey de forma desordenada, con el único fin de ensalzar al monarca y presentarle como el ejecutor de la voluntad del dios Amon-Ra en tierras extranjeras.

Tutmosis III reinó durante casi 54 años, y no sólo debe ser considerado un gran militar, sino también un gran político y diplomático. Además de derrotar por las armas a quienes se oponían a su autoridad y de recaudar todo tipo de productos de sus vasallos al norte y al sur, contrajo matrimonio con al menos tres mujeres de Siria-Palestina y las cubrió de riquezas.[1] Sus nombres eran Menuai, Menhet y Meleti.[2] Así, aunque las inscripciones de Tutmosis III recuerden principalmente sus gestas bélicas, hacia el final de su reinado puede apreciarse una notable predisposición hacia la paz por vía diplomática.

TEXTO[3]

Año 47, tercer mes de la estación *Akhet*, día 10, bajo la majestad del Horus "Toro victorioso, Quien ha aparecido oficialmente en Tebas", las dos Señoras "(Su) realeza está establecida como la de Ra en el cielo", el Horus de oro "Quien controla la fuerza, Excepcional de apariciones oficiales", el rey de Egipto Menkheperra, el hijo carnal de Ra, su amado, señor de todas las tierras extranjeras, Totmose-"Perfecto en transformaciones".

Él ha hecho (la estela) como un monumento suyo para su padre [Amon-Ra] señor de los tronos de las Dos Tierras en la fortaleza «Hiriendo a los extranjeros», la cual ha construido (como un) baluarte para la eternidad, puesto que él (Amon-Ra) ha aumentado las victorias de mi majestad más que las de ningún otro rey que haya existido.

Yo he conquistado a los del sur bajo las órdenes de su *ka*, y a los del norte de acuerdo con sus instrucciones, (pues) él ha creado al hijo de Ra Totmose-"Gobernante de Tebas" —¡que se le conceda vida como a Ra por siempre!—. El buen dios, quien conquista con su arma, quien golpea a los del sur y mutila a los del norte, quien decapita a los rebeldes, quien lleva a cabo una matanza (entre) los *montiu* de Palestina, derrota a los insumisos de los (semi)nómadas y doblega a las tierras de los confines de la tierra, quien golpea a los *iuntiu* de Nubia y se trae consigo los límites de las tierras extranjeras que le habían atacado, quienes se enfrentaron a él en el fragor de la batalla, estando to-

1. H. E. Winlock, *The Treasure of Three Egyptian Princesses*, Nueva York, 1948.
2. Th. Schneider, *Asiatische Personennamen in ägyptischen Quellen des Neuen Reiches* (*OBO* 114), Friburgo (Suiza), 1992, n.[os] 268, 271 y 280.
3. Hoy en el Museum of Fine Arts de Boston (n.º 23.733); G. A. Reisner y M. B. Reisner, «Inscribed monuments from Gebel Barkal»: *ZÄS* 69 (1933), pp. 24-39; Urk. IV 1227, 1- 1243, 8.

das las tierras extranjeras unidas, en pie como una sola, preparadas para luchar, sin que (nadie) hubiera huido, confiando en (sus) numerosos atacantes, hombres y caballos sin límite. Ellos vinieron estando sus corazones decididos, sin miedo en sus corazones, (pero) quien controla la fuerza[4] les derrotó, el de potente brazo que pisotea a sus oponentes.

Él es el rey, quien lucha sólo, sin multitudes detrás de él; más eficaz que una cantidad numerosa de soldados, sin que se pueda hallar su igual. Un campeador en la lucha, sin que haya quien se le enfrente en sus alrededores. Decidido en la acción contra todas las tierras extranjeras, a la cabeza de su tropa. Centellea entre los dos flancos como una estrella (fugaz) que atraviesa la bóveda celeste, y se adentra en la melé atacándoles con su llamarada de fuego y haciéndoles inexistentes[5], yaciendo sobre su sangre. Es su cobra-*uraeus* quien les ha derrotado para él, su llama abatiendo a sus oponentes. La numerosa tropa de Mitani ha sido derrotada en sólo una hora, ha desaparecido completamente como los que no existen, como los que pertenecen al fuego;[6] (esto) ha sido realizado por el buen dios, grande de fuerza en la batalla, quien lleva a cabo una matanza entre todos los hombres por cuenta propia, el rey de Egipto Menkheperra —¡que viva por siempre!

Él es el Horus, de potente brazo, una beneficiosa fortaleza para su tropa, un refugio para la gente, quien se enfrenta a todas las tierras durante el combate y defiende a Egipto en la arena, un protector que no respeta a los codiciosos.

Él es un toro victorioso, de corazón firme, su frontera sur alcanza hasta el Cuerno de la Tierra, hasta el comienzo de esta tierra,[7] y la norte alcanza hasta los confines de Palestina, hasta los pilares del cielo.[8] Ellos vienen a él postrados, (para que) les sea concedido su aliento de vida.

---

4. S*ḫ*m p*ḥ*ty forma parte del nombre «Horus de oro» de Tutmosis III, mencionado al comienzo de la inscripción.

5. Expresión utilizada con frecuencia para referirse a la privación de cualquier posibilidad de existir, incluso de existir entre los muertos, al haber sido sus cuerpos calcinados.

6. Ver A. Leahy, «Death by fire in ancient Egypt»: *JESHO* 27 (1984), pp. 199-203.

7. La expresión *ḫnt tȝ pn* se utiliza de forma similar a *ḫnt ḥn nfr*, «Khenthennefer», ambas relacionadas con el «Cuerno de la Tierra», es decir, con el extremo (sur) del dominio egipcio.

8. Ver Galán, *Victory and Border*, pp. 129-130; *idem*, «The Egyptian Concept of Frontier», en L. Milano *et al.* (eds.), *Landscapes, Territories, Frontiers and Horizons in the Ancient Near East*, Padua, 1999, pp. 25, 28.

Él es el rey, valiente como Montu, quien conquista y de quien no se conquista, quien pisotea a todas las tierras extranjeras desobedientes, sin que haya quien les proteja en aquella tierra de Naharina, pues su señor ha huido por miedo. Yo he arrasado sus ciudades y (los asentamientos de) sus tribus, les he prendido fuego, he hecho de ellos montículos (de ruinas) sin que puedan volverse a fundar. Yo he capturado a toda su gente y les he traído como cautivos, y a su ganado sin límite y también sus propiedades. Les he arrebatado sus vituallas, he recogido su cereal, he talado todos sus arbustos y todos sus árboles frutales. Sus parcelas están arruinadas; a quien mi majestad ha atacado se ha convertido en [...] que no tiene árboles.

Mi majestad marchó luego hacia los confines de Palestina. Hice que se talara (madera para construir) numerosas embarcaciones de pino de las colinas de la Tierra-de-dios, en las proximidades de la señora de Biblos,[9] que se colocara sobre carros y que bueyes la arrastraran. Navegaron delante de mi majestad para cruzar aquel gran río que fluye entre esta tierra y Naharina.

El rey es él, de quien se alardea como consecuencia de sus acciones en la batalla, quien cruza el Éufrates al frente de su tropa persiguiendo a quien le atacó, en busca de aquel maldito enemigo de Mitani. Él había huido delante de su majestad hasta otra tierra lejana por miedo. Mi majestad erigió entonces una estela real en aquella colina de Naharina, esculpida en la vertiente del lado oeste del Éufrates. No hay oponentes míos en las tierras del sur, y los del norte vienen postrándose debido a mis poderes. Es Ra quien lo ha ordenado para mí, y yo he reunido lo que su ojo abarca; él me ha concedido la tierra a lo largo y a lo ancho, y yo he atado a los Nueve Arcos, a las islas de en medio del mar y a las demás tierras desobedientes. He regresado al sur hacia Ta-meri, habiendo impuesto (mi) arma (en) Naharina y un gran terror en boca de los (semi)nómadas, cuyas puertas están selladas, sin que ellos puedan salir fuera por miedo al toro victorioso.

Él es el rey, un campeador, una beneficiosa fortaleza para su tropa, una muralla de metal [...] él ha atacado a todas las tierras con su arma, sin que haya cantidades de hombres animándole; certero en el golpe cada vez que sale, sin fallar sus flechas; de fuerte brazo, sin que exista su igual; un Montu, valiente en el combate.

Otra ocasión de victoria que Ra ordenó para mí: él repitió para mí (la concesión de) mucha valentía en el lago de Niy, pues él causó el

---

9. Perífrasis para referirse a la diosa Hathor, quien desde los comienzos de la historia de Egipto supuestamente poseía un santuario en Biblos.

que yo me hiciera con una manada de elefantes. Mi majestad luchó con un grupo de 120 elefantes. Nunca se había hecho nada parecido por ningún rey desde (los tiempos) de dios, desde los primeros que tomaron la corona blanca.[10] Yo he dicho esto sin que haya (en mis palabras) ni exageración ni mentira. Lo he hecho según me ordenó [mi padre Amon-Ra señor de los tronos de las Dos Tierras]. Mi majestad ha proseguido por el buen camino con sus beneficiosos consejos. Él ha unido para mí el Valle y el Desierto, todo lo que el disco solar rodea está en mi puño.

Repetiré para vosotros; escuchad, gente. Él había ordenado para mí las tierras de Retenu en la primera campaña. Ellos vinieron para encontrarse con mi majestad, consistiendo en cantidades de hombres, cientos de miles, de lo mejor de cada tierra extranjera, 330 jefes montados en sus carros y cada uno con su tropa. Ellos estaban en el valle de Qina, preparados, agrupados. El éxito surgió de mi acción con ellos. Mi majestad les atacó y ellos huyeron al instante, cayéndose y arrastrándose, hasta entrar en Megiddo. Mi majestad les sitió durante siete meses, hasta que ellos se asomaron (para) implorar a mi majestad, diciendo: «Otórganos tu aliento, oh nuestro señor. No se repetirá que los habitantes de las tierras de Retenu desobedezcan otra vez». Aquel enemigo, junto con los jefes que estaban con él, hizo que salieran hacia mi majestad todos sus hijos/súbditos llevando numerosos productos de oro y plata, todos los caballos que estaban con ellos, sus grandes carros de oro y plata y los pintados, todas sus mallas para luchar, sus arcos, sus flechas y todas sus armas de combate. Aquellos que vinieron desde lejos portándolas para luchar contra mi majestad, las traían luego como productos para mi majestad.[11] Ellos estaban de pie en sus murallas alabando a mi majestad para que les fuera concedido el aliento de vida. Mi majestad hizo entonces que se les tomara el juramento de lealtad,[12] diciendo: «No repetiremos el mal contra el rey Menkheperra —¡que se le conceda vida!—, nuestro señor, durante nuestro periodo de vida, puesto que hemos presenciado sus poderes. Él nos ha concedido el aliento porque él quiere. Su padre es quien lo ha hecho, [Amon-Ra señor de los tronos de las Dos Tierras], y no la acción de los hombres». Mi majestad hizo entonces que se les permi-

10. Referencia a los orígenes míticos de Egipto.
11. La capacidad del «protagonista» de invertir a su favor el resultado de una situación adversa es un tópico de las inscripciones conmemorativas y de la literatura del antiguo Egipto (recuérdese el duelo de Sinuhe).
12. Sobre el juramento de lealtad, ver S. Morschauser, «The End of the *sdf(3) tr(yt)* "Oath"»: *JARCE* 25 (1988), pp. 93-103.

tiera tomar el camino hacia sus ciudades. Todos ellos marcharon en burros, pues yo había tomado sus caballos. Capturé a los ciudadanos de allí para Egipto, al igual que sus propiedades.

Mi padre es quien me lo ha otorgado, [Amon-Ra señor de los tronos de las Dos Tierras], el dios beneficioso, el exitoso, cuyos designios nunca fallan, quien envió a mi majestad a conquistar todas las tierras llanas y montañosas juntas. Yo les derroté según su mandato, (prosiguiendo) por el camino que él traza. Él hizo que yo golpeara a todos los habitantes de tierras extranjeras, sin que ninguno se enfrentara conmigo.

Es mi maza lo que abate a los semitas, mi flagelo lo que golpea a los Nueve Arcos. Mi majestad ha doblegado a todas las tierras: Retenu está bajo mis sandalias, los nubios son siervos de mi majestad. Ellos trabajan a una para mí. El impuesto consiste en la contribución de cantidades, en las numerosas cosas del Cuerno de la Tierra, en abundante oro de Wawat, incontable.

Se tala allí para el Palacio —¡que viva, prospere y tenga salud!— todos y cada uno de los años, consistiendo en barcos-*khementiu* y barcos de carga, más (numerosos) que tripulación de marineros había; además de la contribución que los nubios traen, consistiendo en marfil y ébano. Un cargamento de madera viene a mí desde Kush: tablones de palmera y palos sin límite de acacia del Comienzo de la Tierra. Mi tropa que está en Kush la tala en cantidades, [salvo los barcos-*khementiu* y] los numerosos barcos de carga de madera de palmera que mi majestad se trajo consigo victoriosamente.

Se tala [para mí en] Dyahi todos y cada uno de los años, consistiendo en madera de pino del Líbano, que es traída hasta Palacio —¡que viva, prospere y tenga salud!—. Un cargamento de madera viene a mí hasta Egipto [... madera] de Negu, lo mejor de la Tierra-de-dios. Está bien crecida, [...] como el alabastro para salir hacia la Residencia, sin que se haya pasado por alto la temporada de ningún año. Mi tropa que estaba en Ullaza(?) como guarnición [...] de madera de pino, debido a las victorias de mi majestad, según los designios de mi padre [Amon-Ra], quien ha ordenado que los habitantes de todas las tierras extranjeras me pertenezcan. Yo no se la concederé a los palestinos, pues es la madera lo que él (más) quiere. Él doblega a los que testifican por el señor y a los que se resisten a la rendición.

[...], escuchad, oh gente del Comienzo de la Tierra, que está en la colina pura, popularmente llamada «Tronos de las Dos Tierras», pero que no se conocía. Conoced la maravilla de [Amon-Ra] delante de las Dos Tierras [... los guardias] habían comenzado a llegar para encontrase con la noche y realizar el turno de vigilancia. Era la segunda hora cuando una Estrella[13] llegó viniendo desde el sur, como nunca había ocurrido. Él (= la estrella = Tutmosis III) les abatió de lleno, sin que ninguno pudiera levantarse, [...], caídos y arrastrándose. [La cobra-*uraeus*] les perseguía con fuego contra sus rostros, sin que ninguno de ellos pudiera encontrar su mano, sin que pudiera mirar a su alrededor, sin sus caballos, que se habían espantado [...] para hacer que los habitantes de todas las tierras extranjeras presenciaran los poderes de mi majestad. Marché al sur y mi corazón estaba henchido, celebré (una fiesta) para mi señor, [Amon-Ra señor de los tronos de las Dos Tierras], quien ha decretado las victorias, quien ha causado el terror [...] a mi alrededor. Él ha causado el respeto hacia mí entre los habitantes de todas las tierras extranjeras, y ellos huyen lejos de mí. Todo sobre lo que brilla el sol está atado bajo mis sandalias.

Mi majestad en persona dijo [...] victoria, porque yo conozco perfectamente el valor y la victoria que me ha concedido mi noble padre [Amon-Ra señor de los tronos de las Dos Tierras]. Él me ha hecho señor de las cinco partes,[14] gobernante de lo que el disco solar abarca. [...] el terror a mi majestad está contra los territorios del sur, sin que exista un camino que me sea adverso. Él ha sellado la tierra entera para mí, sin que haya límites a lo que me ha sucedido victoriosamente. Él ha dispuesto mis poderes en el Alto Retenu [... traen] de allí productos para mí hasta donde está mi majestad cada una de las veces. La tierra montañosa expone para mí todo lo bueno que hay en su interior; lo que ocultó a otros reyes de Egipto, lo ha descubierto [...] toda clase de piedras preciosas y miles de plantas dulces y perfumadas de todo tipo que hay en Punt, todo lo típico del Comienzo de la Tierra. Todo lo que sale como mercancía hasta mi majestad le pertenece: yo lleno su casa (= el templo de Amon-Ra) y le compenso a él su protección [...] en el campo de batalla. Haré ofrendas maravillosas de todas las tierras, las primicias que su valiente arma ha arrebatado, pues él me la ha asignado (para actuar) contra los habitantes de todas las tierras extranjeras.

    13. El logograma para «estrella», *sb3*, lleva el determinante semántico de la figura antropomorfa de un dios. Sin duda alguna se trata de una descripción metafórica del ataque por sorpresa del faraón (y su tropa) sobre un asentamiento enemigo. Recuérdese que al comienzo de la inscripción Tutmosis III es comparado con una estrella fugaz, su cobra-*uraeus* abrasando al ejército de Mitani.
    14. El cosmos estaba conceptualmente dividido en cinco partes: el centro y cuatro áreas periféricas coincidiendo con los cuatro puntos cardinales. Recuérdese que los textos también mencionan «las (cinco) partes de Horus y Seth» refiriéndose al territorio bajo el gobierno del faraón.

Los cortesanos [...: «Amon-Ra señor] de los tronos de las Dos Tierras, el dios más grande del Origen, el primigenio, quien creó tus perfecciones, él te ha otorgado todas las tierras. Contrólalas para él, quien sabe que tú has surgido de él. Él es, en efecto, quien guía a tu majestad por el [buen] camino [...]».

[...] he dispuesto mi terror en los confines de Palestina, y mi comisionado no es retenido. Son mis soldados los que cortan los troncos en la ladera de la madera de pino, [en las colinas de la Tierra-de-dios...] para los monumentos de mis antecesores, todos los dioses del Alto y Bajo Egipto. Una barca de remos de madera de pino ha sido talada para mi majestad [...] en la costa el Líbano, en la fortaleza [...] todos los jefes del Líbano construyeron barcas reales para navegar al sur en ellas y traer consigo todas las maravillas del campo hasta Palacio —¡que viva, prospere y tenga salud!—. Los jefes de [...] Los jefes de Retenu han transportado los troncos sobre bueyes hasta la costa, pues son ellos los que vienen con sus contribuciones hasta donde está mi majestad, hasta la Residencia [...] con todo lo bueno que se ha traído como maravillas del sur. El impuesto consiste en la contribución de cada año, como cualquier siervo de mi majestad.

Relatad vosotros, oh gente [...: «...] los habitantes de todas las tierras extranjeras han [presenciado] tus poderes; tu fama circula por el Cuerno de la Tierra; tu majestuosidad hace temblar los corazones de los que te atacaron [...] todos los nubios que transgreden tus designios. Es tu padre quien [...]».

Su majestad estaba entonces en su palacio [...]

## EL DIOS AMON, ORIGEN DE LAS ACCIONES
## DE TUTMOSIS III

En una sala próxima al lado norte del pilono VI del templo de Karnak se halló una estela de granito gris de 180 cm de altura.[1] La escena doble de la parte superior representa a Tutmosis III quemando incienso y ofreciendo dos vasos a Amon-Ra «rey de los dioses y señor del cielo». El monarca va seguido de la diosa Khefethernebes, encarnación de la orilla occidental de Tebas, quien sostiene en sus manos un hacha, un arco, flechas y el signo de la vida. La escena, al igual que el nombre de Amon en el texto, fue dañada durante la época de Amarna y posteriormente restaurada. El texto, escrito en veinticinco líneas, es en su integridad un discurso de Amon-Ra dirigido a Tutmosis III. Su carácter «poético» queda patente en la propia escritura de parte del texto, alternándose dos anáforas, una al comienzo de la línea («Yo he venido y hago que tú pisotees...») y otra justo a la mitad de la línea («Yo hago que ellôs vean a tu majestad como...»).

Otra estela de Tutmosis III hallada delante de la cara sur del pilono VII de Karnak reproduce casi literalmente las primeras líneas del texto.[2] La composición gozó de tal éxito años después, que fue adaptada por los reyes Amenofis III, Seti I y Ramsés III. El poema asigna a la divinidad el papel de instigador y colaborador de las acciones de Tutmosis III contra los pueblos extranjeros que rodeaban a Egipto, mientras que el rey figura explícitamente como su brazo ejecutor. Sin embargo, en la versión que se realizó para el rey Amenofis III, el propio Amon es también el autor de las acciones contra los extranjeros, mientras el rey se presenta como el beneficiario de los planes y de los poderes del dios. Este cambio sutil del mensaje transmitido refleja, inten-

1. Hoy en el Museo de El Cairo, CG. 34010.
2. CG. 34011; Lacau, *Stèles du Nouvel Empire*, pp. 21-24; Urk. IV 619, 4- 624, 5. Mide 170 x 103 cm.

cionadamente o no, el cese de la participación activa del monarca en las campañas periódicas que sus tropas realizaban fuera de las fronteras de Egipto. El dios Amon dirá entonces a Amenofis III:[3] «... Yo tornaré mi vista hacia el sur y haré maravillas para ti. Yo haré que los jefes del maldito Kush lleguen a ti con todos sus productos sobre sus espaldas...».

TEXTO[4]

Palabras pronunciadas por Amon-Ra, señor de los tronos de las Dos Tierras:
«¡Ven a mí! ¡Regocíjate al ver mi perfección! Oh hijo mío, mi protector, Menkheperra —¡que viva por siempre!

Yo brillo debido a ti, mi corazón se expande con tus bienvenidas a mi templo y mis brazos rodean tu cuerpo en protección de vida. ¡Cuán agradable es tu gentileza en mi pecho!

Te establezco en mi santuario y hago maravillas para ti:
Yo te concedo coraje y victoria contra todas las tierras montañosas.
Yo hago que tu poder y el respeto a ti esté en todas las tierras llanas, que tu terror (alcance) hasta los cuatro pilares del cielo, y aumento tu majestuosidad en todos los cuerpos.

Yo hago que tu fama recorra los Nueve Arcos, estando todos los jefes extranjeros reunidos en tu puño. Extiendo mis propios brazos y los ato (a ellos) para ti. Subyugo a los *iuntiu* de Nubia por decenas de miles y a los del norte por cientos de miles como cautivos.

Yo hago que tus enemigos caigan bajo tus sandalias. Golpea tú a los rebeldes y traidores, pues he decretado para ti la tierra a lo largo y a lo ancho, los occidentales y los orientales estando bajo tu autoridad. Pisa a todas las tierras extranjeras, que tu corazón se expanda, (pues) no hay quien se aproxime cerca de tu majestad mientras yo sea tu guía. Alcánzales tú a ellos tras haber cruzado el Éufrates de Naharina con la victoria y el poder que yo he ordenado para ti. Cuando ellos oyen tu fama, se adentran en cuevas,[5] habiendo yo privado a sus narices del aliento de vida.

3. Urk. IV 1656, 5-7.
4. Urk. IV 610, 8- 619, 2; Lacau, *Stèles du Nouvel Empire*, pp. 17-21, pl. 7; BAR, II, pp. 262-266 (n.ᵒˢ 655-662); Lichtheim, AEL, II, pp. 35-39.
5. Una forma de ridiculizar la cobardía de los enemigos de la región de Naharina/Mitani. Utilizada también en el *texto (c)* de la tumba de Menkheperraseneb (ver *infra*). En textos de época ramésida el esconderse en cuevas se equipara al comportamiento de los chacales.

Yo hago que el terror de tu majestad atraviese sus corazones, que mi cobra-*uraeus*[6] que está en tu frente les abrase y lleve a cabo un saqueo entre los malvados, que su llamarada consuma a los que están en sus escondites, que los semitas sean decapitados sin excepción, los derrotados temblando debido a su autoridad.

Yo hago que tus victorias circulen por todas las tierras, que lo que mi cobra-*uraeus*[7] ilumina sea tu siervo, sin que haya detractores tuyos en lo que abarca el cielo, sino que ellos vengan con productos sobre sus espaldas, haciendo reverencia a tu majestad, como yo lo ordeno.

Yo hago que se desvanezcan los rebeldes que llegaron a tus proximidades, sus corazones ardiendo y sus miembros temblando.

Yo he venido y hago que tú pisotees a los jefes de Dyahi, extendiéndoles bajo tus pies, atravesando todas sus tierras. Yo hago que ellos vean a tu majestad como el señor de la luz, iluminando tú sus rostros como (si fueras) mi doble.

Yo he venido y hago que tú pisotees a los que están en Palestina, que tú golpees las cabezas de los semitas de Retenu. Yo hago que ellos vean a tu majestad equipado con tu panoplia, blandiendo tú las armas de combate sobre el carro.

Yo he venido y hago que tú pisotees la tierra oriental, que tú pises a los que están en las regiones de la Tierra-de-dios. Yo hago que ellos vean a tu majestad como una estrella fugaz, su estela en llamas, produciendo chispas.

Yo he venido y hago que tú pisotees la tierra occidental, estando Keftiu e Isy bajo (tu) majestuosidad. Yo hago que ellos vean a tu majestad como un toro joven, decidido, de afilados cuernos, al que (nadie) se le acerca.

Yo he venido y hago que tú pisotees a los que están en sus escondites, las tierras de Mitani tiemblan por respeto a ti. Yo hago que ellos vean a tu majestad como un cocodrilo, señor del respeto dentro del agua, al que (nadie) se le aproxima.

Yo he venido y hago que tú pisotees a los que están en los territorios en medio del mar y que están bajo tu fama. Yo hago que ellos vean a tu majestad como un protector, quien aparece sobre el lomo de su víctima.

Yo he venido y hago que tú pisotees Tchehenu, que las tierras de los *uchentiu* pertenezcan al control de tus poderes. Yo hago que ellos

---

6. Llamada aquí $3ḫt$, «espíritu».
7. Ahora denominada *tpt*, «frente».

vean a tu majestad como un león y que tú les conviertas en cadáveres a través de sus valles.

Yo he venido y hago que tú pisotees los confines de las tierras y que lo que rodea el océano[8] esté atrapado en tu puño. Yo hago que ellos vean a tu majestad como el señor de la(s) ala(s) (= un halcón), quien atrapa lo que atisba a su antojo.

Yo he venido y hago que tú pisotees a los que están al principio de la tierra,[9] que ates a los (semi)nómadas como prisioneros. Yo hago que ellos vean a tu majestad como un chacal del sur, maestro en llegar y marcharse, quien se recorre las Dos Tierras.

Yo he venido y hago que tú pisotees a los *iuntiu* de Nubia, tan lejos como la tierra de la Garra(?) estando en tu puño. Yo hago que ellos vean a tu majestad como a tus dos hermanos (Horus y Seth), tras haber reunido yo sus dos brazos para ti con [victoria].

Tus dos hermanas (las diosas Udyo y Nekhbet), yo las he dispuesto detrás de ti como protección, y los brazos de mi majestad encima, ahuyentando la maldad. Yo llevo a cabo tu protección, hijo mío, mi amado, el Horus "Toro victorioso, Quien ha aparecido oficialmente en Tebas", a quien yo he engendrado con [mi cuerpo] divino, Totmose —¡que viva por siempre!—, quien hace para mí todo lo que mi *ka* desea. Tú has levantado mi santuario como una obra eterna, lo has alargado y ensanchado más que estaba antes, y (has levantado) la gran puerta [«Menkheperra celebra las perfecciones de Amon-Ra»]. Tu monumento es mayor que el de cualquier otro rey anterior. Yo te había ordenado que lo hicieras y tú me has complacido con ello. (Así,) yo te confirmo en el trono de Horus por millones de años, y que guíes a los vi[vos por siempre].

---

8. *šn-wr*; véase la inscripción de Tutmosis I en Tombos, *supra* n. 71.
9. *ḫ3t-t3*.

## AMONEMHEB, LLAMADO MAHU, OFICIAL DEL EJÉRCITO

Amonemheb fue un oficial del ejército bajo Tutmosis III, participando como soldado en sus expediciones por Siria-Palestina. Cuando Amenofis II ascendió al trono, reconoció los servicios que éste había prestado a su padre y le promovió en la escala militar. Su biografía fue grabada sobre una de las paredes interiores de su tumba en Abd el-Qurna, en la orilla occidental de Tebas.[1] El texto está escrito en columnas junto a una representación del propietario de pie, frente a Tutmosis III sentado en su trono, a quien supuestamente ofrece su resumen autobiográfico. Las inscripciones de su tumba insisten en que él era un «asistente del rey en sus expediciones por agua y por tierra, en todas las tierras extranjeras, en todos los lugares que su majestad pisó, (del sur y del norte), efectuando capturas valientemente detrás del señor de las Dos Tierras, llevándole el arma al buen dios».[2] El *texto (a)* selecciona y expone de forma muy subjetiva los acontecimientos más relevantes de su servicio al faraón, tratando de resaltar sus méritos a la par que los del monarca, sin dejar de mencionar sus capturas y sus correspondientes recompensas.

Detrás de la figura de Amonemheb se representan tres delegaciones de la región de Siria-Palestina distribuidas en tres registros (figura 6). Los cabecillas de cada una de ellas saludan al faraón (*texto b*) poniéndose de rodillas, besando el suelo y alzando sus manos con los brazos doblados hacia delante, mientras los demás traen vasijas, jarrones, telas y aros de oro, acompañados por niños.

1. PM I² (1), pp. 170-175 (TT 85).
2. Urk. IV 899, 7-10.

## TEXTOS[3]

*(a)* El solda[do Amonemh]eb —(santo) inocente— dice:
Yo fui muy leal al soberano —¡vida, prosperidad y salud!—, fiel al rey del Alto Egipto, eficaz para el rey del Bajo Egipto. Cuando seguí a mi señor en sus andanzas por tierra(s) extranjera(s) del norte y del sur, él me quiso junto a sus pies. Cuando él estaba en el campo de batalla, su fuerza robustecía su corazón.

Hice captura(s) en la tierra de Negeb, y me traje 3 hombres semitas como cautivos. Después de que su majestad alcanzase Naharina, me traje de allí 3 hombres capturados, y los puse delante de su majestad como cautivos. De nuevo hice captura(s) (en) esta campaña, en la tierra de Tatchestuan, al oeste de Aleppo, y me traje 13 hombres semitas como cautivos, 70 asnos vivos, 13 hachas de bronce, el bronce labrado como oro [...] De nuevo hice captura(s) (en) esta campaña, en la tierra de Qarquemish, y me traje [...] como cautivos. Crucé el río de Naharina, estando ellos en mi mano [...], y los [puse] delante de mi señor. Él me recompensó entonces con una gran recompensa. Relación: [...]

Presencié las victorias del rey de Egipto Menkheperra —¡que se le conceda vida!— sobre la tierra de Senzar, habiendo él llevado a cabo una [gran] matan[za entre] ellos. Yo hice una captura delante del rey y me traje una mano de allí. Él me concedió el oro del premio. Relación: [...] 2 aros de plata.

Volví a presenciar su valor, siendo yo uno de sus asistentes. Saqueó [la ciudad de] Qadesh, sin que quedase ninguno delante de él. Yo me traje dos hombres *marianu* como [cautivos. Los puse] ante el rey, el señor de las Dos Tierras Totmose-"Gobernante de Tebas" —¡que viva por siempre!—, y él me concedió el oro del valor ante toda la gente [...] Relación: un león, 2 pectorales, 2 moscas y 4 aros del mejor oro.

Presencié a mi señor sobre el [...] en todas sus manifestaciones, sobre la tierra extranjera más septentrional de [...] Yo fui quien subió hasta [...], apresurando a toda su tropa. Cuando volví a presenciar sus victorias sobre la tierra del maldito Takhsi, en la ciudad de Meru, hice captura(s) allí, ante el rey. Me traje 3 hombres semitas como cautivos.

---

3. Urk. IV 890, 6- 896, 17; BAR, II pp. 227-234, 319 (n.[os] 574-592; 808). Para el texto *(b)*, ver N. de G. Davies, «Foreigners in the Tomb of Amenemḥab (n.º 85)»: *JEA* 20 (1934), pp. 189-192, pl. 25. El texto en Urk. IV 907, 1- 908, 7 se presenta desordenado, anulando su sentido.

Mi señor me concedió entonces el oro de la recompensa. Relación: 2 pectorales, 4 aros, 2 moscas y 1 león de oro, una mujer y un hombre dependientes.

Volví a presenciar otra ocasión magnífica llevada a cabo por el señor de las Dos Tierras en Niy. Cazó 120 elefantes con sus colmillos. Yo tomé entonces al elefante más grande de entre ellos, que estaba luchando contra su majestad. Yo fui quien cortó su trompa,[4] cuando todavía estaba vivo ante su majestad y yo estaba de pie en el agua, entre dos rocas. Mi señor me recompensó, entonces, con oro [...] y 5 piezas de tela.

El jefe de Qadesh hizo que saliera un único caballo al [galope], adentrándose por entre la tropa, y yo lo perseguí a pie con mi lanza, lo herí en el vientre, le corté su cola y la puse ante el rey, quien dio gracias a dios por ello: «Él ha provocado regocijo, pues ello ha llenado mi cuerpo; (ha provocado) exaltación, pues él ha reunido mis miembros». Su majestad hizo, entonces, que salieran todos los valientes de su tropa para derruir la muralla reconstruida de Qadesh. Yo fui quien la derruyó, pues estaba a la cabeza de todos los valientes, sin que hubiera nadie que actuara delante de mí. Yo salí y me traje a 2 hombres *marianu* como cautivos. Mi señor repitió, entonces, mi recompensa por ello con todo lo bueno que satisface (cualquier) deseo.

Así, yo hice estas capturas siendo soldado del barco [«Amon poderoso de proa»].

Yo era capataz de la tripulación en el barco [«Amon poderoso de proa»], a la cabeza de su marinería en la procesión acuática de [...] en la bella fiesta de Opet. Los habitantes de las Dos Tierras estaban en júbilo.

El rey completó su tiempo de numerosos años propicios, valientemente, poderosamente y legítimamente, desde el año 1 hasta el año 54, último día del tercer mes de la estación *Peret*, bajo [la majestad del] rey de Egipto Menkheperra —(santo) inocente—. Él ascendió al cielo, se juntó con el disco solar, el cuerpo divino mezclándose con quien le creó.[5]

Al despuntar el alba, el disco solar surgió brillante y el cielo resplandeció. El rey de Egipto Aakheperrura, el hijo de Ra [Amonnetcher-heqauaset] —¡que se le conceda vida!— se ha asentado sobre el

---

4. Literalmente, «su mano».
5. La descripción poética de la muerte del faraón se inspira en el comienzo de la narración del relato de *Sinuhe*; ver Galán, *Cuatro Viajes*, p. 82. En la tumba de Amonemheb una escena representa al rey Amenofis II delante de su padre sentado sobre un trono como Osiris.

trono de su padre, ha acordado la titulatura real, ha tomado posesión de la totalidad, ha reunido a los levantiscos [...] del desierto y ha golpeado las cabezas de sus jefes. Aquel que ha aparecido oficialmente como Horus hijo de Isis ha conquistado [...], a los *genuntiu* y a los *kenemtiu*. Todas las tierras están postradas debido a sus poderes, sus productos sobre sus espaldas, [solicitando] para ellos el aliento de vida.

*(b)* Saludando al señor de las Dos Tierras y besando el suelo por quien ha aparecido oficialmente en [Tebas.[6] Llegada de los jefes de Retenu,] sus productos sobre sus espaldas [... turquesas, plomo...], vino, telas, bóvidos e incienso. Solicitan [...] paz de [su] majestad. [Han sido presentados] para que se les conceda aliento de vida a sus narices.

Todos los jefes del Alto Retenu, todos los jefes del Bajo Retenu, Keftiu, Menus y todas las demás tierras extranjeras reunidas dicen: «¡Cuán grande son tus poderes, oh rey victorioso, soberano, amado de Ra! Has provocado el respeto a ti en todas las tierras llanas, el terror hacia ti por todas las tierras altas. Míranos, estamos bajo tus sandalias».[7]

---

6. Parte del nombre «Horus» de Tutmosis III.
7. Las palabras de los jefes extranjeros son las mismas que las pronunciadas por el jefe nubio en la tumba de Imunedyeh; cf. *infra*, texto *(d)*.

Fig. 6: Tumba de Amonemheb. Delegaciones de Siria-Palestina en audiencia ante Tutmosis III.

## MENKHEPERRASENEB, SUMO SACERDOTE DE AMON

En su tumba de Abd el-Qurna[1] se representan escenas de delegaciones extranjeras trayendo productos ante Tutmosis III. De nuevo, mientras los cabecillas saludan al faraón de rodillas, besando el suelo (figura 7, *texto a*), los demás avanzan en fila, algunos de ellos llevando a un niño de la mano y trayendo objetos diversos: telas, vasos, vasijas, jarras, jarrones, bandejas, aros de oro, lapislázuli, turquesas, colmillos de marfil, espadas, cimitarras, arcos, aljabas, cascos, carros, caballos, etc. Menkheperraseneb dice ser «hijo de la hermana y esposa del rey, señora de la tierra», y fue el encargado de recibir todas estas riquezas en calidad de sumo sacerdote de Amon y tesorero de la administración real. Además, fue el encargado de dirigir las obras arquitectónicas en los templos de Tebas.

TEXTOS[2]

*(a)* Saludando al señor de las Dos Tierras y besando el suelo por el buen dios. Llegada de los jefes de todas las tierras. Ellos ensalzan las victorias de su majestad, sus productos sobre sus espaldas, consistiendo en todo lo [típico] de la Tierra-de-dios: plata, oro, lapislázuli, turquesas y toda clase de piedras preciosas. Son presentados para que se les conceda el aliento de vida.

(A saber:) el jefe de Keftiu, el jefe de Hatti, el jefe de Tunip (y también) el jefe de Qadesh.

*(b)* Recibiendo los productos de las victorias [de su majestad ...

1. PM I² (1), pp. 175-178 (TT 86).
2. Urk. IV 929, 8- 931, 17; N. de G. Davies, *The Tombs of Menkheperrasonob, Amenmoše, and Another*, Londres, 1933, pls. 4-7.

que dirige] el victorioso soberano a [su padre Amon, por] el noble portavoz, líder, [sumo sacerdote de Amon, Menkheperraseneb].

*(c)* [...] las demás tierras; el terror hacia ti [...] océnao; el respeto a ti está en todas las tierras, pues tú has atacado las tierras de Mitani y destruido sus ciudades, (de tal forma que) sus jefes están (ahora) en cuevas [...]

*(d)* Recibiendo el oro de la tierra (adscrita a) la ciudad de Coptos, junto con el oro del maldito Kush, como (su) impuesto anual, por el tesorero, sumo sacerdote de [Amon], Menkheperraseneb —(santo) inocente.

*(e)* Recibiendo los productos de las tierras extranjeras [del sur, junto con los productos de] la tierra de [Punt por el noble portavoz, líder], tesorero, [sumo sacerdote de Amon], Menkheperraseneb.

Fig. 7: Tumba de Menkheperraseneb. Jefes de Siria-Palestina traen sus productos al faraón.

# IMUNEDYEH, PRIMER HERALDO DEL REY

Comenzó su servicio a Tutmosis III en su decimoquinto año de reinado, actuando como supervisor de obras en los templos de Tebas y, más tarde, como primer heraldo del rey, escriba real y supervisor del almacén. En su tumba de Abd el-Qurna[1] afirma haber «seguido a su señor en sus expediciones por todas las tierras extranjeras del norte, sin abandonar al señor de las Dos Tierras en el campo de batalla a la hora de luchar contra sus enemigos».[2] La inscripción sobre una de sus estatuas añade que «cruzó el Éufrates detrás de su majestad, para establecer las fronteras de Egipto».[3] En una de las paredes del vestíbulo de su tumba incluye dos escenas en las que aparece él acompañando a dos grupos de extranjeros trayendo productos ante el faraón; los del norte a un lado de la puerta central (*textos a* y *b*) y los del sur al otro lado (*textos c, d* y *e*), según muestran las figuras 8 y 9 respectivamente.

TEXTOS[4]

*(a)* Llegada en paz de los jefes de Retenu [...] postrados humildemente.

*(b)* Besando el suelo por el jefe de Naharina y saludando a su majestad, debido a que sus poderes atraviesan la(s) tierra(s) extranjeras del norte.

1. PM I² (1), pp. 167-170 (TT 84).
2. Urk. IV 938, 13-14. Ver también Urk. IV 941, 6-7.
3. Urk. IV 1370, 8-11.
4. Urk. IV 947, 10- 950, 10. Para los dos primeros pasajes y una reproducción de la escena de la llegada de las embajadas de Retenu y de Naharina, ver N. M. y N. de G. Davies, «Syrians in the Tomb of Amunedjeḥ»: *JEA* 27 (1941), pp. 96-98, pl. 13. Para la escena y los textos sobre la llegada de productos del sur, ver N. M. Davies, «Nubians in the Tomb of Amunedjeḥ»: *JEA* 28 (1941), pp. 50-52, pl. 5.

*(c)* Saludando al señor de las Dos Tierras y besando el suelo por el buen dios. Llegada de (los jefes) de Iter, sus productos sobre sus espaldas. Presentándoselos a su majestad.

*(d)* El jefe de la tierra de Nubia (dice): «¡Cuán grandes son tus poderes, oh rey victorioso, soberano —vida, prosperidad y salud—, amado de Ra! (Éste) ha provocado el respeto a él en todas las tierras llanas, el terror hacia él por todas las tierras montañosas. Míranos, estamos bajo tus sandalias».

*(e)* Llegada de los jefes de Miu [...], trayendo sus productos [...]. Saludando al señor de las Dos Tierras y besando el suelo por el buen dios, por los jefes [de ...], sus productos sobre sus espaldas. Ellos ofrecen sus hijos al señor de las Dos Tierrras [...]

*(f)* (Imunedyeh:) Avanzando las maravillas del maldito Kush, consistentes en oro, marfil, ébano, piedras presiosas [...] sobre el trono de Atum. Él ha dirigido todas las tierras llanas y montañosas hasta donde tú estás, y ellos vienen a tu majestad trayendo sus productos del comienzo del año [...]

Fig. 8: Jefes de Siria-Palestina en la tumba de Imunedyeh.

Fig. 9: Nubios en la tumba de Imunedyeh.

## INTEF, PRIMER HERALDO DEL REY

En el Museo del Louvre se puede admirar hoy una magnífica estela de piedra caliza de 175 cm de altura, originariamente levantada casi con seguridad en el patio de su tumba en Dra Abu el-Naga.[1] En la parte superior aparece una doble representación de Intef sentado ante una mesa de ofrendas funerarias y sosteniendo en su mano derecha el cetro-*sekhem* que simboliza la autoridad. Su extenso texto enumera el carácter sobresaliente del personaje y sus responsabilidades como oficial de la administración real bajo Tutmosis III, para terminar haciendo referencia a sus funciones en tierras extranjeras.

### TEXTO[2]

... Seguí al rey de las Dos Tierras. Acompañé sus expediciones por tierras [del sur y del norte. Alcancé] el Comienzo de la Tierra[3] y llegué hasta su confín. Cuando estaba a los pies de su majestad —¡vida, prosperidad y salud!—, era valiente como los que poseían arma(s), conquistaba como sus valientes. Cada campamento en tierra extranjera era [...] Marchaba delante de la infantería como cabecilla de la vanguardia, y cuando mi señor llegaba en paz, yo decía: «Ya lo he preparado, lo he equipado con todo lo que se puede desear en tierra extranjera, mejor que un campamento de Egipto, sus (diferentes) áreas organizadas, [despejadas], aseguradas y apartadas, y (cada) depen-

---

1. Louvre, C 26. Su tumba es la TT 155; T. Säve-Söderbergh, *Four Eighteenth Dynasty Tombs*, Oxford, 1957, pp. 11-21.
2. Urk. IV 974, 12- 975, 11; BAR, II, p. 300 (n.° 771); Galán, *The Heritage of Thutmosis III's Campaigns*, p. 97.
3. *ḫnty*, una de las formas de referirse al extremo sur, similar al «Cuerno de la tierra».

dencia con su guardián». He conseguido que el deseo del rey estuviera satisfecho con lo realizado [...] Yo registraba los productos de los gobernantes que estaban en cada una de las tierras extranjeras, consistiendo en plata, oro, aceite, incienso y vino...

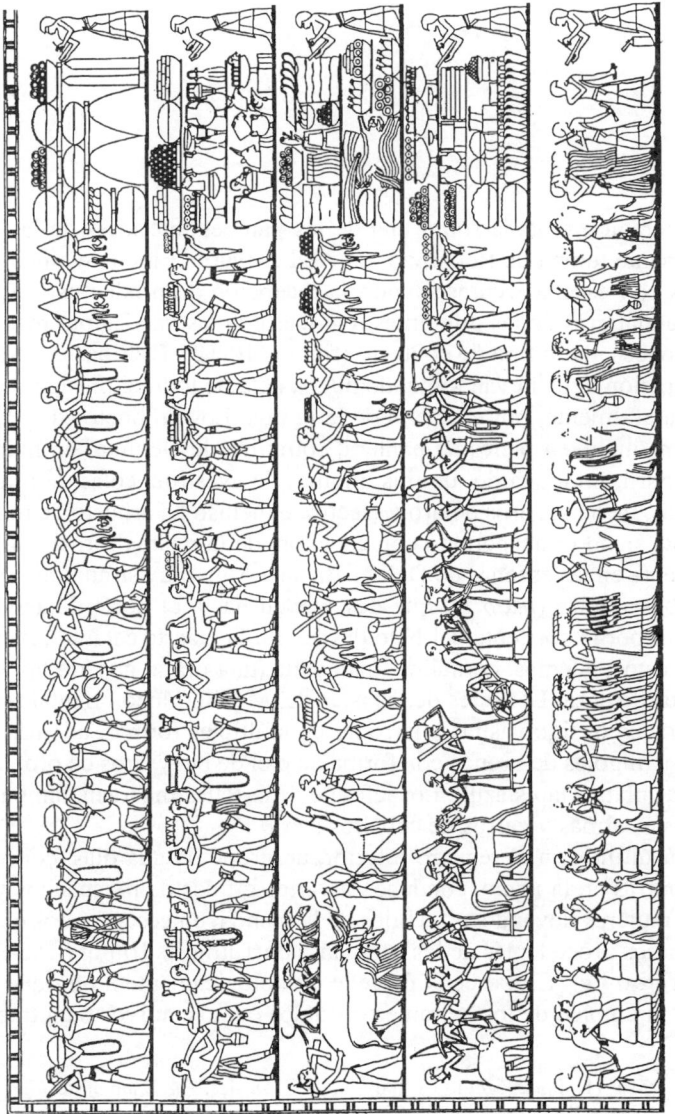

Fig. 10: Tumba de Rekhmira. Recepción de los productos traídos por diferentes grupos de extranjeros.

# EL VISIR REKHMIRA

La decoración pintada sobre una de las paredes interiores de la impresionante tumba de Rekhmira, en Abd el-Qurna,[1] incluye cinco registros con escenas representando la recepción de productos traídos por mandatarios de las diferentes regiones con las que Egipto mantuvo entonces algún tipo de contacto (figuras 10-12). Escribas de la administración egipcia van tomando buena nota de todo ello, supervisados, naturalmente, por el dueño de la tumba. Los productos del Punt (*texto a*) incluyen pieles de pantera, colmillos de elefante, un mono, un mandril, un leopardo, un ibis, plumas de avestruz, colas de jirafa, maderas, incienso, aros de oro y electro, e incluso un arbusto de mirra que está siendo transportado con cepellón, de la misma forma que se representa en las escenas de Deir el-Bahari. Algo muy similar aportan las tribus nubias (*texto c*), que descienden hacia el norte dejándose arrastrar por la corriente del Nilo desde casi la Cuarta catarata, incluyendo éstos, además, cornalina, malaquita, una jirafa, ganado bovino y perros de caza. Los jefes de las islas del Mediterráneo oriental (*texto b*) traen consigo vasijas y jarrones de múltiples formas, además de grandes lingotes de bronce con forma de piel de buey, aros de oro, lingotes de plata y lapislázuli. Los jefes de Siria-Palestina traen, también, turquesas, armas y carros de caballos (*texto d*).

Por último, en el registro inferior, un grupo de guardias, con varas y porras en la mano, conducen a varios grupos de muchachos y a varias mujeres llevando a sus hijos de la mano o en cestas, todos ellos prisioneros procedentes de las campañas de Tutmosis III por Siria-Palestina (*texto e*). Esta escena precede cronológicamente a otra que se refiere al empleo de los extranjeros traídos como cautivos para traba-

---

1. PM I² (1), pp. 206-214 (TT 100); N. de G. Davies, *The Tomb of Rekh-mi-rēʿ at Thebes*, Nueva York, 1943, pls. 17-22.

jar en los talleres del templo (*texto f*), aspecto éste mencionado en términos muy similares dentro la sección dedicada a las «Ofrendas a Amon» que se incluye tras los «Anales de Tutmosis III» (ver *supra*). Las figuras que desfilan por los registros que dividen horizontalmente la pared van acompañadas de una línea de texto que discurre por encima de ellas.

TEXTOS[2]

*(a)* Llegada en paz de los jefes de Punt, postrándose e inclinando la cabeza, trayendo sus productos hasta donde está su majestad, el rey de Egipto Menkheperra —¡que viva por siempre!—. Todos los productos típicos de su tierra, la cual no había sido pisada por otro, debido a que sus poderes atraviesan sus tierras. En efecto, todas las tierras extranjeras son siervos de su majestad.

Es el noble portavoz, líder, en quien confía el rey, primero de [las Dos Tierras, el visir Rekhmira], quien recibe todos los productos de todas las tierras extranjeras, los cuales son traídos debido a [los poderes] de su majestad, a las victorias.

*(b)* Llegada en paz de los jefes de Keftiu y de las islas de en medio del mar, postrándose e inclinando la cabeza, debido a los poderes de su majestad, el rey de Egipto Menkheperra —¡que se le conceda vida por siempre!—. Al oír[3] (sobre) sus victorias en todas las tierras extranjeras, sus productos están sobre sus espaldas y solicitan que se les conceda el aliento de vida para estar sobre el agua de su majestad,[4] para conseguir que sus poderes les protejan.

Es en quien confía el soberano, el visir [Rekhmira], quien recibe todos los productos de todas las tierras extranjeras, los cuales son traídos debido a los poderes de su majestad.

*(c)* Llegada en paz de los jefes de las tierras extranjeras del sur, los *iuntiu* de Nubia y de Khenthennefer, postrándose y tocando el suelo con la frente, trayendo sus productos [hasta donde está su majestad],

---

2. Urk. IV 1096, 9- 1103, 2; 1147, 4- 1148, 4.

3. El texto distingue entre «ver» y «oír» las victorias del faraón. La primera acción supone un testimonio presencial, un contacto directo con la tropa del faraón, como lo experimentaron la mayoría de los jefes de Siria-Palestina. La segunda acción, sin embargo, supone un conocimiento indirecto de los poderes del monarca egipcio, por referencias de informadores y mercaderes.

4. Es decir, para ser leales al faraón, para no enfrentársele y poder establecer así relaciones comerciales.

el rey de Egipto Menkheperra —¡que viva por siempre!—, solicitando que les sea concedido el aliento de vida.

Es el noble portavoz, líder, portador del sello del *bit*, amigo único, el visir Rekhmira, quien recibe los productos de todas las tierras extranjeras, los cuales han sido traídos debido a los poderes de su majestad, a la fuerza [...] él es benefactor como lo es Ra [por siempre].

*(d)* Llegada en paz de los jefes de Retenu y de todas las tierras septentrionales de los confines de Palestina, postrándose e inclinando la cabeza, sus productos sobre sus espaldas, solicitando que les sea concedido el aliento de vida, para estar sobre el agua de su majestad. Al ver sus muy grandes victorias, el terror hacia él se ha apoderado de sus corazones.

Es, en efecto, el noble portavoz, líder, amado de dios, en quien más confía el señor de las Dos Tierras, el visir [Rekhmira], quien recibe los productos de todas las tierras extranjeras [...]

*(e)* Los súbditos de los jefes de las tierras del sur son introducidos, junto con los súbditos de los jefes de las tierras del norte, los cuales han sido traídos como primicia de las capturas de su majestad, el rey de Egipto Menkheperra —¡que se le conceda vida!—, en todas las tierras extranjeras, para llenar los almacenes y ser sirvientes de la fundación de mi padre [Amon] señor de los tronos de las Dos Tierras, pues él ha puesto a todas las tierras extranjeras unidas en el puño de su majestad, y a sus jefes tirados bajo sus sandalias.

Es el noble portavoz, líder, quien está en el corazón de quien está en Palacio, el visir Rekhmira, quien recibe las capturas de todas las tierras extranjeras, las cuales han sido traídas de las victorias de su majestad.

*(f)* Realizando la inspección [de los sirvientes del templo de Amon], junto con la mano de obra de la fundación, quienes trajo el rey como cautivos, sus súbditos pagando el impuesto con los trabajos que ellos hacen, (a saber) flechas, aceites y telas, como (indica) su documento anual [...]

[Recibiendo telas en el templo de Amon] en Luxor [de manos de los sirvientes de la fundación, los cuales fueron traídos por] su majestad de su victoria en tierras extranjeras del sur y del norte, como primicias del botín del buen dios, el señor de las Dos Tierras, el rey Menkheperra —¡que se le conceda vida, renovación y autoridad!—, para realizar lino del sur, lino blanco, lino fino, lino-*sekheru* y lino-*wemet*. (Ellos fueron) quienes entregaron las telas a [Amon] como [ofrenda, a cambio] de millones de años para el soberano [...].

# EL VISIR REKHMIRA

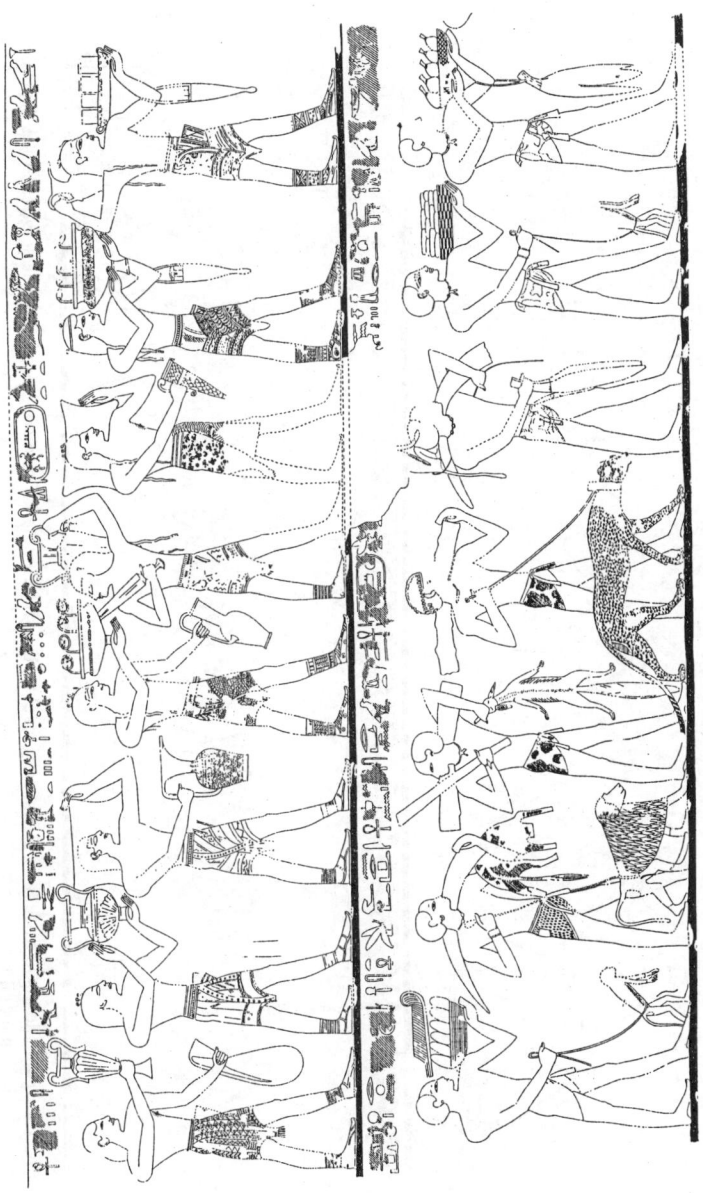

Fig. 11: Detalle de las embajadas de Keftiu y del Egeo y, en el registro inferior, de Nubia.

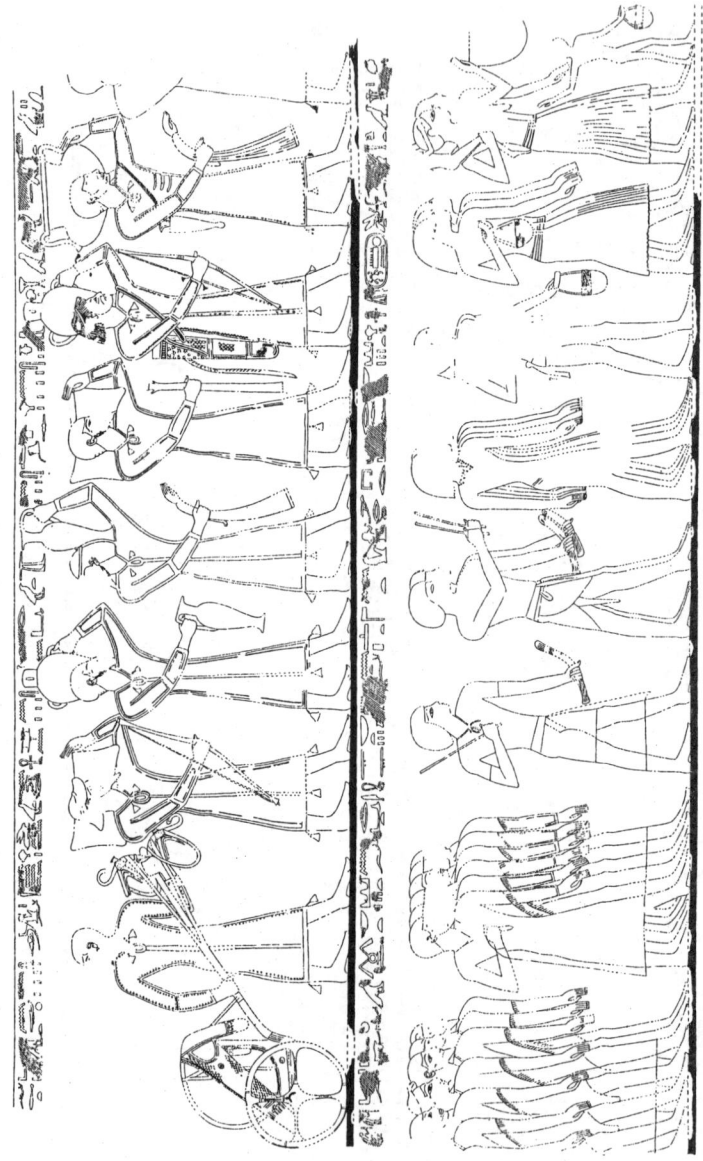

Fig. 12: Detalle de los jefes de Siria-Palestina y, en el registro inferior, de los cautivos extranjeros que servirán en las dependencias del templo.

# MINMOSE, RECAUDADOR DE IMPUESTOS EN TIERRAS EXTRANJERAS

La inscripción grabada sobre una estatua de granito hallada en Medamud nos informa del servicio prestado por Minmose al rey Tutmosis III. Tras participar en las campañas por Siria-Palestina como agente[1] del rey, terminó dirigiendo los trabajos de construcción en templos y capillas dedicados a diversos dioses por todo el territorio, incluyendo a Hathor señora de Biblos.

Años después, al comienzo del reinado de Amenofis II, Minmose grabó una inscripción en las canteras de Tura en la que menciona haber esculpido sendas estelas en la tierra de Naharina y en la región de Gebel Barkal.[2] Resulta extraño que una acción tan relevante sea mencionada de pasada y, más aún, que haya sido omitida en la inscripción biográfica de su estatua.

La sección de su autobiografía que aquí nos interesa dice así:

## TEXTO[3]

... Yo seguí al buen dios, al rey de Egipto Menkheperra —¡que se le conceda vida!— por todas las tierras extranjeras que él atravesó. Presencié la firmeza [del brazo] de su majestad en [todas las tierras extranjeras hasta] el extremo de la tierra. Cruzó [...] Presencié cómo él subyugaba Nubia, yendo hacia el sur [...] venía para [implorar...] Yo estaba siguiendo a su majestad por [...]

---

1. El término *rwḏw* designa a los oficiales de la administración encargados de ejecutar las órdenes del rey.
2. Urk. IV 1448, 13. El témino utilizado para denominar el área de Gebel Barkal o Napata es *Karoy*. Ver P. der Manuelian, *Studies in the Reign of Amenofis II* (*HÄB* 26), Hildesheim 1987, pp. 165-166, 53-54.
3. Urk. IV 1441, 15- 1442, 20.

[...] el Alto [Retenu] detrás de mi señor. Yo grabé el impuesto del [Alto] Retenu, consistente en plata, oro, lapislázuli y toda clase de piedras preciosas, incontables carros y caballos, numeroso ganado mayor y menor. Hice que los jefes de Retenu supieran (cuál era) su contribución anual. Grabé el impuesto de los jefes de Nubia, consistente en electro en bruto, oro, marfil, ébano y numerosas embarcaciones de madera de palma; siendo el impuesto de cada (año) como el de los siervos de su palacio. Su majestad me lo confió a mí. En cuanto a estas tierras extranjeras que he mencionado, mi señor se las trajo con sus victorias, con su arco, con su flecha y con su hacha. Lo he conocido y lo he contabilizado, habiendo sido puesto bajo la autoridad del Tesoro.

He presenciado la firmeza del brazo de su majestad, surgiendo en la batalla, saqueando 30 poblados en la región de Takhsi. Sus jefes, sus súbditos y su ganado fueron traídos. La valentía del rey guió a la tropa. Yo era un agente del rey, quien hacía lo que se decía...

## ESTELA DE AMENOFIS II EN EL TEMPLO DE AMADA

A comienzos del reinado de Amenofis II se mandó grabar el mismo texto en Amada, entre la Primera y la Segunda catarata, y en el templo de Khenum en la isla de Elefantina.

De la estela levantada en Elefantina, la parte superior se encuentra hoy en el museo de Viena, y la parte inferior en el museo de El Cairo.[1] Las divinidades protagonistas de la escena representada en la «luneta» y del texto son Khenum, Satet y Anuket. Mientras la inscripción de la estela de Amada alude a un santuario y a la dedicación de ofrendas «a los antepasados, a los dioses», la inscripción de Elefantina se refiere exclusivamente a las tres divinidades locales, especialmente a Khenum. La estela de Elefantina incluye un *post scriptum* fechado en el cuarto año de reinado de Amenofis II, ordenando la entrega de telas de lino a los dioses de Elefantina y estableciendo un día más para la celebración de la fiesta en honor a Anuket, con la asignación de sus correspondientes ofrendas.

En Amada la estela, de más de tres metros de altura y más de dos de anchura, se encuentra empotrada en la pared más al fondo del templo dedicado a Amon-Ra y Ra-Horakhty.[2] El posible carácter propagandístico de la inscripción queda mitigado, y debe incluso cuestionarse, al estar emplazada la estela en un lugar del templo de acceso muy restringido.

En la estela de Amada se representa a los dioses Amon-Ra y Ra-Horakhty sentados sobre una barca, en cuya proa se encuentra Amenofis II ofreciéndoles vino. Amon-Ra dice: «Mi hijo amado, el rey Aakheperura, señor de las Dos Tierras, a quien he concedido que apa-

1. Viena n.º 141; El Cairo CG. 34019; Lacau, *Stèles du Nouvel Empire*, pp. 38-40, pl. 12.
2. PM VII, p. 71.

rezca sobre mi trono, mi viva imagen sobre la tierra. Te he creado para que seas mi protector, te he criado en la forma de quien conquista, estando todas las tierras bajo tus sandalias». La inscripción detrás de la figura del rey dice: «El rey Aakheperura ha aparecido sobre el trono de su padre Amon, su corazón está henchido, pues él guía a todos los vivos, todas las tierras extranjeras están bajo su autoridad, como (bajo) la de Ra por siempre».

El texto incluye interesantes epítetos sobre la autoridad del rey en tierras extranjeras y, lo más importante, una referencia a su acción punitiva en Takhsi y al castigo ejemplar infligido a los jefes rebeldes de aquella región situada al norte de la ciudad de Damasco. Tal vez la campaña del año 3 descrita en las estelas de Amada y Elefantina tuviera lugar realmente durante la más que probable corregencia de Amenofis II con su padre Tutmosis III, puesto que, como se verá en la próxima inscripción traducida, la campaña que condujo Amenofis II por Siria-Palestina en el año 7 es calificada como «su primera campaña de victoria».[3]

TEXTO[4]

Año 3, tercer mes de la estación *Shemu*, día 15, bajo la majestad del Horus "Toro victorioso, Grande en fuerza", las dos Señoras "Poderoso en magnificencia, Quien ha aparecido oficialmente en Tebas", el Horus de oro "Quien conquista con su autoridad en todas las tierras", el buen dios, señor de la acción, el rey de Egipto Aakheperura, el hijo carnal de Ra, su amado, señor de todas las tierras extranjeras Amonhetep-"Divino gobernante de Heliópolis", amado de Ra-Horakhty y de Amon señor de los tronos de las Dos Tierras.

El buen dios, a quien Ra moldeó; quien ha salido del vientre ya poderoso, como Horus sobre el trono de su padre. Grande es (su) arma, sin que exista su igual, sin que se le pueda encontrar pareja.

Es el rey, de brazo muy potente, sin que su arco pueda ser tensado (por nadie) entre su tropa, entre los gobernantes de las tierras extranjeras o los jefes de Retenu, puesto que su fuerza es mayor que la de cualquier otro rey que exista. Quien se enfurece como una pantera cuando atraviesa el campo de batalla, sin que haya combate a sus

---

3. W. Murnane, *Ancient Egyptian Corregencies* (*SAOC* 40), Chicago, 1977, pp. 44-48.
4. Urk. IV 1287, 1- 1299, 12; LD, III, p. 65 (a). Ver der Manuelian, *Amenofis II*, pp. 47-56.

alrededores. Un arquero valiente en la lucha, un muro protector de Egipto, firme sobre el terreno en el momento de la rapiña, quien pisotea a los que le desobedecen, quien se impone al instante contra todas las tierras extranjeras, hombres y caballos que habían llegado en cantidades, sin que ellos supieran que Amon-Ra estaba sobre el agua de él.[5] Cuando se le ve apresurándose rápidamente, la majestuosidad recorre sus miembros, como la del dios Min en un año de terror, y uno no puede salvarse de él. Lleva a cabo una matanza entre sus enemigos y entre los Nueve Arcos también. Todas las tierras llanas y montañosas desobedientes trabajan para él.

Él es rey, de quien se alardea como consecuencia de sus acciones en la batalla, sin que haya ninguna tierra extranjera que establezca la frontera con él, puesto que ellos viven de su aliento.[6] Rey de reyes, gobernante de gobernantes, quien se trae consigo los límites de quienes le atacan.[7] El único valiente, cuyos poderes son ensalzados hasta que incluso Ra en el cielo lo sabe. Es atrevido en el día del combate, sin que haya límites a lo que él ha hecho contra todas las tierras montañosas reunidas, o contra todas las tierras llanas unidas, las cuales han caído inmediatamente debido a que la llama de su cobra-*uraeus* es como la del fuego, sin que ninguno haya podido evitar ser abatido, como las víctimas de Bastet en el camino que Amon traza. Más veces exitoso de las que se conocen, puesto que él es su verdadero hijo (de Amon), quien ha salido de su cuerpo, el único que está con él para gobernar lo que el disco solar rodea. Todas las tierras llanas y montañosas que él conoce las conquista al instante victoriosamente y con poder.

Es el rey, quien se complace con las obras para todos los dioses, construyendo sus santuarios, dando forma a sus estatuas, restableciendo sus ofrendas de pan y cerveza en cantidad, aves en abundancia, como la ofrenda diaria de todos los días hasta la eternidad, sin que falten bóvidos y cápridos de la temporada. Él ha hecho que el templo de su señor esté equipado con todo, con toros, vacas, bueyes y aves innumerables, y que este santuario esté aprovisionado completamente

    5. Es decir, de su lado.
    6. El faraón es el único capaz de establecer sus fronteras, ensanchándolas a su antojo, como se menciona al final de la inscripción. Las tierras extranjeras son, desde la ideología de la monarquía egipcia, un elemento pasivo en el proceso del establecimiento de la autoridad del rey.
    7. El faraón establece o ensancha las «fronteras» de Egipto hacia afuera y, como consecuencia, se trae consigo de vuelta (hacia adentro) los «límites» de las tierras extranjeras que han sido sometidas.

con panes y vino. Ha restablecido el ritual para sus ancestros, para los dioses, con el fin de que lo presencien los feligreses y para que lo conozcan todos.

Su majestad ha sido quien ha mejorado este templo que edificó su padre, el rey de Egipto Menkheperra (= Tutmosis III) para los antecesores, para todos los dioses. Está construido de piedra labrada para la eternidad, las paredes de alrededor de ladrillo, las puertas de madera del mejor pino de la ladera (de la montaña), los dinteles y jambas de piedra arenisca, para que perdure el gran nombre de mi padre, el hijo de Ra Totmose, en este santuario para la eternidad y por siempre. Entonces, la majestad de este buen dios, el rey de Egipto y señor de las Dos Tierras Aakheperura extendió la cuerda y soltó la soga[8] para todos sus ancestros, construyendo para ellos un gran pilono de piedra arenisca delante de un patio de ceremonias con nobles columnas, rodeado con columnas de piedra arenisca labrada para la eternidad, y numerosos altares, vasijas de plata y bronce, soportes, pebeteros, vertidores, incensarios, barreños, cepillos y colgadores.

Su majestad hizo que se realizara esta estela y que se colocara en este santuario, donde se levanta el señor —¡que viva, prospere y tenga salud!—, inscrita con el gran nombre del señor de las Dos Tierras, el hijo de Ra Amonhetep-"Divino gobernante de Tebas", en el templo de los antecesores, de los dioses; después de que su majestad volviera del Alto Retenu, tras haber derrotado a todos sus contrincantes, extendiendo las fronteras de Egipto en la primera campaña de victoria.

Su majestad regresó a su padre Amon con el corazón henchido, tras haber matado con su propia maza a siete jefes que estaban en la región de Takhsi,[9] quienes colgaban cabeza abajo de la proa del barco-halcón de su majestad, llamado «Aakheperura, quien consolida las Dos Tierras».[10] Seis de estos enemigos fueron colgados delante de la muralla de Tebas, al igual que sus manos (cortadas). El otro enemigo fue llevado río arriba hasta Nubia y colgado de la muralla de Napata,

   8. Alusión a la ceremonia de fundación de un edificio o parte de él.
   9. Tutmosis III ya había castigado antes a la región de Takhsi, según la inscripción autobiográfica del oficial de su ejército Amonemheb y la inscripción sobre la estatua del cobrador de impuestos Minmose hallada en Medamud (*supra*). La campaña de Amenofis II también es mencionada en la estela que su visir Usersatet dejó en la fortaleza de Semna (*infra*).
   10. La exhibición del enemigo derrotado ya es mencionada por el almirante Ahmose hijo de Ebana, describiendo el final de una campaña de Tutmosis I en Nubia (ver *supra*). Un jefe de Siria-Palestina aparece representado en un relieve apresado dentro de una jaula en un barco egipcio; ver M. Abdul-Kader Mohammad «The Administration of Syro-Palestine during the New Kingdom»: *ASAE* 56 (1959), pp. 105-137, pl. 1.

para hacer que se presenciaran las victorias de su majestad eternamente y por siempre en todas las tierras llanas y montañosas de Nubia, pues él ha conquistado a los del sur y ha atrapado a los del norte, (hasta) los confines de la tierra entera sobre la que brilla Ra. Él establece su frontera hasta donde quiere, sin que su acción sea detenida, como había ordenado su padre Ra y Amon señor de los tronos de las Dos Tierras al hijo carnal de Ra, su amado, el rey Amonhetep-"Divino gobernante de Tebas" —¡que se le conceda vida, renovación, autoridad, salud y alegría como a Ra por siempre!

## CAMPAÑAS EN SIRIA-PALESTINA: ESTELA DE MENFIS

Estela de granito rosa, de aproximadamente tres metros de altura. La «luneta» está dividida verticalmente en dos mitades, con escenas compuestas de forma simétrica. A la izquierda, Amenofis II, seguido de su *ka*, ofrece dos vasijas de vino a «Amon-Ra residente en Perunefer» (área a las afueras de Menfis), mientras en el lado derecho el rey, apoyado en un bastón, le comunica al dios Ptah la asignación de ofrendas al santuario.

La inscripción fue rehecha durante el reinado de Seti I, dejando constancia por escrito de la restauración en uno de los laterales de la propia estela. En algunas partes se pueden identificar debajo de la inscripción signos escritos en la versión original.

El texto resume las principales gestas de las campañas del año 7 y del año 9 de Amenofis II, cuyo reinado duró al menos 26 años. A su paso unas ciudades fueron saqueadas y otras se rindieron para evitar el conflicto armado. El faraón ejercía su capacidad de cambiar a los gobernantes de las ciudades, política que ya llevó a cabo en la región Tutmosis III. A los vasallos se les hacía pronunciar un juramento de lealtad. Es importante destacar que el texto señala que uno de los objetivos de las campañas era recompensar a los vasallos leales. En el séptimo año se alcanzó la región de Niy y tal vez la ciudad costera de Ugarit. Se incluye la anécdota de la detención de un comisionado del gobernante de Naharina que viajaba con una tablilla de arcilla (escrita en cuneiforme) colgada del cuello. En el noveno año se menciona una aparición de la divinidad al monarca y una especie de ritual nocturno algo peculiar. En el recuento del botín tras los sucesivos saqueos se incluyen numerosos *marianu*, cananeos, palestinos, *apiru* y *shasu*. Los dos últimos grupos eran poblaciones (semi)nómadas de Palestina, que con frecuencia se dedicaban al saqueo o se empleaban en algún ejército como mercenarios. El número elevado de prisioneros que menciona esta y otras inscripciones reales tal vez no haya de ser entendido literalmente, sino que pudiera referirse al número de súbditos de las tierras recién (re)incorporadas al dominio del faraón.[1] Las victorias de Amenofis II en Siria-Palestina fueron supuestamente tan grandes que llegaron hasta oídos de los reyes de Naharina, Hatti y Babilonia, quienes se apresuran a enviarle regalos.

TEXTO[2]

Año 7, primer mes de la estación *Shemu*, día 25, bajo la majestad del Horus "Toro victorioso, De afilados cuernos", las dos Señoras "Poderoso en magnificencia, Quien ha aparecido oficialmente en Tebas", el Horus de oro "Quien conquista con su autoridad en todas las tierras", el rey de Egipto y señor de las Dos Tierras Aakheperura, el hijo de Ra, señor de las apariciones oficiales, señor del arma Amonhetep-"Divino gobernante de Heliópolis" —¡que se le conceda vida por siempre!

El buen dios, el semejante a Ra, el hijo de Amon que está sobre su trono, quien le ha moldeado con victoria y poder conforme a lo que ocurriría: su maza ha golpeado Naharina y su arco ha aplastado Nubia, conquistando con victoria y con poder como lo hace Montu equipado con su panoplia; su corazón está satisfecho cuando ve que él ha decapitado a los de intenciones perversas.

Su majestad prosiguió a Retenu en su primera campaña de victoria, para extender sus fronteras, para dar cosas a los que le eran leales.[3] Su rostro es enérgico como el de Bastet, como el de Seth en su momento de estruendo.

Su majestad alcanzó la tierra de Shamash-Edom[4] y la asoló en un breve instante como un fiero león recorriendo las colinas. Su majestad

    1. J. J. Janssen, «Eine Beuteliste von Amenofis II. und das Problem der Sklaverei im alten Ägypten»: *JEOL* 17 (1963), pp. 141-147.
    2. Museo de El Cairo, JdE 86763; Urk. IV 1299, 14- 1309, 20; E. Edel, «Die Stelen Amenophis' II. aus Karnak und Memphis»: ZDPV 69 (1953), pp. 97-176, pls. 1-7; A. Spalinger, *Aspects of the Military Documents of the Ancient Egyptians* (*Yale Near Eastern Researches* 9), New Haven, 1982, pp. 142-152, 176-182; der Manuelian, *Amenofis II*, pp. 221-229.
    3. Una nueva alusión que nos informa de que las expediciones por Siria-Palestina, en este caso bajo el reinado de Amenofis II, no eran meras campañas militares para recaudar tributo y botín, sino que también tenían la función de recompensar con bienes materiales a los vasallos fieles al faraón.
    4. Su localización se desconoce; tal vez se encontrase entre Biblos y Ugarit, cerca del río Orontes.

estaba sobre su carro (de caballos), de nombre "Amon es valiente, quien conduce lo bueno" y "El buen sordo".[5] Relación de las capturas de su majestad este día: 35 palestinos vivos[6] y 22 toros.

Su majestad cruzó el Orontes por el agua, atravesando (la corriente) como el dios Rashpu[7]. Entonces, su majestad se dio la vuelta para vigilar la retaguardia de su tropa, y atisbó a algunos palestinos que venían sigilosamente, equipados con armas de combate para asaltar a los soldados del rey. Cuando su majestad les rodeó por detrás como el vuelo del divino halcón ellos estaban confiados, y sus corazones desfallecieron uno tras otro, delante de sus compañeros, incluido su comandante. No había nadie con su majestad excepto él con su valiente arma. Su majestad los hirió disparando (flechas). Regresó de allí con su corazón henchido como el del valiente Montu tras celebrar (una victoria). Relación de lo que su majestad capturó en esta ocasión: 2 jefes, 6 *marianu*, además de sus carros, sus caballos y todas sus armas de combate.

Cuando su majestad alcanzó la tierra de Niy yendo hacia el sur, su jefe y toda su gente, hombres y mujeres, se rindieron a su majestad, sus rostros deslumbrados.

Su majestad alcanzó Ugarit[8] y atrapó a todos los que le habían desobedecido. Los mató como los que no existen, puestos sobre el costado y cabeza abajo. Regresó de allí con el corazón henchido, pues toda esta tierra era ahora su siervo.

Descansando en la tienda de su majestad en la vecindad de Tchilkha, al este de Shashram, los asentamientos de Mendyut fueron saqueados.

Su majestad alcanzó Hatchara, y su jefe salió rindiéndose a su majestad, llevando a sus hijos/súbditos y todas sus propiedades. La rendición le fue ofrecida a su majestad por Inka.

5. La restauración del texto en esta sección en absoluto se asemeja a lo que puede entreverse del texto original. Aunque parece probable que aquí se nombrara a los dos caballos del carro del rey, sus nombres son un tanto extraños.

6. El término para «palestinos», *sttyw*, va seguido de ꜥnḫ(w). Más adelante ꜥnḫ(w) acompaña a otros grupos, como a los *marianu* o a los *shasu*. El calificativo pudiera entenderse literalmente, refiriéndose a su condición de estar vivos, como es el caso de diez «panteras vivas» presentadas ante Amenofis II como parte del tributo de Nubia (Urk. IV 1346, 11). Pero también ꜥnḫ pudiera ser un indicador del reconocimiento de un determinado estatus jurídico, de alguna forma similar al compuesto *sḳr-ꜥnḫ*, «cautivo», literalmente, «golpeado (pero) vivo». Incluso pudiera tratarse de una abreviatura de este término *(sḳr-)ꜥnḫ*, en este mismo texto ocasionalmente abreviado *sḳr(-ꜥnḫ)* (Urk. IV 1310, 16; 1311, 11).

7. Dios guerrero del panteón semita, que gozó de cierta aceptación en Egipto a finales de la dinastía XVIII, pero sobre todo en época ramésida.

8. No existe plena certeza sobre la identificación del topónimo *Akuta* con Ugarit, cuyo nombre es escrito en época de Amenofis III y de Ramsés II como *Akurita*.

Alcanzando su majestad Qadesh, su jefe salió rindiéndose a su majestad. Se hizo que tomaran el juramento de lealtad, y todos sus hijos/súbditos también. Cuando su majestad estaba disparando a dos dianas de cobre fundido delante de ellos, al sur de la ciudad, se fueron de paseo por el bosque de la tierra de Labu y se trajeron gacelas, ciervos, liebres y burros salvajes sin límite.

Su majestad prosiguió a caballo hasta Khashabu, solo, sin compañía, y regresó de allí en poco tiempo. Se trajo a 16 *marianu* vivos (atados) a la parte trasera de su carro, 20 manos (atadas) a la frente de sus caballos y 60 toros conducidos delante de él. La rendición le fue ofrecida a su majestad por esta ciudad.

Luego, cuando su majestad viajaba hacia el sur por la llanura de Sharon, descubrió a un comisionado del jefe de Naharina llevando una carta sellada con arcilla al cuello, y se lo trajo como cautivo (atado) a la parte trasera de su carro. Su majestad salió a caballo de Sebeny hacia Ta-meri, estando con él el *marianu* prisionero sobre uno de los caballos.[9]

Su majestad alcanzó Menfis, estando su corazón henchido como el de un toro victorioso. Relación del botín: 550 *marianu* y sus 240 mujeres, 640 canaaneos[10], 232 hijos/súbditos de los jefes y 323 hijas/súbditas; 270 mujeres cantantes de los jefes de todas las tierras extranjeras, además de sus instrumentos de animación (musical) de plata y oro haciendo un total de 2.224; 820 caballos, 739 carros, además de todas sus armas de combate.

La esposa divina, esposa del rey, [...] del rey [...] presenciando las victorias de su majestad.

Año 9, tercer mes de la estación *Akhet*, día 25. Su majestad prosiguió hacia Retenu en su segunda campaña de victoria, hacia la ciudad de Apek, cuando (el jefe) salía (de la ciudad) rindiéndose, debido a la gran victoria del faraón —¡que viva, prospere y tenga salud!

Salida de su majestad a caballo, equipado con las armas de combate, hacia la ciudad de Yahma. Su majestad saqueó entonces los asentamientos de Mapasin, junto con los asentamientos de Jatin, dos

---

9. Una escena en relieve de época de Amenofis II (figura 13) muestra al rey sobre su carro de caballos, llevando atados a siete prisioneros a la parte trasera (¿los jefes de la región de Takhsi?) y a otros sobre la grupa de los caballos del carro. El texto que acompaña al monarca en la escena dice así: «Él ha cargado sus caballos con prisioneros y ha apilado las manos de los que no le eran fieles». Ver A. H. Zayed «Une représentation inédite des campagnes d'Amenophis II», en *Mélanges Gamal Eddin Mokhtar* (*BdE* 97), El Cairo, 1985, pp. 5-18, pls. 1-2.

10. El escriba egipcio transcribe en caracteres jeroglíficos el gentilicio que se refiere a los habitantes de Canaán: *ki-na'a-nu*.

ciudades al oeste de Suco. Su majestad irrumpió entonces como un halcón divino, su caballo volando como una estrella del cielo. Fueron traídos ante él sus jefes, sus hijos y sus mujeres como cautivos, al igual que todos sus dependientes, sus propiedades sin límite, su ganado bovino, sus caballos y todas sus cabras.

Un descanso[11] es lo que su majestad estaba realizando, cuando la majestad de este augusto dios, Amon señor de los tronos de las Dos Tierras, vino ante su majestad en una visión,[12] con el fin de concederle valentía a su hijo Aakheperura; su padre Amon-Ra protegiéndole su cuerpo, protegiendo al gobernante.

Salida de su majestad a caballo al amanecer hacia la ciudad de Aturin y Magdilinet. Su majestad —¡que viva, prospere y tenga salud!— dominó como domina Sakhmet, como Montu sobre Tebas. Le fueron traídos 34 jefes, 57 *marianu* y 231 palestinos vivos, 372 manos, 54 yeguas, 54 carros, además de todas sus armas de combate, todos los guerreros[13] de Retenu, sus hijos, sus mujeres y todas sus propiedades. Después de que su majestad inspeccionara el numerosísimo botín, se les convirtió en cautivos, se excavaron dos fosos alrededor de todos ellos y se llenaron con fuego. Su majestad estuvo vigilando hasta el amanecer,[14] con su hacha a su derecha, solo, sin que nadie estuviera junto a él. La tropa estaba lejos de él y también los asistentes del faraón.[15]

11. La palabra egipcia es *ndm*, que se refiere a algo dulce o placentero. Aquí es traducida «descanso» por su relación con la palabra «visión/sueño» mencionada poco después y porque parece ser que entonces era de noche, ya que la siguiente acción del relato comienza al amanecer. Esta misma palabra, *ndm*, es utilizada en la famosa estela que el rey Tutmosis IV colocó junto a la esfinge de Giza, y en la que se relata cómo la divinidad se le apareció a Tutmosis durante una siesta a la sombra de la gran esfinge (Urk. IV 1542, 12-14).

12. *rswt*, «visión» o «sueño». Sobre el sueño en el antiguo Egipto, ver P. Vernus, «Traum»: LÄ, VI, cols. 745-759; K. Zibelius-Chen, «Kategorien und Rolle des Traumes in Ägypten»: *SAK* 15 (1988), pp. 277-293.

13. El término empleado es *nht-ʿ*, literalmente, «victorioso de brazo/acción»; denomina a los líderes de las tribus a la vez que a los más aguerridos soldados.

14. El faraón «vigilando» (*m rsw*), completamente solo, durante la noche, está en relación con la visión o sueño (*m rswt*) en el que se le aparece Amon para brindarle su protección. Así, la mención a la visión divina se anticipa a su momento en la narración cronológica de los hechos, pues es ahora cuando debió tener lugar. De ahí también la insistencia a continuación de que su tropa y sus asistentes se encontraban muy alejados de él en ese momento, circunstancia necesaria para que pudiera tener lugar el milagro.

15. Las batallas son omitidas en la descripción de la campaña. El texto se centra en el preámbulo, destacando la figura ecuestre del faraón, y en el botín conseguido tras el desenlace. En esta ocasión, una vez reunido el botín, se describe una peculiar celebración nocturna de la autoridad del monarca sobre los extranjeros, tal vez recreando alguna ceremonia en honor a Sakhmet y a Montu, ambos dioses guerreros que dirigían

Despuntó el alba del segundo día.

Salida de su majestad a caballo por la mañana, equipado con las insignias de Montu, el día de la celebración de la coronación de su majestad. Anujerti fue saqueada. Relación de las capturas de su majestad sólo de este día: 17 *marianu* vivos, 6 hijos/súbditos de jefes, 68 palestinos vivos, 123 manos, 7 caballos, 7 carros de plata y oro, además de todas sus armas de combate; 443 toros, 370 vacas y toda clase de ganado sin límite. La tropa entera presentó entonces el abundantísimo e innumerable botín.

Su majestad alcanzó Humagti. Se trajo al jefe de Qabasumin, llamado Qaqa, y también a su mujer, a sus hijos y a todos sus dependientes, y otro jefe fue nombrado en su puesto.

Su majestad alcanzó la ciudad de Menfis, habiendo saciado su corazón en todas las tierras montañosas, estando todas las tierras llanas bajo sus sandalias. Relación del botín que su majestad se trajo: 127 jefes de Retenu y 179 hermanos de los jefes, 3.600 *apiru*, 15.200 *shasu* vivos, de Kharu 36.300, de Nagas 15.070 vivos y sus vecinos(?) 30.652; en total 89.600 hombres, junto con sus innumerables posesiones, todas sus cabras y toda clase de ganado sin límite, 60 carros de plata y oro, 1.032 carros pintados, además de todas sus armas de combate, siendo 13.050, por medio de la fuerza de Amon-Ra, el augusto padre, a quien se ama y quien te protege habiendo ordenado valentía (para el faraón).

Entonces, el jefe de Naharina, el jefe de Hatti y el jefe de Babilonia oyeron sobre la gran victoria llevada a cabo, y se imitaban unos a otros presentando todo tipo de regalos de cada una de las tierras extranjeras. Ellos decían desde sus corazones al padre de sus padres, con el fin de solicitar ante su majestad que les fuera concedido el aliento de vida: «Llevamos nuestra contribución hasta tu palacio, oh hijo de Ra Amonhetep-"Divino gobernante de Heliópolis", gobernante de gobernantes, pantera que ruge en todas las tierras extranjeras y en esta tierra por siempre».

su cólera contra las tierras extranjeras. La difícil interpretación del pasaje tal vez se deba a que el texto hoy legible es en gran medida producto de la restauración realizada en época de Seti I. Para una interpretación distinta a la que aquí se ofrece, ver H. Goedicke, «Amenophis II in Samaria»: *SAK* 19 (1992), pp. 133-150.

Fig. 13: Amenofis II con prisioneros atados a su carro de combate.

## CAMPAÑAS EN SIRIA-PALESTINA: ESTELA DE KARNAK

En la cara sur del pilono VIII del templo de Karnak, Champollion encontró una estela de granito rosado, rota en varios pedazos, que también resume las campañas del año 7 y del año 9 de Amenofis II.[1] Debía de medir más de 3 metros de alto por 2,10 de ancho. La parte superior se divide en dos escenas simétricas, separadas por una columna de texto que informa de la restauración realizada sobre el monumento bajo el reinado de Seti I. En el lado derecho, el que conserva más completa la escena, el monarca ofrece dos vasijas de vino a Amon.

El texto, aunque no idéntico, se asemeja en gran medida al de la estela de Menfis. Las semejanzas y divergencias sugieren que ambas inscripciones derivan de una misma composición, tal vez una especie de diario de campaña como al que se alude en los Anales de Tutmosis III, una versión más completa de lo sucedido en las campañas escrita en papiro o en cuero y guardada en un archivo del templo.

### TEXTO[2]

[Viva el Horus "Toro victorioso, De afilados cuernos", hijo de Amon], imagen de Atum, las dos Señoras "Poderoso en magnificencia, Quien ha aparecido oficialmente en Tebas", el Horus de oro "Quien conquista con su autoridad en todas las tierras", [el buen dios, quien ejerce la realeza de Ra en el templo de] Karnak, el rey Aakheperura, señor del arma, quien subyuga a los Nueve Arcos, el hijo carnal de Ra, señor de todas las tierras extranjeras, el rey Amonhetep-

1. PM II, p. 58.
2. Urk. IV 1310, 1- 1316, 4; Edel «Die Stelen Amenophis' II. aus Karnak und Memphis mit dem Bericht über die asiatischen Feldzüge des Königs»: *ZDPV* 69, pp. 97-176, pls. 1, 2, 7; traducción en BAR, II, pp. 305-309; der Manuelian, *Amenophis II*, pp. 227-229.

"Divino gobernante de Heliópolis" —¡que se le conceda vida como la de Ra por siempre!
[Año 7, primer mes de la estación *Shemu*, día 25. Llegada de su majestad a] la ciudad de Shamash-Edom. Su majestad llevó a cabo una acción heroica allí, él mismo haciendo capturas. Él era como un fiero león recorriendo las colinas [de Retenu. Su majestad iba sobre su carro] de nombre [...]. Relación de las capturas que su majestad (realizó) él mismo en este día: 18 palestinos cautivos, 19 bóvidos.

Primer mes de *Shemu*, día 26. Su majestad vadeó el Orontes en este día. [Su majestad] cruzó el río Orontes a caballo, atravesando (la corriente) como la fuerza de Montu el tebano. Su majestad se dio la vuelta para vigilar la parte trasera de esta tierra. Entonces su majestad atisbó a algunos palestinos que venían a caballo [desde la ciudad] de Qatna; venían sigilosamente. Su majestad estaba equipado con sus armas de combate. Les sorprendió por detrás como (hace) Montu en su hora (de acción). Ellos desfallecieron cuando su majestad les miró uno por uno. Su majestad derribó él mismo al comandante con su hacha. Todos los enemigos [huyeron] debido a esto, y él se trajo al palestino atado al extremo de [su carro], (junto con) sus caballos, su carro y todas sus armas de combate. Su majestad regresó con el corazón henchido como el del valiente Montu tras celebrar (una victoria). Relación de las capturas de su majestad en este día: 1 *marianu*, 2 yeguas, 1 carro, mallas para luchar, 2 arcos, 1 carcaj lleno de flechas, 1 *her*, 1 *mashku* y unas riendas labradas.

Segundo mes de *Shemu*, día 10. Volviendo en dirección sur hacia Ta-meri. Su majestad prosiguió a caballo hacia la ciudad de Niy. Los palestinos de esta ciudad, tanto hombres como mujeres, estaban sobre las murallas adorando a su majestad, sus rostros deslumbrados por el buen dios.

Su majestad escuchó entonces lo siguiente: «algunos palestinos que están en la ciudad de Ugarit se están reuniendo para llevar a cabo el plan de expulsar fuera de la ciudad a la guarnición de su majestad y para cambiar el rostro del [jefe de Ugarit] que es fiel a su majestad». Su majestad lo supo entonces. Atrapó a todos los que le habían desobedecido en esta ciudad y los mató en un instante. Él tranquilizó esta ciudad y calmó la tierra entera. [...] toda la tierra de Tchilkha.

Segundo mes de *Shemu*, día 20. [Él] estaba en el campamento levantado [para su majestad] en la ciudad de Tchilkha [...]

[... Su majestad alcanzó Qadesh... ] se hizo [que tomaran el juramento de lealtad...] [Cuando su majestad estaba disparando a una] diana de cobre en frente de [ellos...].

## CAMPAÑAS EN SIRIA-PALESTINA: ESTELA DE KARNAK

[...] sus hijos/súbditos. Relación de las capturas [...] [... productos de] esta ciudad sobre [sus] espaldas [...] [Tercer mes de] *Shemu*, día 9, [... un comisionado del] jefe de Naharina [llevando una] carta sellada con arcilla al [cuello... como cautivo (atado) a la parte trasera de] su carro.

Tercer mes de *Shemu* [...] Relación del botín: [550(?)] *marianu*, [...], 640 canaaneos, [...], [armas] de combate sin límite [...]

[Año 9, tercer mes de la estación *Akhet*, día 25 ...] Salida de su majestad equipado con [su] panoplia [hacia Yah]ma [...] Su majestad [saqueó] los asentamientos de Jatin; en total dos [...]. Entonces, el jefe de [...] la ciudad por respeto a su majestad. Fueron traídos sus jefes, sus esposas sus hijos, todas [sus propiedades] y todos sus súbditos también. Relación de las capturas que su majestad (realizó) él mismo [en este día: ... ] sus yeguas.

[...de] *Shemu*, día 27. Salida de su majestad desde Perunefer y prosiguiendo [...hacia] Menfis, llevando el botín que él se trajo consigo de la tierra de Retenu. Relación del botín: 550 *marianu* vivos, 240 [mujeres] suyas, [...] cana[aneos...], 6.800 *deben* (en) objetos de oro y de cobre 400.000 *deben*, [...]; en total 2 cabezas, 210 caballos y 300 carros. La tierra entera contemplaba las victorias de su majestad.

Es el buen dios, el señor de las Dos Tierras, el señor de la acción [...] que está en Tebas, amado de Amon, protector de quien está en Tebas, quien hace que se celebren festivales (en) el templo de Amon señor de los tronos de las Dos Tierras en el día (apropiado); el hijo de Ra Totmose-"Quien aparece (en) las ceremonias oficiales" (= Tutmosis IV) —¡que se le conceda vida como la de Ra por siempre!—.[3]

---

3. El último párrafo de la traducción, equivalente a la última línea de la inscripción, fue añadida posteriormente por Tutmosis IV a modo de colofón.

## CARTA DE AMENOFIS II A SU VIRREY EN NUBIA USERSATET

Usersatet, virrey en Nubia, máximo responsable de la administración egipcia en su región más septentrional, reproduce en una estela de piedra de poco más de un metro de altura un documento oficial que el propio rey Amenofis II le envió.[1] La estela fue hallada en la fortaleza de Semna, junto a la Segunda catarata del Nilo. La escena de la parte superior del monumento muestra a Usersatet presentando una selección de productos de Nubia ante el faraón, quien está sentado sobre un trono dentro de un baldaquino, sujetando en su mano derecha el signo jeroglífico que denota la «vida».

Usersatet entabló una estrecha relación con Amenofis II desde la infancia, pues fueron compañeros en la escuela de Palacio. Esta circunstancia se refleja en la carta que le envía el rey, halagando a su subordinado y empleando un lenguaje informal, alejado de los formalismos característicos de la correspondencia estrictamente oficial.

La carta del rey trata dos asuntos diferentes. El primero alude a una serie de personas de distintos lugares al noreste de Egipto y que, con motivo del aniversario de la coronación de Amenofis II, entran en relación con el rey y/o con Usersatet. Por desgracia el fragmento que le falta a la inscripción hace que el sentido del pasaje sea un tanto incierto. En la segunda parte de la carta Amenofis le recuerda a Usersatet que, en ausencia del rey, él es quien debe ejercer el poder coercitivo en Nubia, desconfiando siempre de los nativos.[2]

---

1. Reproducir literalmente un documento enviado por el propio rey era un recurso, utilizado ya en el Reino Antiguo, para resaltar la importancia del oficial que encargó el monumento en cuestión.

2. Este aspecto recuerda la inscripción que mandó grabar por duplicado Sesostris III en esta misma localidad; véase *supra* «Prefacio del imperio».

## CARTA DE AMENOFIS II A SU VIRREY EN NUBIA USERSATET

TEXTO³

Año 23, cuarto mes de la estación *Akhet*, día 1. Día de la celebración de la coronación.

Copia del documento que su majestad realizó con sus propias manos para [el virrey Usersatet... ] —¡que viva, prospere y tenga salud!—, cuando él estaba [sentado], bebiendo, pasando un día de [fiesta.] [...] victorioso [... valiente con su arma, quien] ha atrapado a [...] en todos sus lugares, sin que haya (ahora) ningún enemigo en ninguna tierra.

Tú estás sentado [...] un valiente, quien captura en todas las tierras extranjeras, un soldado de caballería, quien lucha por su majestad, el rey Amonhetep-"Gobernante de Heliópolis" [...] Naharina, quien otorga la parte⁴ de (/que le corresponde a) el de Hatti, el [... mu]jer de Babilonia, un sirviente de Biblos, una niña de Alalah y una señora mayor de Arapkha. Los de Takhsi no tienen provecho en absoluto, ¿qué serán ellos al final?

Otro asunto para el virrey. No te fíes de los nubios (ni) al final. Uno debe guardarse de su gente al igual que de sus trucos.⁵ Observa el trabajo de los hombres (humildes) que tú te trajiste para ser jefe(s). Y aún cuando él no sea un jefe que te pertenezca, uno debe informar sobre él a su majestad o hacer un interrogatorio.⁶ (Pues,) cuando falte el hacha de electro rematada con bronce, (habrá) una caña fuerte de la orilla del canal y otra de acacia. Y no prestes oídos a sus palabras, no hagas caso a sus mensaje(s).

---

3. Hoy en el Museum of Fine Arts de Boston (n.º 25.632); D. Dunham y J. M. A. Janssen, *Second Cataract Forts*, I, Boston, 1960, p. 17, pl. 82; der Manuelian, *Amenofis II*, pp. 154-158; Urk. IV 1343-1344 (no se han tenido en cuenta las reconstrucciones de Helck).
4. No está claro si la forma de participio del verbo se refiere al rey Amenofis II o a Usersatet. El término egipcio *šзi* se refiere en muchos casos al «destino» de cada uno, siendo su sentido más literal la «parte» que le corresponde a cada uno.
5. El término *ḥkзw*, escrito con un determinante semántico que indica «hombres», es generalmente traducido por «magos».
6. Literalmente, «hacer que uno escuche». Paradójicamente el monarca al final le aconseja a su representante que no escuche las palabras de los que están siendo investigados.

## PRESENTACIÓN DEL TRIBUTO DE NUBIA

Usersatet mandó excavar en Qasr Ibrim, a unos 100 kilómetros al norte de la Segunda catarata, una capilla rupestre a modo de cenotafio. La escena principal grabada sobre las paredes interiores representa al rey Amenofis II sentado dentro de un baldaquino elevado sobre una tarima escalonada. Flanqueado por abanicos, el rey sujeta en una mano un hacha y en la otra el signo de la «vida», aludiendo al carácter ambivalente del monarca: bondadoso con sus súbditos leales e implacable contra los desobedientes.[1] Detrás del baldaquino aparece la diosa Satet señora de Elefantina, mientras que por delante se aproxima una procesión de hombres trayendo toda clase de productos típicos de Nubia. Los dos registros inferiores están parcialmente recorridos por una inscripción en columnas que contiene las palabras de alabanza que Usersatet, cuya figura no se conserva, le dirige al faraón. En el registro superior se escribió la siguiente inscripción en seis líneas:

TEXTO[2]

Viva el Horus "Toro victorioso, Grande en fuerza", las dos Señoras "Poderoso en magnificencia, Quien ha aparecido oficialmente en Tebas", el Horus de oro "Quien conquista con su autoridad en todas las tierras", el buen dios Aa[kheperu]ra, [el hijo de Ra...] —¡que se le conceda vida!—. Aparición oficial de su majestad dentro de Tebas, sobre el gran trono, con el fin de proclamar maravillas a su tropa, que

---

1. Esta ambivalencia es generalmente representada mediante el flagelo y el cetro-*heqa* en manos del rey.
2. R. Caminos, *The Shrines and Rock-Inscriptions of Ibrim*, Londres, 1968, pp. 67-70, pls. 28-32; Urk. IV 1345, 1- 1346, 14 (se ha seguido el texto de Caminos y no el de Helck); der Manuelian, *Amenofis II*, pp. 92-93.

## PRESENTACIÓN DEL TRIBUTO DE NUBIA

había permanecido en la vanguardia. La campaña [...] en pie junto a su majestad. Productos de las tierras extranjeras del sur fueron presentados ante este buen dios, mientras los cortesanos ensalzaban y la tropa alababa a su majestad, diciendo: «(Cuán) grande son tus poderes, oh buen dios, de numerosos monumentos y muchas maravillas. Estos productos son más que los de las tierras llanas. No se había visto esto desde (tiempos de) los ancestros: los predecesores no lo hicieron, pero ha ocurrido (para) nuestro señor».

Relación de los que traían estos productos: [... hombres] que cargaban [oro], 150 hombres que cargaban con [...], 200 hombres que cargaban con granate, 440(?) hombres cargados con marfil, 1.000 hombres cargados con ébano, 200(?) hombres cargados con todo tipo de dulces perfumes de las tierras extranjeras del sur, 50 hombres trayendo carros, 10 hombres trayendo panteras vivas, 20 hombres trayendo perros, 400 hombres trayendo bueyes y vacas. Número total de los que traían estos productos: 2.549 hombres.

## LISTA DE RACIONES PARA LOS COMISIONADOS EXTRANJEROS

Un papiro de época del reinado de Amenofis II incluye información de cierta relevancia por su carácter excepcional dentro de las fuentes escritas que nos han llegado del antiguo Egipto. Se trata de dos listados con las raciones de trigo y cerveza (elaborada con cebada) que fueron entregadas a los comisionados extranjeros que en un momento determinado se encontraban en la corte del faraón. A excepción del de Lakish, los comisionados que provenían de las demás ciudades de Palestina son agrupados bajo el calificativo de *mariano*. Curiosamente, el representante de Hatuma es denominado «jefe»[1], y tal vez por ello recibiera éste una ración superior a los demás «comisionados»[2]. El documento aporta un nuevo punto de vista para la recomposición del cuadro de las relaciones internacionales de aquella época, específicamente entre Egipto y sus vasallos del noreste, las cuales son mucho mejor conocidas años después, gracias a la correspondencia hallada en el-Amarna. A continuación se traduce el texto de una de las dos listas, ya que el contenido de ambas es prácticamente idéntico.

---

1. El término *wr* es frecuentemente utilizado por los egipcios para denominar a los gobernantes de las ciudades-estado de Siria-Palestina.
2. El término para comisionado, *wpwtyw*, es generalmente traducido por «mensajero», aunque sus funciones sobrepasaban en la mayoría de los casos al mero transporte de misivas; ver M. Vallogia, *Recherche sur les «messagers» (wpwtjw) dans les sources égyptiennes profanes*, Ginebra, 1976.

## LISTA DE RACIONES PARA LOS COMISIONADOS EXTRANJEROS

TEXTO[3]

[Cantidad del cereal] entregado al comisionado de Lakish por 15 días: 10 sacos, haciendo (un total de) 20 sacos de trigo.[4]
Cantidad del cereal entregado a los *marianu* de Dyahy:

El comisionado de la tierra de Megiddo: [1 jarra] de cerveza y $1^{1/2}$ saco de trigo.

| | | | |
|---|---|---|---|
| El comisionado de Kinnereth: | [1] | [$1^{1/2}$] | » |
| El comisionado de Akshap: | [1] | [$1^{1/2}$] | » |
| El comisionado [de Shi]mron: | [1] | [$1^{1/2}$] | » |
| El comisionado [de Ta]anakh: | 1 | [$1^{1/2}$] | » |
| El comisionado de [Mi]shal: | 1 | [$1^{1/2}$] | » |
| El comisionado de Tanuni: | 1 | [$1^{1/2}$] | » |
| El comisionado de [Sha]ron: | 1 | [$1^{1/2}$] | » |
| El comisionado de A[sh]kalon: | 1 | [$1^{1/2}$] | » |
| El comisionado de Ha[z]or: | 1 | [$1^{1/2}$] | » |
| El jefe de Hatuma: | 3 | 4 | » |

---

3. P. Ermitage 1116 A, verso, líneas 67-77; W. Golénischeff, *Les Papyrus hiératiques Nos. 1115, 1116ª et 1116B de l'Ermitage Impériale à St.-Pétersbourg*, San Petersburgo, 1913. El segundo listado se encuentra en las líneas 183-190 del papiro: el orden de la ciudades o territorios es distinto y se omite Mishal. Ver también C. Epstein, «A New Appraisal of Some Lines from a Long-know Papyrus»: *JEA* 46 (1963), pp. 49-56, pl. 8; Vallogia, *Recherche sur les «messagers»*, pp. 100-101 (n.º 41).

4. El término *ḫ3r*, «saco», tenía una capacidad aproximada de 72 litros. El término traducido por «trigo», *bdt*, en realidad se refería a una clase más basta, tal vez «escanda».

## CAMPAÑA DE TUTMOSIS IV EN LA BAJA NUBIA

En la isla de Konosso,[1] en la región de la Primera catarata, justo al norte de las islas de File y Biga, se grabó en una roca una inscripción conmemorativa. Puesto que el texto no se ha conservado íntegro, de 40 líneas sólo las 23 primeras son legibles, se desconoce el destino final de la expedición militar, si fue la región nubia de Wawat, o si el supuesto rebelde se encontraba ya más próximo a la Primera catarata.[2] Una pequeña estela hallada en su templo funerario, en la que aparece Tutmosis IV delante de Amon-Ra señor del cielo, debió de servir para señalizar el «Asentamiento del maldito Kush, que se trajo su majestad de sus victorias».[3] Sin duda alguna, prisioneros de guerra extranjeros, nubios y siro-palestinos (véase *infra*), fueron utilizados como mano de obra para la construcción de su templo.

El comienzo de la inscripción de Konosso hace referencia a tres acciones significativas del monarca antes de la actuación del ejército: el rey es informado sobre un potencial peligro mientras oficiaba un ritual religioso, consulta entonces a la divinidad sobre la conveniencia de conducir una campaña militar y, por último, dirige un desfile militar deteniéndose en los principales enclaves religiosos. El texto es un claro exponente de cómo la decisión del monarca sobre la ejecución de una intervención militar y su desarrollo se presentan estando bajo la influencia directa de la divinidad.

---

1. B. M. Bryan, *The Reign of Thutmose IV*, Baltimore, 1991, p. 198.
2. Bryan, *Thutmose IV*, pp. 334-336, piensa que debió tratarse de una expedición punitiva en las colinas desérticas al este de Edfu, para proteger la extracción y transporte de oro por Wadi Mia, llegando hasta Konosso vía Wadi el-Hudi.
3. W. M. F. Petrie, *Six Temples at Thebes*, Londres, 1896, pl. 1 (n.º 8); Urk. IV 1556, 12-15; Bryan, *Thutmose IV*, pp. 189-190.

## TEXTO[4]

Viva el Horus "Toro victorioso, Completo de apariciones oficiales", las dos Señoras "Garante de la realeza como es Atum", el Horus de Oro "De arma poderosa, Sometedor de los Nueve Arcos", el rey de Egipto Menkheperura —¡que se le conceda vida por siempre!

Año 8, tercer mes de la estación *Peret*, día 2. Cuando su majestad estaba en la ciudad del sur (= Tebas), en la localidad de Karnak, estando sus manos purificadas con agua sagrada, habiendo satisfecho a su padre Amon después de que él le concediera la eternidad como rey y la permanencia sobre el trono de Horus, uno vino a decir a su majestad: «Un nubio ha descendido desde el área de Wawat, habiendo planeado rebelarse contra Egipto. Él ha reclutado (además) a todos los nómadas[5] rebeldes de otra tierra».

Prosiguiendo en paz el rey hacia el templo, a la hora del amanecer, y entregando grandes ofrendas y grandes provisiones a su padre, quien ha moldeado sus perfecciones. El rey, su majestad, consultó en persona delante del gobernante de los dioses, le preguntó sobre la conveniencia de su marcha. Él le informó sobre lo que le sucedería, guiándole por el buen camino para llevar a cabo lo que su *ka* deseaba, como le habla un padre a un hijo, a quien él ha creado con su semilla. Él (= Tutmosis IV) se despidió de él (con) su corazón henchido. Ordenó la reunión de su tropa inmediatamente y la despachó con valentía y victoria.

Prosiguiendo su majestad después de esto, con el fin de derrotar a los que le habían atacado en Nubia. Valiente en su embarcación de oro como lo es Ra cuando monta en la barca nocturna. Su velamen cubierto con lino rojo y lino verde. La caballería y la vanguardia al frente, y su tropa con él. Los (soldados) veteranos en dos columnas y los mozos a sus lados. La embarcación estaba equipada con sus asistentes.

El rey navegaba río arriba como Orión, haciendo brillar el sur con su perfección. Los hombres gritaban por amor a él y las mujeres difundían la noticia. Montu en Armant protegía su cuerpo, Nesret (= la cobra-*uraeus*) desde delante le guiaba y todos los dioses de la mitad sur acercaban flores[6] a su nariz. Nekhbet de el-Kab colocó las insig-

---

4. Urk. IV 1545, 1- 1548, 5; traducción y comentario en Bryan, *Thutmose IV*, pp. 333-334.

5. El término *šmЗw*, mencionado también en la inscripción de Hatshepsut en Speos Artemidos y al final de los anales de Tutmosis III (ver *supra*).

6. La palabra empleada es ʿnḫ, literalmente «vida».

171

nias a mi majestad, sus dos manos alrededor del cetro-*was* y atando para mí a los Nueve Arcos juntos.

Sobrevino el momento de celebrar las fiesta de la Purificación de la imagen, habiendo hecho una parada en el área de Edfu.

Salida del buen dios como (sale) Montu en toda su plenitud, equipado con sus armas de combate, rugiendo como Seth el de Ombos. Mientras, Ra estaba vivo a su espalda, sin cesar (de brillar), sin que anocheciera en las montañas; y junto (al rey) estaba tan sólo uno de sus asistentes. Sin esperar a que viniera su tropa, [él llevó a cabo una matanza] numerosa con su valiente arma. El terror hacia él había entrado en cada cuerpo, habiendo Ra establecido el respeto hacia él en todas las tierras como (el respeto hacia) Sakhmet (en) un año de su peste. Él estaba vigilante, sin dormir, cuando atravesaba el desierto oriental y abría los caminos como un chacal del sur, buscando a quien le había atacado. Encontró a todos los enemigos pertenecientes al nubio en un valle oculto, desconocido, evitado por la gente que atraviesa las montañas, […] distante de […] la ciudad junto con sus súbditos, su ganado y todas las posesiones que tenían […]

## TUTMOSIS IV Y SIRIA-PALESTINA

No se conserva ninguna inscripción que haga referencia a acciones concretas en territorios del noreste llevadas a cabo durante el reinado de Tutmosis IV, el cual tuvo una duración aproximada de unos diez o doce años. Sin embargo, sí nos han llegado varias referencias un tanto vagas sobre este particular. En una lista de ofrendas grabada en Karnak, entre los pilonos IV y V, se mencionan una serie de productos que provenían «de lo que su majestad había saqueado en la maldita [Nahari]na, en su primera campaña de victoria».[1] Un tal Amonhetep dice haber sido «asistente del rey en sus expediciones por las tierras extranjeras del sur y del norte, quien marchó desde Naharina hasta Karoy siguiendo detrás de su majestad, estando él en el campo de batalla».[2] Otro asistente del señor de las Dos Tierras, capitán del ejército y jefe de los policías, representó en su tumba en la orilla oeste de Tebas «La presentación de productos de Naharina por los jefes de esta tierra para solicitar que les fuera concedido el aliento de vida».[3] Y un tercero, Atuusir, afirma haber «seguido a su señor por agua y por tierra, por el sur y por el norte: Yo he atado a las Tierras de los Fenkhu, he atrapado a todos los que se habían rebelado contra el rey en la tierra de Retenu».[4] Por último, una referencia indirecta se encuentra en

---

1. Urk. IV 1554, 17-18. Bryan, *Thutmose IV*, pp. 337-339, expresa su disconformidad con la reconstrucción del topónimo como «Naharina». Las localidades de Qatna y Sidón (*Zi-du-na*) son, en su lugar, mejores candidatos, según B. Bryan, «Antecedents to Amenhotep III», en D. O'Connor y E. H. Cline (eds.), *Amenhotep III: Perspectives on His Reign*, Ann Arbor, 1998, p. 53.
2. Estela en el Museo Británico, n.° 902; Urk. IV 1617, 16-18. Karoy es la región de Nubia antes de llegar a la Cuarta catarata desde Egipto, donde se ubica Gebel Barkal/Napata; véase *infra* el texto *(d)* grabado sobre el carro de combate de Tutmosis IV.
3. Urk. IV 1597, 9-1598, 2; W. Wreszinski, *Atlas zur altägyptischen Kulturgeschichte*, I, Leipzig, 1923, p. 290. Sobre esta referencia y la anterior, ver discusión en Bryan, *Thutmose IV*, p. 340.
4. Urk. IV 1641, 11-13.

una pequeña estela cuya inscripción menciona un «Asentamiento llamado "Fortaleza de Menkheperura" (formado) con habitantes de Kharu, capturas de su majestad en la ciudad de Gezer».[5]

Por otro lado, Tutmosis IV consolidó una alianza de «hermandad» con el reino de Mitani y, tras mucho insistir, consiguió tomar por esposa a una hija del rey Artatama I, según recuerda de forma muy particular el rey Tushrata en una carta dirigida a Amenofis IV y hallada en el archivo de el-Amarna.[6]

El obelisco que se encuentra hoy en la plaza del Laterano, en Roma,[7] fue esculpido y transportado hasta Karnak al final del reinado de Tutmosis III. Según cuenta la inscripción que añadió al monumento Tutmosis IV, «fue su majestad quien recompuso el enorme y único obelisco traído por su antecesor, el rey Menkheperra; después de que su majestad se encontrase este obelisco habiendo transcurrido 35 años tumbado sobre uno de sus costados, estando en manos de los artesanos, en el lado sur de Karnak». La fraseología utilizada en la inscripción de Tutmosis IV grabada sobre el obelisco alude, entre otras cosas, al poder del faraón en tierras al sur y al norte de Egipto.

TEXTOS[8]

*(a)* El buen dios, completo de apariciones oficiales, garante de la realeza como es Atum, de arma poderosa, sometedor de los Nueve Arcos, el rey de Egipto Menkheperura. Quien conquista con autoridad como lo hace el señor de Tebas y es grande en fuerza como Montu. Su padre [Amon] ha causado sus victorias contra todas las tierras montañosas, y las tierras llanas ignoradas vienen a él, estando el respeto hacia él en sus cuerpos.

*(b)* El buen dios, de arma poderosa, soberano, quien ha conquistado con sus victorias, ha dispuesto el terror hacia él entre los *montiu*, su grito de guerra entre los *iuntiu* de Nubia, a quien su padre [Amon] ha criado para que ejerciera una realeza duradera. Los jefes de todas las tierras extranjeras se inclinan debido a los poderes de su majestad, quien habla con su boca y actúa con sus manos y todo lo que él ha ordenado ocurre.

5. Petrie, *Six Temples at Thebes*, pl. 1 (n.º 7); Urk. IV 1556, 7-11; Bryan, *Thutmose IV*, pp. 189-190.
6. EA 29: 16-20.
7. El obelisco fue levantado en el Circo Máximo de Roma por Constantino en el año 357. El Papa Sixto V lo descubrió roto en tres pedazos, lo restauró y lo mandó levantar en el lugar donde hoy se encuentra.
8. Urk. IV 1548, 11-17; 1551, 14-20.

## EL CARRO DE COMBATE DE TUTMOSIS IV

La tumba de Tutmosis IV en el Valle de los Reyes fue saqueada cuando no habían transcurrido ni siquiera cien años desde el enterramiento del monarca. A pesar de ello, se ha conservado no sólo su momia, sino también numerosos objetos del ajuar. El carro de combate de Tutmosis IV destaca por la finura de los relieves que decoran la caja de madera por dentro y por fuera (figuras 14-15).[1] Las dos escenas del exterior (*textos a y b*) muestran al rey galopando con su carro de caballos sobre una masa informe de enemigos de Siria-Palestina, algunos heridos por sus flechas, otros tratando desesperadamente de huir con sus carros de la acción implacable del faraón. En el lado derecho el dios Montu ayuda a Tutmosis IV a apuntar su arco con precisión. Los enemigos que han sido ya abatidos han perdido su casco y algunos incluso tienen una de sus manos mutilada. Ésta es la ilustración más antigua de la costumbre egipcia de cortar una mano al enemigo derrotado en la batalla, por otro lado bien documentada en los textos desde la biografía de Ahmose hijo de Ebana (véase *supra*).

En el interior de la caja del carro (*textos c y d*) se representa al rey como una esfinge, con cabeza humana y cuerpo de león, pisoteando a un grupo de representantes de las tierras extranjeras. A la izquierda tres jefes sirios se retuercen en el suelo, y a la derecha la misma escena se repite con jefes nubios. En ambas escenas el dios Montu protege por detrás al faraón, desplegando sus alas, a la vez que le concede lo necesario para conseguir la victoria.

---

1. H. Carter y P. E. Newberry, *The Tomb of Thoutmôsis IV*, Nueva York, 1904. Ver Bryan, *Thutmose IV*, pp. 193-194.

TEXTOS[2]

*(a)* El buen dios, amado de Montu, preciso en todas las tareas, diestro sobre el caballo como lo es (la diosa) Astarte, decidido entre la multitud, señor del arma y señor de la acción. El buen dios Menkheperura —¡que se le conceda vida como la de Ra!

*(b)* El buen dios, valiente y atento, héroe sin igual, quien actúa con sus manos sobre lo que las Dos Tierras conocen, sobre lo que su tropa ve reunido en un sólo lugar. El rey de Egipto Menkheperura, poderoso en fuerza.

*(c)* El buen dios, el señor de las Dos Tierras Menkheperura, el hijo de Ra Totmose-"Quien aparece (en) las ceremonias oficiales" —¡que se le conceda vida [como la de Ra]!—. Pisoteando todas las tierras extranjeras ocultas del norte: Naharina, Babilonia, Tunip, Sahsu, Qadesh y Takhsi.

Palabras pronunciadas (por) Montu-Ra, de fuerza grandiosa, Horus el tebano, quien derrota a todas las tierras de todos los Fenkhu: «Te he concedido valentía y victoria contra todas las tierras extranjeras, puesto que yo te quiero».

*(d)* El rey de Egipto Menkheperura, el hijo de Ra Totmose-"Quien aparece (en) las ceremonias oficiales", señor del arma como lo es [Ra]. Pisoteando a todas las tierras llanas y a todas las tierras montañosas: [...]a, Karoy, Miu, Irem, Gurases y Tiurek.

Palabras pronunciadas (por) Montu señor de Tebas, quien golpea a los nubios y desata sus narices: «Te he concedido el arma y la destreza para pisotear a los *iuntiu* en sus lugares».

---

2. Urk. IV 1559-1560.

Figs. 14-15: Parte de los relieves grabados sobre la caja de madera del carro del rey Tutmosis IV, por fuera y por dentro.

# TCHANUNY, ESCRIBA DEL EJÉRCITO

El texto de su biografía, inscrita sobre una de las paredes interiores de su tumba en Abd el-Qurna, nos informa sobre sus funciones administrativas bajo Tutmosis III, Amenofis II y Tutmosis IV.[1] Como escriba del ejército participó en las campañas por tierras extranjeras (*texto a*). La decoración de su tumba incluye la presentación de productos extranjeros ante Tutmosis IV, a quien Tchanuny ofrece, además, un ramo de flores[2] (*textos b y c*).

TEXTOS[3]

*(a)* Él dice: «Seguí al buen dios, el gobernante justo, el rey de Egipto Menkheperra (= Tutmosis III) [...] cada año. Presencié las victorias del rey que llevó a cabo en todas las tierras extranjeras. Él se trajo a los jefes de Dyahi como cautivos hasta Ta-meri. Saqueó todas sus ciudades, taló sus árboles, sin que pudiera levantarse una (sola) tierra [frente a él].

Yo soy quien registró las victorias que él llevó a cabo en todas las tierras extranjeras, quien (lo) escribió tal y como ocurrió.

Seguí al buen dios, el rey de Egipto Aakheperura (= Amenofis II). Era de su confianza y fui premiado todos los días [...] sin que hubiera un reproche contra mí en su palacio [...]

    1. PM I² (1), pp. 144-146 (TT 74); A. Brack, *Das Grab des Tjanuni: Theben Nr. 74*, Mainz, 1977.
    2. Una de las palabras para referirse a un ramo de flores es ʿnḫ, literalmente «vida». Los artistas egipcios juegan, tanto en la escritura como en la iconografía, con los dos sentidos de la palabra. Ver J. Dittmar, *Blumen und Blumensträuße als Opfergabe im alten Ägypten* (*MÄS* 43), Berlín, 1986.
    3. Urk. IV 1004, 1- 1005, 3; 1007, 8-14; 1008, 4-6.

## TCHANUNY, ESCRIBA DEL EJÉRCITO

Seguí al buen dios, el señor de las Dos Tierras Menkheperura (= Tutmosis IV) —¡que se le conceda vida por siempre como a Ra!—. Inscribí para él a la numerosa tropa [...].

*(b)* Presentación de los productos de Retenu, las aportaciones de las tierras extranjeras septentrionales: plata, oro, turquesas y toda clase de piedras preciosas de la Tierra-de-dios, por los jefes de todas las tierras extranjeras. Ellos vienen para suplicar al buen dios, para solicitar aliento (de vida) para sus narices. (Presentados) por el verdadero escriba real, su elegido, el supervisor de la tropa, el escriba de los reclutas, Tchanuny.

*(c)* Que él (Amon) te conceda (a Tutmosis IV) vida, renovación y autoridad, valentía y victoria contra todas [las tierras]. Que tu fama esté en los corazones de las tierras extranjeras, de igual forma que tu noble padre, Amon señor de los tronos de las Dos Tierras, ordenó que todas las tierras extranjeras estuvieran bajo tus pies.

## AMENOFIS III CABALGA SOBRE LOS DEL NORTE Y LOS DEL SUR

Una magnífica estela de piedra caliza de un poco más de dos metros de altura y más de un metro de anchura fue erigida en el templo funerario de Amenofis III, pero años más tarde el rey Merneptah la trasladó a su templo funerario, ubicado a pocos metros de distancia, y la utilizó allí como depósito de fundación y/o cimiento de una de las columnas. No posee un texto narrativo, sino que el espacio visible se ha dividido en dos grandes escenas dobles, esculpidas en un relieve muy fino y con gran lujo de detalles. En algunas partes conserva todavía restos de la policromía original.

La escena superior representa, bajo la protección de la bóveda celeste y de un disco solar alado del que cuelgan dos cobras-*uraeus*, al rey Amenofis III ofreciendo vino en uno de los lados, y en el otro «ofreciéndole Maat a su señor, Amon-Ra señor cielo», quien a cambio le concede toda vida y salud. El rey Seti I grabó en medio de la escena una columna de texto informando sobre su restauración del monumento.

La escena inferior, que no se conserva completa, muestra por duplicado al rey montado sobre su carro de combate, erguido, sosteniendo en las manos las riendas a la vez que un arco y un flagelo. Unos cuantos prisioneros, representados a menor escala que el rey, han sido atados tanto a la caja del carro como sobre los caballos, que galopan sobre los cuerpos abatidos de los jefes extranjeros rebeldes. A un lado los enemigos son nubios, y al otro son de facciones y vestimenta características de Siria-Palestina (*textos a* y *b* respectivamente). Por debajo del suelo y respetando el eje de simetría de las dos escenas superiores, se ha incluido un friso de pájaros-*rekhit*, representado a «toda la gente adorando» al monarca y sus acciones, acompañados por el *texto (c)*.

## AMENOFIS III CABALGA SOBRE LOS DEL NORTE Y LOS DEL SUR

TEXTOS[1]

*(a)* [...], señor del arma valiente lazándoles, quien destruye la herencia del maldito Kush, cuyos jefes son traídos como cautivos por medio de la fuerza de su padre Amon.

*(b)* El buen dios, montaña de oro, quien aparece sobre (su) caballo de igual forma que Ra brilla, rico en fuerza y grande en majestuosidad, decidido como lo es quien está en Tebas (= Montu), quien pisotea Naharina con su arma valiente.

*(c)* [...] todas las tierras montañosas, toda la gente, todos los fieles, Naharina, el maldito Kush, el Alto y el Bajo Retenu están a los pies de este buen dios como si fuera Ra por siempre.

---

1. El Cairo CG 34026; Petrie, *Six Temples at Thebes*, pl. 10; Lacau, *Stèles du Nouvel Empire*, pls. 20-21; Urk. IV 1657, 9- 1658, 19.

## AMON HACE MILAGROS PARA EL REY AMENOFIS III

Amenofis III mandó inscribir sobre una gran estela un texto que recordase los principales edificios construidos durante su reinado en honor a su padre Amon. Además del propio templo funerario del monarca, donde se levantó en su día la estela, se menciona la ampliación del templo de Luxor y, justo delante, la construcción de una especie de palacete donde se recibían las contribuciones de las tierras extranjeras del norte y del sur. La barca de Amon-Ra se realizó «con madera de cedro que su majestad taló en las montañas de la Tierra-de-Dios, y fueron traídas de las colinas por los jefes de todas las tierras extranjeras». El pilono III del templo de Karnak fue adornado con «oro que su majestad se trajo de la tierra extranjera de Karoy, en su primera campaña de victoria, de matar al maldito Kush». Y, por último, se menciona el templo de Soleb, levantado en Nubia, al sur de la Tercera catarata.

La inscripción termina con las palabras de gratitud del dios Amon, quien, como contrapartida, le anuncia al monarca que las tierras extranjeras que rodean Egipto le servirán como vasallos. Este pasaje, traducido a continuación, guarda una gran similitud con una parte de la denominada «estela poética de Tutmosis III», en el presente libro traducida bajo el epígrafe «El dios Amon, origen de las acciones de Tutmosis III».

La relación *do ut des* que se establece entre el monarca y la divinidad también aparece reflejada en la doble escena de la parte superior de la estela, donde se representa a Amenofis III ofreciendo vino y realizando una libación de agua frente al dios Amon, a la vez que éste dice haberle otorgado salud, valentía, vida, autoridad y alegría.

La estela fue restaurada, como tantos otros monumentos de la dinastía XVIII, por el rey Seti I, quien no se privó de dejar constancia de ello con su firma. Años después, a finales del siglo XIII a. C., el rey Merneptah trasladó la estela a su templo funerario y grabó la parte de atrás con una inscripción que narra una de sus victorias contra las tribus libias al comienzo de su reinado y cuyo colofón menciona al «pueblo de Israel».[1]

TEXTO[2]

Palabras pronunciadas por Amon rey de los dioses:
«Mi hijo carnal, mi amado, el rey Nebmaatra, mi viva imagen, a quien mi cuerpo moldeó, a quien Mut señora de Isheru en Tebas y dueña de los Nueve Arcos dio a luz para mí, y ella te crió como único señor de la gente. Mi corazón se alegra enormemente cuando veo tu perfección. Haré milagros[3] para tu majestad, (para) que tú rejuvenezcas al haberte yo nombrado Sol de las Dos Tierras.

Miraré hacia el sur y haré un milagro para ti. Haré que los jefes del maldito Kush lleguen a ti trayendo todos sus productos sobre sus espaldas.

Miraré hacia el norte y haré un milagro para ti. Haré que las tierras extranjeras de los confines de Siria-Palestina vengan a ti trayendo todos sus productos sobre sus espaldas; ellos mismos presentándote a sus hijos/súbditos y solicitando que tú les concedas el aliento de vida.

Miraré hacia el oeste y haré un milagro para ti. Haré que tú conquistes Tehenu, sin que falte ninguno de ellos, (para) construir esta fortaleza en nombre de mi majestad, rodeada de un gran muro alcanzando hasta el cielo y fundada con los hijos/súbditos de los jefes de los *iuntiu* de Nubia.[4]

Miraré hacia oriente y haré un milagro para ti. Haré que las tierras extranjeras del Punt vengan a ti trayendo toda clase de plantas aromáticas de sus tierras, con el fin de solicitar el perdón de tu mano y poder respirar el aliento que tú otorgas».

  1. Una traducción de la famosa «estela de Israel», la más antigua referencia escrita a «Israel» (*ca.* 1220 a. C.), puede encontrarse en Lichtheim, *Ancient Egyptian Literature*, II, pp. 73-78.
  2. El Cairo CG 34025; Petrie, *Six Temples at Thebes*, pls. 11-12; Lacau, *Stèles du Nouvel Empire*, pls. 15-16; Urk. IV 1655, 15- 1657, 5.
  3. La palabra traducida por «milagro», *bi3*, se refiere a cualquier cosa que se percibiera como una «maravilla» o a un acontecimiento «extraordinario».
  4. Amenofis III, al igual que sus predecesores, asentó a grupos de extranjeros dentro del recinto de los templos o en fortalezas próximas a ellos para que sirvieran de mano de obra en sus talleres, almacenes y campos de cultivo. Ver también, por ejemplo, Urk. IV 1649, 8-17; 1669, 1-2; 1712, 15-16.

## CAMPAÑA DEL REY EN NUBIA (1)

En la isla de Konosso, en la Primera catarata, se grabó una estela conmemorativa de Amenofis III. En la parte superior el rey es conducido ante Amon por Khenum, el dios masculino principal de la zona. Amon le hace entrega al monarca de la representación simbólica de cuatro regiones de Nubia, cada uno de sus nombres escritos dentro de un recinto oval amurallado y coronado por un busto de hombre con los brazos atados a la espalda: «el maldito Kush», «Irem», «Tiurek» y «Uresh». A pesar de esta referencia geográfica, se desconoce el lugar de destino de la campaña militar conducida por Amenofis III en Nubia.

La fraseología del texto es similar a la empleada en otra inscripción grabada sobre una roca en el camino entre Asuán y la isla de File, en la que Amon señor de los tronos de las Dos Tierras le dice a Amenofis III: «Yo he establecido tus fronteras hasta donde tú querías, hasta los pilares que levantan el cielo. Ellos trabajan para ti a una, sin que ninguna tierra se alce contra tu majestad».[1]

TEXTO[2]

Viva el Horus "Toro victorioso, Quien aparece oficialmente con Maat", las dos Señoras "Quien establece las leyes y Tranquiliza a las Dos Tierras", el Horus de oro "De arma grande, Quien golpea a los palestinos", el (buen) dios que gobierna Tebas, el hijo de [Amon], quien se complace con la victoria, protector de quien ha moldeado su

---

1. Urk. IV 1664, 13-15. Ver R. Gundlach, «Die Felsstelen Amenophis' III. am 1. Katarakt», en J. Osing y G. Dreyer (eds.), *Form und Mass. Beiträge zur Literatur, Sprache und Kunst des alten Ägypten. festschrift für Gerhard Fecht* (ÄAT 12), Wiesbaden, 1987, pp. 180-217.
2. PM V, p. 254; Urk. IV 1661, 6- 1663, 6.

## CAMPAÑA DEL REY EN NUBIA (I)

perfección, el rey de Egipto, señor de las Dos Tierras y señor de la acción, Nebmaatra-"Heredero de Ra", el hijo carnal de Ra, su amado, Amonhetep-"Gobernante de Tebas", amado de Amon-Ra rey de los dioses, de Khenum (dios) principal (del área) de Senmut —¡que se le conceda vida por siempre!

Año 5. Llegada de su majestad, tras haber celebrado (una victoria) en su primera campaña de victoria en la tierra extranjera del muy maldito Kush, y tras haber establecido su frontera hasta donde él quería, hasta los pilares que levantan el cielo. Él ha grabado una estela de victoria junto a la Fuente de Horus. Ningún rey de Egipto ha hecho algo similar, excepto su majestad, el valiente, quien se complace con las victorias.

Él es el rey Nebmaatra, quien abre el camino victoriosamente, enardeciendo a su tropa, mientras le guía su padre Amon, quien ha ordenado para él valentía y victoria contra todas las tierras extranjeras. Él le ha concedido tanto el sur como el norte, el oeste y el este, (éstos) dirigiéndole a él (sus contribuciones). Ellos le entregan a él mismo (al faraón) sus hijos/súbditos, solicitando que les conceda el aliento de vida.

El hijo de Ra, su amado, el rey Amonhetep-"Gobernante de Tebas", quien hace que Nubia aborrezca el entablar combate, que él disfrute de la concesión de vida, renovación, autoridad, salud y alegría, junto con su *ka*, y que aparezca oficialmente sobre el trono de Amon como lo hace Ra por siempre.

## CAMPAÑA DEL REY EN NUBIA (2)

Una de las dos inscripciones rupestres grabadas durante el reinado de Amenofis III en el camino entre Asuán y la isla de File conmemora la misma expedición militar en Nubia que la inscripción de la isla de Konosso. La campaña del año 5 del reinado de Amenofis III se conmemora, además, en una tercera inscripción grabada en Sai, ligeramente al sur de la Tercera catarata, pero desgraciadamente ésta fue hallada en un estado muy fragmentario.[1]

En la parte superior se representa al rey dispuesto a golpear a un grupo de enemigos prisioneros. Detrás de él está el dios Ptah, y delante se encuentran Amon y Khenum, presenciando el ejercicio de autoridad del rey. Excepcional es el hecho de que la inscripción recuerde el nombre del nubio rebelde, un tal Ikheni, así como la mención explícita de que el faraón evita intencionadamente aniquilar a toda su gente.

TEXTO[2]

Año 5, tercer mes de la estación *Akhet*, día 2. Aparición oficial de la majestad del Horus "Toro victorioso, Quien aparece oficialmente con Maat", las dos Señoras "Quien establece las leyes y Tranquiliza las Dos Tierras", el Horus de oro "Grande de arma, Quien golpea a los nubios", el buen dios, quien gobierna Tebas, señor del arma, valiente y héroe, el rey de Egipto Nebmaatra-"Heredero de Ra", el hijo de Ra

---

1. Urk. IV 1959, 10-19. La fecha con la que comienza la inscripción de Sai es unos días anterior a la inscripción entre Asuán y File: «Año 5, segundo mes de *Akhet*, día 24». Sobre las relaciones entre Egipto y Nubia bajo el reinado de Amenofis III, ver D. O'Connor, «Amenhotep III and Nubia», en O'Connor y Cline, *Amenhotep III*, pp. 261-270.
2. PM V, p. 245; Urk. IV 1665, 5- 1666, 20.

Amonhetep-"Quien gobierna Tebas", amado de Amon-Ra rey de los dioses y de Khenum señor de la fuente —¡que se le conceda vida!
Uno vino para decir a su majestad: «El enemigo del maldito Kush ha planeado en su corazón rebelarse».
Su majestad se dispuso para la victoria, y la consiguió en su primera campaña de victoria. Su majestad les alcanzó como golpea el halcón, como las formas (de actuar) de Montu. Él es decidido cuando se enfurece, matando y cortando manos. Decenas de miles de hombres están prisioneros, (pero) él deja (allí) a cuantos quiere de entre ellos para no acabar del todo con la semilla del maldito Kush. Ikheni, quien fanfarroneaba en medio de su tropa, no conocía al león que tenía delante de él. Él es el rey Nebmaatra, el león salvaje, cuyas zarpas agarran al maldito Kush, quien pisotea a todos sus jefes a través de sus valles, caídos sobre su sangre uno sobre otro. El hijo de Ra Amonhetep-"Gobernante de Tebas", señor del arma con el arco, quien ama la victoria —¡que se le conceda vida, renovación, autoridad y salud como la de Ra por siempre!

# REPRESIÓN EN NUBIA

Una estela hallada en Semna y hoy en el Museo Británico conmemora una acción llevada a cabo por el representante del faraón en Nubia, el virrey Merimose. Se trató muy probablemente de una expedición de castigo contra una región que se resistía a pagar su contribución de la cosecha recogida. En efecto, las tierras extranjeras bajo la autoridad del faraón debían actuar como cualquier siervo y, por tanto, contribuir con parte de su cosecha. Así, en la tumba del supervisor del granero del Alto y Bajo Egipto, Khaemhat, se representa a Amenofis III recibiendo el informe de la cosecha del sur y del norte, «empezando desde la tierra de Kush, hasta la frontera de Naharina», con motivo de la celebración de su primer festival Sed en el año 30 de su reinado.[1]

Curiosamente, las tropas para la operación militar se reclutan en la propia Nubia, entre las poblaciones comprendidas en un trecho de más de quinientos kilómetros. Se desconoce la ubicación de la región castigada, Ibhet. La acción debe fecharse probablemente en las postrimerías del reinado de Amenofis III, alrededor de veinticinco años después de su primera campaña en Nubia. La parte superior se ha perdido, incluyendo las primeras líneas de la inscripción.

TEXTO[2]

[...] su padre golpeó [sus] apoyos en todos sus lugares.
Transcurridos unos días después de esto, vino el momento de llevarse la cosecha de los enemigos de Ibhet. Cada hombre ocupó su si-

---

1. Urk. IV 1841, 1-14.
2. BM 657 [138]; PM VII, p. 155; I. E. S. Edwards, *Hieroglyphic Texts from Egyptian Stelae, etc., in the British Museum*, VIII, Londres, 1938, pl. 20; Urk. IV 1659, 1- 1661, 5.

tio: se reclutó entonces [a la tropa] del faraón —¡vida, prosperidad y salud!—, que estaba bajo la autoridad del virrey, y se formaron compañías capitaneadas por capitanes. Cada hombre (ocupó) el sitio de su distrito, empezando desde la fortaleza de Baki hasta la fortaleza de Teri, completando 52 *iteru* de navegación.[3]

El arma valiente del rey Nebmaatra se los trajo en un día, en una sola hora, llevándose a cabo una gran matanza [entre los enemigos. Se trajeron a sus hijos, a sus mujeres] y a su ganado, sin que faltase uno solo. [...] cada uno de ellos presentaba [...] El arma valiente del rey Amonhetep-"Gobernante de Tebas" se los trajo. Los extranjeros entre ellos, tanto hombres como mujeres, no estaban a salvo de los planes del Horus, el señor de las Dos Tierras, el rey de Egipto Nebmaatra, toro victorioso, poderoso en fuerza. Ibhet alzaba la voz, pues grande era lo que había en sus corazones, pero el león salvaje, el rey "Gobernante", les mató bajo la orden de Amon, su noble padre, quien le guió con valentía y victoria.

Relación de las capturas que su majestad se trajo de la maldita tierra de Ibhet: 150 nubios vivos, 110 mozos, 250 nubias, 55 sirvientes de los nubios y 75 hijos suyos; en total 740 vivos. Manos de ellos 312, que unidas a los individuos[4] vivos hacen 1.052.

El virrey era el representante de su señor, (el hombre) de confianza del buen dios, el supervisor de las tierras extranjeras de Kush en (toda) su extensión, el escriba real Merimose. Él dice: «¡Saludos a ti!, oh este buen dios. Grandes son tus poderes contra el que te ataca a ti. Tú consigues que los que se rebelaron contra ti digan: "el fuego nos ha consumido a nosotros y a nuestros nombres", después de que tú mataras a todos tus enemigos, postrados (ahora) bajo tus sandalias».

---

3. El *iteru* era una medida de longitud equivalente a unos 10,5 km.
4. El número de integrantes de cada uno de los grupos mencionados anteriormente va precedido del sustantivo «cabeza(s)».

## MISIÓN EN EL SINAÍ

Las inscripciones pertenecientes al reinado de Amenofis III en Serabit el-Khadim, en la península del Sinaí, son muy numerosas. Una estela erigida en el templo de Hathor informa sobre la misión llevada a cabo por el escriba Amonmose, bajo las órdenes directas del supervisor del Tesoro Sobekhetep. Su relato mezcla el Sinaí con la tierra del Punt. La misión se llevó a cabo dos años antes de la muerte de Amenofis III. En la parte superior se representa al monarca realizando una ofrenda a «Sopdu gran dios del oriente» y a la diosa «Hathor señora de la turquesa». El monumento medía 235 x 75 cm, y fue hallado roto en varios pedazos.

TEXTO[1]

Año 36, segundo mes de la estación *Peret*, día 9, bajo la majestad del rey de Egipto Nebmaatra, el hijo de Ra Amonhetep-"Gobernante de Tebas" —¡que se le conceda vida como la de Ra por siempre jamás!

Su majestad estaba en la ciudad del sur, [en su palacio al oeste] de Tebas. Entonces, se le encargó al escriba real, supervisor del Tesoro, [Sobek]hetep, llamado Panehesi, traer turquesas, cuando su majestad estaba en (su) tercer festival [Sed].

Cuando amaneció el último día del [festival Sed...].

[...] los que partieron con él estaban contentos y los capataces estaban felices porque sus trabajos salían muy bien. Cada uno de los que

---

1. A. H. Gardiner, T. E. Peet y J. Černý, *The Inscriptions of Sinai*, Londres, 1952 (texto) y 1955 (láminas), pl. 66 (n.º 211), pp. 165-166; Urk. IV 1891, 1- 1893, 12. Muchas de las reconstrucciones de Helck no se han tenido en cuenta para la traducción.

atravesó esta tierra extranjera daba gracias a esta diosa; y el escriba de entre ellos realizaba alabanzas todos los días, de nombre Amonmose, llamado Huimay.

Uno tiene que dar crédito a este escriba cuando dice: «He seguido a mi señor en (esta) tierra extranjera, y me he ceñido al asunto que él me encargó. He marchado por ambos lados del mar[2] para proclamar las maravillas del Punt, para recibir la goma resinosa para (elaborar) perfúmenes que trajeron los jefes en ocho barcos, como contribución de las tierras extranjeras que la gente desconocía.

He vuelto habiendo [atravesado] la tierra extranjera de esta diosa. He dirigido los trabajos de la turquesa y he obtenido de allí el doble [de piezas]. Así, el jefe de este humilde servidor fue recompensado [del Tesoro del faraón] —¡que viva, prospere y tenga salud!—. Se le concedió el oro de los premios y la alabanza de los que [partieron con mi] señor. [Yo] he dirigido a la gente de los trabajos en todo tipo de [tareas…]. He hallado […] allí […] He cruzado el mar y he [atracado, habiendo alcanzado] la tierra extranjera de Iu. La tropa que estaba a mi cargo estaba sana y salva, sin bajas, […] cuando alcanzó en [paz] la ciudad [sur]».

---

2. *gswy w3ḏ wr* se menciona en las escenas del viaje al Punt en Deir el-Bahari (Urk. IV 325, 13; 326, 6), al igual que en la composición literaria del Reino Medio conocida como *El Náufrago*.

## ESCARABEOS CONMEMORATIVOS

Amenofis III llevó a cabo una innovación en el terreno de la propaganda de las gestas reales, afectando tanto a los temas elegidos como al medio y a la difusión de los mismos. En el primer tercio de su reinado se produjeron una notable cantidad de escarabeos[1] de un tamaño superior al habitual, alcanzando hasta 11 cm, habiéndose encontrado más de 200 ejemplares, y en lugares tan alejados como Ugarit en la costa de Siria, o Soleb en Nubia. Hasta la fecha se tiene constancia de la publicación de cinco temas distintos inscritos sobre la base plana del escarabeo, denominada «chatón»: la cacería de toros bravos del año 2; el número de leones cazados desde su primer año de reinado hasta el año 10; la llegada en el año 10 de la princesa Gilukhepa de Mitani (*texto a*); la excavación de un lago artificial en el año 11; los nombres reales del faraón y de la gran esposa real Tiyi, los nombres de los padres de ésta y las fronteras norte y sur de la autoridad de Amenofis III (*texto b*).

Amenofis III era hijo de Tutmosis IV y de una de sus esposas de menor importancia, Mutemuiya. Nada más acceder al trono se casó con Tiyi, hija de una familia de provincias de no excesiva relevancia. En los escarabeos conmemorativos su nombre sigue al del rey en la fórmula para fechar el mensaje que transmite la inscripción. La reina Tiyi acabó desempeñando el papel de complemento femenino de la realeza divina de Amenofis III.

Los enlaces matrimoniales entre distintas casas reales del Próximo Oriente servían para fortalecer los pactos de «hermandad y amistad» acordados entre los monarcas implicados. Años atrás, Tutmosis IV había corroborado un tratado de paz con el rey Artatama de Mita-

---

1. Pequeños objetos, de unos 2,5 cm, con forma de escarabajo. Se utilizaban comúnmente como amuletos o como sellos, grabándose una mínima inscripción sobre el «chatón». Hatshepsut fue realmente quien primero grabó en ellos una inscripción de tipo conmemorativo.

ni tomando por esposa a una de sus hijas. Amenofis III, por su parte, contrajo matrimonio al menos con cuatro princesas extranjeras, dos de origen babilonio y otras dos de origen mitano. De la corte de Mitani provenía Gilukhepa, hija de Shutarna, y Tadukhepa, hija del siguiente rey, llamado Tushrata. Dos extensas cartas halladas en el archivo de el-Amarna enumeran los regalos que Tushrata envió al faraón acompañando a su hija, y la rica dote que viajó con ella, junto con un séquito de 270 mujeres y 30 hombres.[2] Así, cuando Amenofis III afirmaba que su frontera norte alcanza hasta Naharina/Mitani, significaba que su autoridad era allí aceptada y respetada.

Por su parte, el faraón debía enviar regalos al rey extranjero que le había entregado a una de sus hijas como esposa. Por este motivo, Tushrata le envió una carta al recién coronado Amenofis IV reclamándole unas estatuas de oro que Amenofis III le había prometido, y que sus propios mensajeros habían llegado a ver en la corte egipcia, con motivo de su matrimonio con Tadukhepa. En uno de los cantos de la tablilla de arcilla enviada desde Mitani un escriba de la administración de Palacio añadió en hierático la etiqueta: «[Año] 2, primer mes de *Peret*, día [...], estando en la ciudad sur (= Tebas), en el palacio de Khaemakhet. Copia de la carta de Naharina, traída por el comisionado Pirisi y el comisionado [Tulubri]».[3]

Si bien el faraón aceptaba sin reparos a las hijas de sus homólogos, se resistía a enviarles a una princesa egipcia. La ausencia de reciprocidad en este aspecto suscitó, por ejemplo, las quejas del rey Burnaburiash de Babilonia contra Amenofis III.[4]

TEXTOS[5]

*(a)* Año 10 bajo la majestad del Horus "Toro victorioso, Quien aparece oficialmente con Maat", las dos Señoras "Quien establece las

---

2. EA 22; 25.
3. EA 27. Ver Urk. IV 1995, 17-20. La carta EA 23 fue enviada por Tushrata a Amenofis III, acompañando a una estatua de la diosa Ishtar, y en el espacio vacío que quedaba al dorso un escriba egipcio añadió: «Año 36, cuarto mes de *Pe[ret*, día ...], estando en el palacio del sur Kha[emakhet...]».
4. EA 4. Véase B. M. Bryan, «The Egyptian Perspective on Mittani», en R. Cohen y R. Westbrook (eds.), *Amarna Diplomacy*, Baltimore, 2000, pp. 80-83; y en el mismo volumen el artículo de S. A. Meier, «Diplomacy and International Marriages», pp. 165-173.
5. C. Blankenberg-van Delden, *The Large Commemorative Scarabs of Amenhotep III*, Leiden, 1969; Urk. IV 1738; 1741.

leyes y Tranquiliza a las Dos Tierras", el Horus de oro "De arma grande, Quien golpea a los palestinos", el rey de Egipto, señor de la acción Nebmaatra, el elegido de Ra, el hijo de Ra Amonhetep-"Gobernante de Tebas" —¡que se le conceda vida!

La gran esposa del rey Tiyi —¡que viva!—. El nombre de su padre es Yuya. El nombre de su madre es Tuya.

Maravillas que fueron traídas para su majestad —¡vida, prosperidad y salud!—: la hija del jefe de Naharina, Shutarna, (llamada) Gilukhepa, y las primeras de su harén, 317 mujeres.

*(b)* Viva el Horus "Toro victorioso, Quien aparece oficialmente con Maat", las dos Señoras "Quien establece las leyes y Tranquiliza a las Dos Tierras", el Horus de oro "De arma grande, Quien golpea a los palestinos", el rey de Egipto, señor de la acción Nebmaatra, el hijo de Ra Amonhetep-"Gobernante de Tebas" —¡que se le conceda vida!

La gran esposa del rey Tiyi —¡que viva!—. El nombre de su padre es Yuya. El nombre de su madre es Tuya.

Ella es la esposa del rey victorioso, cuya frontera sur alcanza hasta Karoy y la norte hasta Naharina.

## ARQUITRABES DE LUXOR

El templo de Luxor, iniciado muy probablemente por la reina Hatshepsut, fue sustancialmente reformado y ampliado bajo el reinado de Amenofis III. La celebración principal del templo era la fiesta Opet, a través de la cual el dios Amon-Ra renovaba sus capacidad creadora y, a su vez, el monarca reinante veía confirmado su derecho a ocupar el trono de Egipto y renovado el carácter divino de la realeza.

Los arquitrabes del patio abierto que construyó Amenofis III para añadirle un vestíbulo al templo están inscritos con textos breves sobre la naturaleza de la realeza que ostentaba el faraón, sobre las obras emprendidas para contentar a los dioses y sobre el sometimiento de las tierras que circundaban Egipto. Los dos más significativos para el propósito del presente libro han sido traducidos a continuación.

### TEXTOS[1]

*(a)* Viva el Horus de oro "De arma grande, Quien golpea a los palestinos", el arquero de brazo victorioso disparando (flechas) contra una diana, [equipado] con victorias como lo está el señor de Tebas (= Montu).

El rey de Egipto Nebmaatra-"El amado de Ra", quien corre como el disco solar y se apresura con su zancada; una estrella de electro que centellea a caballo, quien se trae consigo los límites de la tierra del nubio, destruye la tierra del kushita y destroza sus distritos.

El hijo de Ra [Amonhetep-"Gobernante de Tebas"], el rey, quien duplica las victorias sobre todas las tierras extranjeras, pisotea el norte y destruye el sur en las estaciones de *Shemu* y *Peret*. Ninguna tie-

1. PM II, p. 317: Urk. IV 1684, 12- 1685, 16; 1692, 12- 1693, 20.

rra llana o montañosa bajo sus sandalias se detiene, sino que cada una de ellas imita a la otra (viniendo) con toda clase de vasijas preciosas de su propiedad para el padre de sus padres, desde los tiempos de dios, para solicitar que se les conceda la vida.

El señor de las Dos Tierras, el rey Nebmaatra, se ha creado un nombre de valiente en todas las tierras extranjeras por medio de la fuerza [de Amon], su noble padre, quien le guía excelentemente, ha ordenado la victoria para él y ha colocado a todas las tierras bajo [sus sandalias].

*(b)* [Viva las dos Señoras "Quien establece las leyes] y Tranquiliza las Dos Tierras", el Horus de oro "De arma grande, Quien golpea a los palestinos", el rey de Egipto, señor de las Dos Tierras y señor de la acción Nebmaatra-"El amado de Ra", el hijo de Ra [Amonhetep-"Gobernante de Tebas".

Quien pisotea a los jefes de todas las tierras extranjeras, sin que haya ninguna tierra que se levante ante él. Regresa después de haber celebrado el valor y la victoria como lo hace Horus hijo de Isis y como Ra en el cielo: «nosotros mismos hemos saqueado sus ciudades, y se dirigen hacia Ta-meri con todos los productos de sus tierras, por medio de la fuerza». El señor de las Dos Tierras, el hijo de Ra Amonhetep-"Gobernante de Tebas", Montu, el de arma grande.

Quien protege Egipto como lo hace Horus hijo de Isis. Él ha construido su monumento para su padre [Amon-Ra rey de los dioses], construyendo (el templo de) Luxor para él, agrandándolo, (para que sea) grande eternamente. El rey de Egipto Nebmaatra-"El elegido de Ra" —¡que se le conceda vida!

[...] sus poderes han atrapado a las demás tierras. Todas las tierras llanas y montañosas traen consigo sus productos, sus hijos y sus caballos, plata y cobre en grandes cantidades y marfil limpio, cuando ni siquiera eran conocidos los caminos hasta sus tierras. Ellos se dirigen al Toro victorioso, el Horus "Quien aparece oficialmente con Maat", el rey divino, de quien se presume, el señor de la victoria, de quien se alardea, el señor de las Dos Tierras Nebmaatra-"El elegido de Ra", Montu en todas las tierras.

Grande en fuerza, quien conquista con su autoridad, quien atrapa a los Nueve Arcos, y quien se ha hecho para sí un nombre de valiente en todas las tierras extranjeras: su grito de guerra atraviesa Naharina, ha implantado el respeto (hacia él) en sus corazones y sus cuerpos se doblegan. Todas las tierras existen con el terror (hacia él), como lo ha ordenado tu padre [Amon], oh hijo de Ra [Amonhetep-"Gobernante de Tebas"] como lo es Ra.

## AMENOFIS III Y EL EGEO

Ninguna de las inscripciones de Amenofis III que conmemoran directa o indirectamente la autoridad del monarca en el extranjero presta especial atención a las tierras del norte del Mediterráneo oriental, en concreto, al Egeo. Hasta la fecha, la única excepción se encuentra sobre la base de una de las diez estatuas colosales del rey que originalmente se erguían entre las columnas de la sala más al fondo de su templo funerario.[1] Sobre las bases se grabaron series de nombres de lugares que de alguna forma pertenecían a la órbita del faraón, aunque sólo fuera como resultado de intercambios comerciales, cada uno de ellos enmarcado dentro del perímetro ovalado de una ciudad. Una de estas listas toponímicas recoge catorce lugares en el área del Egeo, sugiriendo que en época de Amenofis III tuvo lugar algún tipo de contacto diplomático y/o comercial entre éstos y Egipto. Es importante señalar que los nombres de estos lugares no son mencionados en las fuentes escritas egipcias ni antes ni después de Amenofis III. Esta circunstancia ha llevado a algunos especialistas a sostener que la lista refleja un acontecimiento histórico y que incluso pudiera estar reproduciendo el itinerario seguido por una embajada egipcia de carácter comercial con destino Micenas.

Los hallazgos arqueológicos, tanto en Egipto como en el Egeo, ofrecen argumentos a favor de esta hipótesis. De los seis lugares en el Egeo donde se han encontrado objetos con los nombres de Amenofis III y/o de la reina Tiyi, cuatro aparecen mencionados en la lista: Cnosos, Festos, Cidonia y Micenas. Junto a éstos, un escarabeo con el nombre de Amenofis III se ha encontrado en Panaztepe, al sur de Tro-

---

1. El yacimiento arqueológico, denominado Kom el-Hetan, está siendo excavado en la actualidad por un equipo bajo la dirección de R. Stadelmann. Es muy posible que encuentren alguna de las cinco bases de estatuas que faltan por descubrir.

ya. Por otro lado, pocos años después, durante el reinado de Akhenaton y de los últimos monarcas de la dinastía XVIII aumentan extraordinariamente las exportaciones de objetos micénicos a Siria-Palestina, a Chipre y a Egipto, donde una considerable cantidad de cerámica ha sido hallada en el-Amarna.[2]

En el frontal de la base de la estatua en cuestión se escribieron los dos nombres principales de Amenofis III dentro de sendos cartuchos, enmarcados por dos cetros-*was*, y levantados sobre una plataforma que surge del signo jeroglífico que denota la unión del Alto y del Bajo Egipto y que, a la vez, sirve de poste que mantiene inmovilizados a dos extranjeros del norte atados y arrodillados sobre el suelo. Partiendo de los nombres reales salen, en sentidos contrarios, dos textos que recorren la parte superior de la base. Debajo, partiendo de los extranjeros cautivos, salen en sentidos opuestos dos listas de topónimos.

TEXTO[3]

El rey Nebmaatra, (el hijo de Ra) Amonhetep-"Gobernante de Tebas".

*(a)* Todas [las tierras ocul]tas y las tierras más recónditas de Palestina [...]:

Keftiu, Tinaiu (= Dánaos) [...]

*(b)* Todas [las tierras de los Fen]khu y de Khenthennefer están a los pies de este buen dios [...] los jefes de todas las tierras extranjeras del norte y del sur que eran ignoradas vienen (ahora) a Egipto [...] vienen de rodillas, reunidos en [un solo] lugar [...]:

Amnisos, Festos, Cidonia, Micenas, Tegea(?), Mesenia (o Metana), Nauplia, Citera, Ilion (= Troya), Cnosos, Amnisos, Lictos [...]

---

2. Sobre las relaciones entre Egipto y el Egeo pueden encontrarse interesantes artículos en E. H. Cline y D. Harris-Cline (eds.), *The Aegean and the Orient in the Second Millennium*, Lieja, 1998.

3. E. Edel, *Die Ortsnamenlisten aus dem Totentempel Amenophis III.*, Bonn, 1966, pp. 34-55, pl. 3; E. H. Cline, «Amenhotep III and the Aegean: A Reassessment of Egypto-Aegean Relations in the 14th Century B.C.»: *Orientalia* 56 (1987), pp. 1-36; *idem*: en O'Connor y Cline (eds.), *Amenhotep III*, pp. 236-250.

## AKHENATON RECIBE A LAS EMBAJADAS EN EL-AMARNA

Se tienen pocas noticias sobre las actuaciones fuera del valle del Nilo del rey Amenofis IV, llamado Akhenaton a partir de su quinto año de reinado, cuando además traslada la capital del reino a el-Amarna, un lugar del Medio Egipto hasta entonces deshabitado. La correspondencia diplomática del archivo de Palacio parece indicar que durante los diecisiete años que duró su reinado se mantuvo la política establecida bajo sus predecesores.[1]

Sin embargo, años después, en la denominada «estela de restauración» de Tutankhamon, hallada en el templo de Karnak y cuya inscripción celebra la vuelta al orden establecido previo al cisma de el-Amarna y a la exaltación del dios Aton, el propio rey recuerda cómo antes de su llegada al trono «los dioses habían vuelto la espalda a esta tierra: cuando la tropa era enviada a Dyahi para extender las fronteras de Egipto, nunca se obtenía éxito...».[2] Esta afirmación debe ser entendida como un intento de desacreditar al periodo amarniense: puesto que en la ideología de la monarquía egipcia el éxito político y económico era consecuencia del correcto comportamiento religioso, el cisma promovido por Akhenaton debía ir inexorablemente acompañado de un estrepitoso fracaso diplomático y comercial. Hoy sabemos que no fue así gracias a otras fuentes escritas contemporáneas que han llegado hasta nosotros, como el archivo hallado en el-Amarna.

En una colina al norte de la ciudad de el-Amarna, en la tumba rupestre de Huya, supervisor del Tesoro y supervisor del harén de la gran esposa real Tiyi, esposa de Amenofis III, se representa justo el momento antes de que tuviera lugar una audiencia real (*texto a*). Akhenaton y la reina Nefertiti están siendo transportados en una lujo-

---

1. Galán: «The Heritage of Thutmosis III', Campaigns», pp. 91-102.
2. Urk. IV 2027, 12-14.

sa silla portátil desde Palacio hasta un baldaquino, seguidos a pie por un pequeño cortejo que incluye a dos o más princesas. Les flanquean sirvientes con abanicos y sombrillas, y por delante les abren el camino un grupo de policías. Junto al baldaquino les están esperando varios grupos de jefes de Siria-Palestina que han sido hechos prisioneros, así como un par de hileras de vasijas típicas de allí. Los nubios, por el contrario, parecen traer sus productos de forma más natural, tal vez implicando cierta rutina.

En una tumba vecina, perteneciente a Merira, supervisor del Tesoro y supervisor del harén real de Nefertiti, se representa el mismo acontecimiento pero estando ya el faraón sentado en su baldaquino, acompañado por la reina y por sus seis hijas (figura 16, *texto b*). Rodeando el pabellón le saludan las distintas embajadas, los del norte a un lado y los del sur a otro, trayendo consigo toda clase de productos, y entremezclándose con prisioneros extranjeros maniatados.

La representación de nubios cautivos tal vez sea el reflejo de una acción punitiva llevada a cabo por un destacamento del ejército de Akhenaton en la región nubia de Ikayta, enviado allí para detener a unos «enemigos» que se dedicaban a robar la cosecha. Sobre esta campaña de Akhenaton en Nubia, dirigida por Tutmosis virrey de Kush, nos informan dos estelas conmemorativas de más de un metro de altura, levantadas en Buhen y en Amada.[3]

TEXTOS[4]

*(a)* Año 12, segundo mes de la estación *Peret*, día 8.

Viva el augusto padre "Sol viviente, [Gobernante de ambos horizontes, Quien se alegra en el horizonte]", en su nombre de "Ra [que ha regresado como Aton"] —¡que se le conceda vida por siempre jamás!

Aparición oficial del rey de Egipto [Neferkheperura-Uaenra] y de la gran esposa real [Neferneferuaton-Nefertiti] —¡que viva por siempre jamás!—, sobre la gran silla portátil de electro, para recibir los productos de Kharu, de Kush, del oeste y del este. Todas las tierras ex-

---

3. A. R. Schulman, «The Nubian War of Akhenaton», en *L'Égyptologie en 1979*, II, París, 1982, pp. 299-316; W. Helck, *Historisch– biographische Texte der 2. Zwischenzeit und neue Texte der 18. Dynastie. Nachträge*, Wiesbaden, 1995, pp. 63-65 (n.º 38).

4. N. de G. Davies, *The Rock Tombs of el Amarna*, III, Londres, 1905, pp. 9-11, pls. 13-14; Urk. IV 2006, 9-20. Para la tumba de Merira, ver el volumen II, pp. 38-43, pls. 37-40; Urk. IV 2003, 1-10. Ver también Galán: *Sefarad* 55, pp. 114-117.

tranjeras están reunidas en una sola vez. Las islas de en medio del mar presentan los productos al rey, (quien está) sobre el gran trono de Akhetaton (= el-Amarna) para recibir la contribución de todas las tierras extranjeras, y para otorgarles el aliento de vida.

*(b)* Año 12, segundo mes de [*Peret*, día 8], (bajo la majestad de) el rey de Egipto, [quien vive] en Maat, señor de las Dos Tierras Neferkheperura-Uaenra, el hijo de Ra, quien vive en Maat, señor de las apariciones oficiales, Akhenaton —¡larga vida!—, y la gran esposa real, su amada, Neferneferuaton-[Nefertiti] —¡que viva por siempre [jamás]!

Aparición oficial de [su majestad] sobre el trono de su augusto padre el Aton, quien vive en Maat. Los jefes de todas las tierras extranjeras están presentando [los productos al rey] y solicitando la paz que él otorga para respirar el aliento de vida.

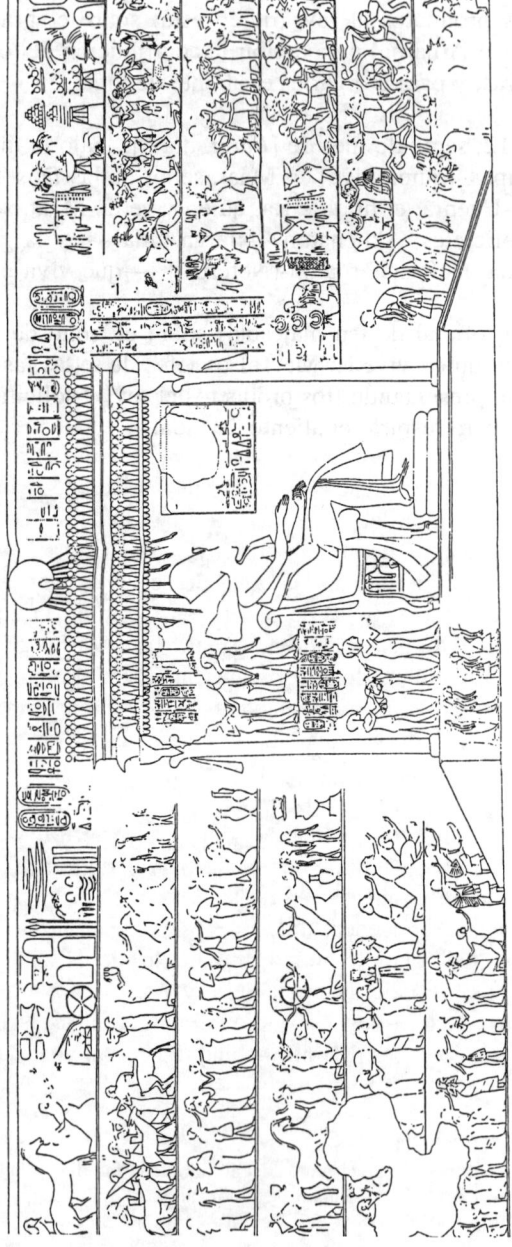

Fig. 16: Escena de la tumba de Merira, representando a Akhenaton, Nefertiti y sus hijas recibiendo embajadas del norte y del sur.

## LABOR DIPLOMÁTICA DE TUTU

Tutu era un alto oficial del rey Akhenaton en la corte de el-Amarna. Él mismo se define a sí mismo como su «primer sirviente», aunque en realidad desempeñaba funciones similares a las de un «primer ministro»: «supervisor de todas las obras de su majestad», etc. Las inscripciones de su tumba excavada en las colinas al este de la ciudad revelan a un gran adulador del monarca o, como él mismo dice, a «un gran subordinado, siempre atento a la doctrina de su señor».

Tutu desempeñó, además, la tarea de servir de portavoz e intermediario entre el faraón y las delegaciones extranjeras que llegaban a la corte y eran recibidas en audiencia real.[1] El valor histórico de la figura de Tutu se ve realzado al ser mencionado en el archivo diplomático de el-Amarna. Aziru, gobernante de Amurru, en Siria, le escribió repetidas veces a Tutu para que velase por sus intereses ante Akhenaton. Un pasaje de una de sus cartas dice así: «Y como quiera que tú (Tutu) estás en aquel lugar (el-Amarna) como padre mío,[2] cualquier cosa que quiera Tutu, mi padre, sólo tienes que escribir y te la concederé. Puesto que tú eres mi padre y señor, y yo soy tu hijo, la tierra de Amurru es tu tierra y mi casa es tu casa. Escríbeme con cualquier cosa que desees y te las concederé todas. Tú estás al servicio personal [del rey, mi señor]. Que el cielo no permita que traidores hablen perniciosamente en mi contra en presencia del rey, mi señor. No debes permitírselo. Puesto que tú estás al servicio personal [del rey], mi señor, representándome, no debes permitir habladurías perniciosas contra mí».[3]

---

1. Urk. IV 2017, 6-11.
2. Sobre la utilización de términos del ámbito de la familia en la correspondencia diplomática, ver J. M. Munn-Rankin, «Diplomacy in Western Asia in the Early Second Millennium B.C.»: *Iraq* 18 (1956), pp. 75-84.
3. EA 158: 10-31.

En las inscripciones de su tumba Tutu hace especial hincapié en su honradez, aduciendo que su única fuente de ingresos era lo que el rey le concedía como recompensa a sus servicios y que nunca aceptó sobornos de malhechores.[4] Claro que las cartas de Aziru muestran cuán difícil le debió resultar mantenerse íntegro.

Aziru de Amurru era reclamado en la corte para rendir cuentas de su política exterior, en constante fricción con sus vecinos, quienes elevaban sus quejas al faraón por carta, a través de algún «representante» suyo en el-Amarna o directamente durante alguna audiencia.[5] Aziru se excusaba alegando que las tropas hititas y las de sus aliados eran una constante amenaza para su territorio. Por fin, Aziru viajó a Egipto acompañado por un comisionado egipcio llamado Hatip.[6] Al llegar a el-Amarna probablemente éste le conduciría hasta Tutu, quien a su vez le introduciría en presencia del faraón para que le reiterara a viva voz su fidelidad.

Esta escena, o, si no, una situación muy similar, es la que se reproduce en una de las paredes interiores de la tumba de Tutu en el-Amarna (figura 17). Akehaton se asoma a la ventana de Palacio para recompensar los servicios de Tutu con pectorales de oro y para nombrarle «primer sirviente» del rey en el templo de Aton en el-Amarna, asignándole la correspondiente ración de provisiones. Tutu se lo agradece con palabras aduladoras (*texto a*), y en esta misma ceremonia presenta ante el rey a distintos grupos de soldados, escribas, nobles y cortesanos, además de guiar ante él a una delegación de Siria-Palestina, representados detrás de Tutu, en el registro superior. Por medio de un intérprete los extranjeros expresan su sumisión al faraón (*texto b*), de forma similar a cómo Aziru reiteraba su lealtad al soberano egipcio en sus cartas: «Mi señor, mi dios, mi Sol, yo soy tu siervo, y (también) mis hijos y mis hermanos son siervos del rey, mi señor, por siempre».[7]

---

4. N. de G. Davies, *The Rock Tombs of El Amarna*, VI, Londres, 1908, p. 26, pl. 15; M. Sandman, *Texts from the Time of Akhenaten* (*BAe* 8), Bruselas, 1938, pp. 76 (16)- 77 (3).

5. Su principal rival era Ribadda de Biblos, quien escribía al faraón más que ningún otro gobernante de Siria-Palestina, y quien pretendía que un oficial llamado Amanappa intercediera por él ante Akhenaton (EA 73; 74: 51-57).

6. EA 164: 4-26; cf. EA 165: 14-17, 22-27; 166: 12-16, 30-32; 168: 4-12.

7. EA 160: 5-8; cf. EA 165: 42-45.

TEXTOS[8]

*(a)* ... Él (Aton) te aclama en el cielo el día de tu aparición oficial, y la tierra entera, Kharu, Kush y todas las (demás) tierras, se arrastran hacia ti, sus brazos extendidos hacia ti adorando tu *ka*. Ellos solicitan la vida suplicando: «Concédenos el aliento». El terror hacia ti bloquea sus narices y ellos juran sobre su bienestar. Mira, tus poderes están victoriosos entre ellos, tu grito de guerra habiendo doblegado sus miembros como el fuego consume la madera.

*(b)* Los siervos de todas las tierras extranjeras dicen: «Oh Ra viviente, el rey Neferkheperura-Uaenra, estamos bajo [tus pies][9] por siempre jamás».

---

8. Davies, *The Rock Tombs of El Amarna*, VI, p. 12, pls. 19-20; Urk. IV 2013, 10-19; 1014, 3-6.
9. Esta restitución difiere de la de Helck («estamos bajo tu mando»), y se basa en su similitud con Urk. IV 2084, 12.

Fig. 17: Ceremonia oficial durante la cual Akhenaton recompensa a Tutu, y éste conduce ante el rey a un grupo de jefes de Siria-Palestina.

## EL GENERAL HOREMHEB

En la tumba de Saqara del general Horemheb, quien fuera más tarde coronado rey de Egipto y, consecuentemente, se construyera una segunda tumba en el Valle de los Reyes, se esculpieron unos magníficos relieves representando a grupos de cautivos extranjeros, tanto del norte como del sur, siendo custodiados y presentados ante el faraón, probablemente Tutankhamon. Otra de las escenas muestra a Horemheb actuando de intermediario entre el rey y los comisionados de las tierras del norte que habían llegado hasta la corte egipcia (figura 18). Horemheb, que ya ha sido premiado con numerosos pectorales de oro, se sirve de un intérprete para facilitar la comunicación entre el monarca y los ilustres extranjeros. Abanico en mano, el general informa dándole a sus palabras el tono de una alabanza al monarca (*texto a*).

El rey toma parte en la ceremonia desde la ventana de las apariciones oficiales en Palacio. Durante el acto, dirige unas palabras a un grupo de oficiales egipcios que escuchan con sus cuerpos inclinados hacia adelante (*texto b*).

TEXTO[1]

*(a)* [...] vienen los jefes de todas las tierras extranjeras para solicitar vida ante él, por el portavoz, amigo único, escriba real, Horemheb —(santo) inocente—. Él dice, respondiendo [«...las tierras extranjeras] que ignoraban Egipto están bajo tus pies por siempre jamás. Amon ha ordenado que ellas te pertenezcan. Ellos han atravesado [to-

---

1. A. H. Gardiner, «The Memphite Tomb of the General Haremhab»: *JEA* 39 (1952), pp. 3-12; G. Th. Martin, *The Memphite Tomb of Horemheb*, Londres, 1989, fig. 115; Urk. IV 2084, 1-20.

das] las tierras extranjeras [...] que eran ignoradas desde los tiempos de Ra. Tus gritos de guerra están en sus corazones como uno solo, tu nombre ha encendido [... los que son] leales a ti. Tú eres como el Sol [...] sus ciudades [...] arma aguerrida por orden de Amon».

*(b)* [...] todas las tierras extranjeras. Así habla [el faraón «...] desde el comienzo de la tierra de Kush [hasta...], siendo él sus rayos. [...] el faraón —¡vida, prosperidad y salud!— las ha puesto a vuestro cargo para que vigiléis sus fronteras [...] faraón —¡vida, prosperidad y salud!—, igual que los planes de los padres de vuestros padres desde la primera vez.² [...] algunos habitantes de tierras extranjeras que ignoraban cómo (podrían) vivir han venido [... los habitantes de] sus tierras hambrientos, viviendo como las gacelas de las colinas, y [sus] hijos [...] el de gran fuerza enviará su aguerrida arma al frente [de su tropa...] los destruirá, tomará sus ciudades y prenderá fuego a [...] los habitantes de las tierras extranjeras. Otros serán puestos en sus lugares [...] ellos alabarán al buen dios, de arma grande, el rey [...]».

Fig. 18: El general Horemheb hace de intermediario entre Akhenaton y un grupo de embajadores de Siria-Palestina, quienes hacen exageradas reverencias al faraón.

2. «La primera vez», *sp tpy*, evoca el comienzo mítico de los tiempos, de forma similar a la expresión «... desde los tiempos de Ra», mencionada en el *texto (a)*.

Fig. 19: Detalle de la escena que representa la llegada de un grupo de nubios, algunos de ellos ataviados a la egipcia, en la tumba de Huy.

## HUY, VIRREY DE KUSH

Dos escenas pintadas en la tumba tebana del máximo representante de Tutankhamon en el sur, el virrey Huy, muestran a una serie de delegaciones extranjeras haciéndole entrega al monarca de diferentes productos de sus lugares de origen. Una escena retrata a las embajadas del norte (*textos b-d*) y la otra a las del sur (*textos f-g*). En ambos casos el rey está sentado en su baldaquino de las audiencias oficiales, mientras Huy le saluda con su abanico, le dirige una alabanza y le presenta los objetos de lujo que le traen. Las palabras de Huy sólo se han conservado en la escena de las embajadas del norte (*texto a*). Durante la ceremonia Huy desempeñó la función de intermediario entre el faraón y los extranjeros, o al menos así lo expresa el artista al retratarle mirando a un lado y a otro en la misma escena.

La embajadas del norte provienen, aparentemente, del Mediterráneo nororiental, incluyendo la costa de Siria. Los jefes levantan sus brazos en señal de saludo, unos de pie y otros de rodillas. Traen consigo vistosas vasijas y bandejas con valiosos productos, además de un león y de una pareja de caballos.

El registro superior de la escena que describe la presentación de las embajadas del sur comienza con tres personajes negroides, de distintos tonos de piel, con dos plumas cada uno en la cabeza, saludando de rodillas y levantando los brazos (figura 19). Se trata de dos «jefes de Wawat» y del «jefe de Miam, Heqanefer». Este último, a pesar de su procedencia y rasgos físicos, posee un nombre egipcio, que significa literalmente «El buen gobernante». Un regalo excepcional del azar y de la historia es el hecho de que la tumba de Heqanefer se haya encontrado en la orilla este de Toshka/Aniba, al norte de Abu Simbel.[1] Allí He-

---

1. W. K. Simpson, *Heka-Nefer and the Dynastic Material from Toshka and Arminna*, New Haven, 1963, pp. 1-18. Agradezco esta referencia a I. Olbés, autora de la

qanefer ostenta el título de «pupilo de la tutoría (del príncipe»), que informa sobre su educación en el palacio del faraón, lo que explicaría su gusto por lo egipcio, su nombre, así como la planta, inscripciones e iconografía puramente egipcia de su tumba rupestre en la Baja Nubia.

Detrás de los tres jefes arrodillados permanece de pie una persona que pudiera ser egipcia, seguida de cuatro «hijos de jefe[s] de todas las tierras extranjeras» vestidos también a la egipcia. El artista reproduce con enorme sutileza el elevado grado de egiptización de la elite nubia en esta época. Como anécdota, el desfile de personajes incluye a una mujer joven vestida a la egipcia bajo un amplio parasol y subida a un carro tirado no por caballos, sino por bueyes. El primer registro termina con un grupo de cinco prisioneros nubios maniatados, seguidos de dos gruesas mujeres que caminan con tres niños pequeños. Los porteadores traen sobre todo oro, pero también jaspe rojo, escudos, sillas, una jirafa, pieles de leopardo y hasta bóvidos.

La embajada procedente de Kush había llegado hasta Tebas en varios barcos bajo la dirección de Huy. Éstos se representan en seis registros junto a la escena de la recepción oficial y precedidos por otra representación del virrey de Kush, quien pronuncia unas palabras con motivo de su llegada al embarcadero (*texto e*).

La imagen sosegada que ofrece la tumba de Huy sobre las relaciones entre Egipto y Nubia puede contrarrestarse con la escena violenta que capta el fragmento de un relieve hallado entre los bloques de piedra que servían de depósito de fundación y/o cimientos para el pilono II de Karnak. El bloque (figura 20), que mide 130 x 63 cm y se exhibe hoy en el Museo de El Cairo, debió de pertenecer a un templo construido por Tutankhamon y su sucesor, Ay, el cual fue desmantelado durante el reinado de Horemheb.[2] La escena muestra a un jefe nubio que está siendo atropellado por el carro del faraón, a la vez que un soldado egipcio le corta su mano derecha.[3] El registro inferior

---

Memoria de Licenciatura titulada «Iconografía de nubios en la necrópolis de Tebas: dominio, aculturación e integración en el marco de la XVIII dinastía», defendida en la Universidad Autónoma de Madrid el 22 de junio de 2000.

2. PM II(2), p. 40. El número de inventario en el Museo de el Cairo es S.R. 13940 (= Temp. n.° 8.6.24.7). Ver G. Legrain, *Les temples de Karnak*, Buselas, 1929, p. 135, fig. 87.

3. La costumbre egipcia de mutilar una mano al enemigo derrotado en la batalla está atestiguada en los textos desde la biografía de Ahmose hijo de Ebana (ver *supra*). En la decoración del carro de Tumosis IV (ver *supra*) se representa a varios enemigos abatidos a los que les falta una mano. La representación del preciso momento en el que se le está cortando una mano al enemigo aparece en una arqueta hallada en la tumba de Tutankhamon, hoy en el Museo de El Cairo (JdE 61467).

muestra otro grupo de soldados del ejército egipcio, encabezado por dos guerreros que marchan sobre un carro de caballos. La inscripción que separa las dos escenas termina diciendo: «[...] sus jefes han sido abatidos debido a su majestuosidad, después de que ellos transgredieran las fronteras de su majestad —¡vida, prosperidad, salud!—».[4]

Volviendo a la tumba de Huy, la narración del acontecimiento termina con la recompensa que recibe de Tutankhamon, pectorales y brazaletes de oro, que el virrey luce para admiración de sus dependientes y familiares que le esperaban a la salida de Palacio. El texto que acompaña la escena indica, como lo hiciera antes Tutmosis III refiriéndose a sus gestas militares y al botín de sus campañas, que «si se relatara cada una de las (muchas) veces (que Huy fue recompensado), sería demasiado para ponerlo por escrito».[5] Así, Huy ha pretendido inmortalizar en su tumba un momento sobresaliente de entre los muchos de que disfrutó durante su carrera al servicio a la corona.

### TEXTO[6]

*(a)* El virrey de Kush, supervisor de las tierras extranjeras del sur y portador del abanico a la derecha del rey, Huy —(santo) inocente—, dice: «Que tu padre Amon te distinga con millones de festivales Sed. Que te conceda la eternidad como rey de las Dos Tierras, la permanencia como gobernante de los Nueve Arcos. Tú eres (como) Ra, pues tu imagen es su imagen. Tú eres (como) el cielo apoyado sobre sus cuatro pilares, pues la tierra yace debajo de ti debido a tu excelencia, oh buen gobernante».

Los productos son presentados al señor de las Dos Tierras, las aportaciones del maldito Retenu, por el comisionado real para todas las tierras extranjeras, el virrey de Kush y supervisor de las tierras extranjeras del sur, Huy —(santo) inocente.

Vasijas con todo lo más selecto de sus tierras: plata, oro, lapislázuli, turquesas y toda clase de piedras preciosas.

*(b)* Los jefes del Alto Retenu que ignoraban Egipto desde los tiempos de dios están suplicando paz ante su majestad. Dicen: «Concéde-

---

4. Urk. IV 2048, 1-6.
5. Urk. IV 2072, 8-9.
6. PM, TT 40; N. de G. Davies, *The Tomb of Huy, Viceroy of Nubia in the Reign of Tutʿankhamūn*, Londres, 1926, pp. 21-30, pls. 19-20, 23-33; Urk. IV 2069, 11- 2071, 17.

nos el aliento que tú otorgas, y nosotros propagaremos tus victorias. No hay rebeldes en tu entorno, y todas las tierras están en paz».

*(c)* Todos los jefes de las tierras extranjeras distantes (que han venido) [en][7] comisión hasta el faraón, dicen: «¡Cuán grandes son tus poderes, oh buen dios! ¡Cuán grande es tu fuerza! Nadie vive ignorándote, pues (quien lo hace) alcanza la no existencia. Concédenos el aliento que tú otorgas, y nosotros propagaremos tus victorias».

*(d)* Los jefes que ignoraban Egipto desde los tiempos de dios solicitan paz ante su majestad.

*(e)* Viniendo de Kush, trayendo estos magníficos productos, lo más selecto de las tierras extranjeras del sur. Atracando en la ciudad sur (= Tebas) por el virrey de Kush, Huy.

*(f)* Los jefes de Kush dicen: «Saludos a ti, oh rey de Egipto, Sol de los Nueve Arcos. Cóncédemos el aliento que tú otorgas, pues uno vive si tú quieres».

*(g)* Los jefes de Kush dicen: «Cuán grandes son tus poderes, oh buen dios. Cuán [grande] es tu fuerza. Otórganos el aliento que tú concedes, y nosotros [propagaremos] tu legitimidad».[8]

---

7. Helck, sin embargo, restituye *imy*, traduciendo: «... las tierras extranjeras distantes [que están en] la hacienda del faraón», interpretando *wpwt* como «hacienda» (al igual que en Urk. IV 2068, 5).

8. *mꜣꜥ-ḫrw.k*.

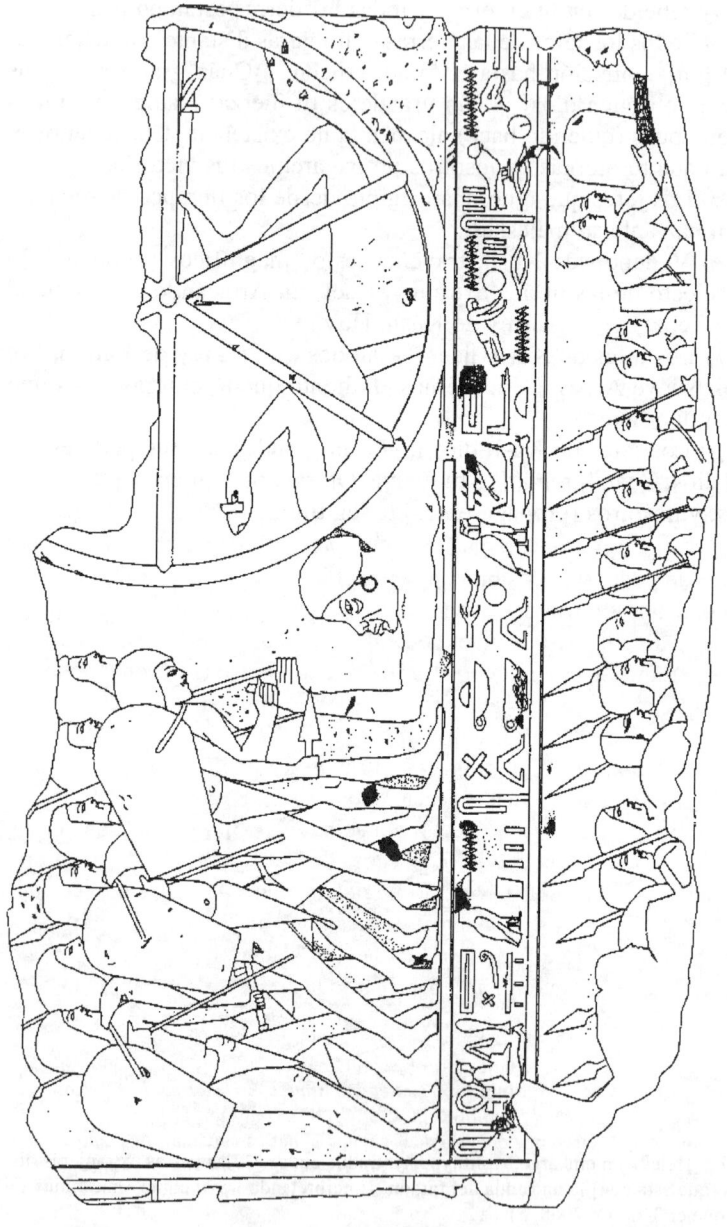

Fig. 20: Jefe nubio atropellado por el carro del faraón (Tutankhamon), y mientras un soldado egipcio mutila su mano derecha.

# EPÍLOGO

Tutankhamon reinó nueve años y murió sin hijos. Su viuda, Ankhsenamon, usó el servicio diplomático de Palacio para concertar su matrimonio con un príncipe hitita. Zannanza, que así se llamaba, debió de morir cuando marchaba de camino hacia Egipto, lo que hizo sospechar al rey hitita Shupiluliuma que su hijo había sido asesinado por una facción de la corte egipcia contraria al enlace.[1]

Por su conexión con la familia real y apoyándose en el ejército, el veterano oficial Ay fue rápidamente coronado rey de Egipto, evitando así el vacío de poder y la posibilidad de que otros príncipes extranjeros acabasen ocupando el trono. Cuando éste murió al poco tiempo, el único firme candidato a la corona era el general Horemheb. A pesar de su carrera militar, durante sus veintiocho años de reinado no se conocen campañas de importancia fuera del valle del Nilo. Sus dos inmediatos sucesores en el trono, Ramsés I y Seti I, también provenían del ejército.[2]

A comienzos del siglo XIII a. C. el rey Seti I incluyó entre las prioridades de su agenda política las relaciones con sus vecinos de Palestina y Siria. Por entonces, el reino de Mitani se había debilitado hasta su completa desaparición, en beneficio del reino de Hatti y de Asiria. En su primer año de reinado Seti I condujo una campaña militar hasta el sur del mar de Galilea. Testimonio de esta operación son los relieves grabados en la pared exterior del lado norte de la gran sala hipóstila del templo de Karnak[3] y una estela conmemorativa hallada en Betshan.[4] El rey egipcio

---

1. H. G. Güterbock, «The Deeds of Suppiluliuma as told by his son, Mursili II»: *JCS* 10 (1956), pp. 94-98; W. Murnane, *The Road to Kadesh, a Historical Interpretation of the Battle Reliefs of the King Seti I at Katnak* (SAOC 42), Chicago, ²1990, pp. 23-29.
2. Sobre la creciente importancia de la cúpula militar en la política de la monarquía, ver H. Helck, *Der Einfluss der militärführer in der 18. ägyptischen Dynastie*, Leipzig, 1939.
3. *Reliefs and Inscriptionns at Karnak*, IV: *The Battle Reliefs of King Sety I* (Oriental Institute Publications 107), Chicago, 1986; Murnane, *The Road to Kadesh*.
4. J. Černý, «Stela of Ramesses II from Beisan»: *Eretz-Israel* 5 (1958), pp. 75-82.

emprendió campañas militares contra los *shasu*, Yenoam y el Líbano, contra Qadeš y Amurru, y contra los vasallos de reino hitita en Siria. El motivo alegado para el envío de tropas, según se indica en las propias inscripciones, era la inestabilidad política en la zona, el estallido de conflictos entre los gobernantes locales. Además, Seti I tuvo que defender el Delta occidental de la presión de tribus provenientes del desierto líbico.

Su sucesor, el famoso Ramsés II,[5] se aseguró para sí los principales enclaves egipcios a lo largo de la costa de Palestina y Siria, e incluso sometió a Amurru en el cuarto año de su reinado. Al año siguiente se enfrentó a las fuerzas hititas de Muwatali en Qadeš. La famosa batalla podría decirse que quedó más o menos en tablas, debilitando a los dos reinos y dando paso a una guerra fría entre ambos. Ramsés II consiguió alcanzar repetidas veces Dapur, al norte de Biblos, pero en cuanto regresaba a Egipto, Siria volvía a la órbita hitita. En el año veintiuno de Ramsés II el rey hitita Hatusil III, tratando de contrarrestar la amenaza de la expansión asiria, se inclinó por firmar un tratado de paz y defensa mutua con su rival egipcio, *ca.* 1270 a. C. A cambio de ceder en sus pretensiones sobre Qadeš y Amurru, Egipto conservaba y extendía su autoridad por la costa siria hasta Ugarit.

En lo que a Nubia se refiere, la corona egipcia siguió ejerciendo su poder sobre la región, desarrollando la administración para conseguir una mayor eficacia en la extracción, almacenaje y transporte del oro desde las colinas del desierto hasta la capital. Para ello, los templos jugaron en Nubia un papel económico y de organización social muy importante. Religión, economía y política marchaban de la mano en la construcción y consolidación del imperio.

Todo ello y más será objeto de un segundo volumen sobre el imperio egipcio dentro de esta misma colección, incluyendo traducciones y comentarios de las principales inscripciones al respecto esculpidas entre los años 1300 y 1150 antes de nuestra era.

---

Transcripciones y traducciones de los principales textos, tanto de Seti I como de Ramsés II, pueden encontrarse en B. G. Davies, *Egyptian Historical Inscriptions of the Nineteenth Dynasty*, Jonsered, 1997. La principal recopilación de fuentes escritas sobre este periodo es, por supuesto, K. A. Kitchen, *Ramesside Inscriptions, Historical and Biographical*, I-II, Oxford, 1975 y 1979; ... *Translations*, Oxford, 1993; ... *Notes and Comments*, Oxford, 1993.

5. K. A. Kitchen, *Pharaoh Triumphant. The Life and Times of Ramesses II*, Warminster, 1982.

# TABLA CRONOLÓGICA

Comienzo de la historia de Egipto,     *ca.* 3000 a. C.
primeros testimonios de escritura y
unificación del territorio bajo un monarca

Periodo Arcaico     *ca.* 3000-2650 a. C.
dinastías I-II

Reino Antiguo     *ca.* 2650-2130 a. C.
dinastías III-VIII

Primer Periodo Intermedio     *ca.* 2130-2050 a. C.
dinastías IX-XI

Reino Medio     *ca.* 2050-1650 a. C.
dinastías XI-XIV

Segundo Periodo Intermedio     *ca.* 1650-1550 a. C.
Avaris capital de los hicsos:
dinastías XV-XVI.
Dinastía XVII en Tebas:
Seqenenra
Kamose

Reino Nuevo

    Dinastía XVIII     *ca.* 1550-1300 a. C.
       Ahmose
       Amenofis I
       Tutmosis I
       Tutmosis II
       Tutmosis III
       Amenofis II

Tutmosis IV
Amenofis III
Amenofis IV / Akhenaton
Semenkhara
Tutankhamon
Ay
Horemheb

Dinastía XIX                                    *ca.* 1300-1200 a. C.
Ramses I
Seti I
Ramses II
Merneptah
Amonmose
Seti II
Siptah
Tauseret

Dinastía XX                                     *ca.* 1200-1080 a. C.
Sethnakhte
Ramses III                                      - 1150 a. C.
...

Tercer Periodo Intermedio                       *ca.* 1080-712
dinastías XXI-XXV

Época Baja                                      712-332

Periodo Greco-Romano                            332 a- C. - 395 d. C.

# BIBLIOGRAFÍA

## IMPERIO Y RELACIONES INTERNACIONALES

Adams, W. Y., *Nubia, Corridor to Africa*, Princeton, 1977.
Aḥituv, S., «Economic Factors in the Egyptian Conquest of Canaan»: *IEJ* 28 (1978), pp. 93-105.
Aldred, C., «Foreign Gifts Offered to the Pharaoh»: *JEA* 56 (1970), pp. 105-116.
Bleiberg, E., *The Official Gift in Ancient Egypt*, Norman, 1996.
Cohen, R. y Westbrook, R. (eds.), *Amarna Diplomacy*, Baltimore, 2000.
Eyre, C. J., «The Semna Stelae: Quotation, Genre, and Functions of Literature», en S. Israelit-Groll (ed.), *Studies in Egyptology presented to Miriam Lichtheim*, I, Jerusalén, 1990, pp. 134-165.
Frandsen, P. J., «Egyptian Imperialism», en M. T. Larsen (ed.), *Power and Propaganda (Mesopotamia* 7), Copenhague, 1979, pp. 167-190.
Galán, J. M., *Victory and Border: Terminology related to Egyptian Imperialism in the XVIIIth Dynasty* (*HÄB* 40), Hildesheim, 1995.
Galán, J. M., «The Heritage of Thutmosis III's Campaigns in the Amarna Age», en B. Bryan y D. Lorton (eds.), *Essays in honor of H. Goedicke*, San Antonio, 1994, pp. 91-102.
Helck, W., *Die Beziehungen Ägyptens zu Vorderasien im 3. und 2. Jahrtausend v. Chr.* (*ÄA* 5), Wiesbaden, [2]1971.
Herzog, R., *Punt* (*ADAIK* 6), Glückstadt-Hamburgo-Nueva York, 1968.
Hoffmeier, J. K., «Some Egyptian Motifs related to Warfare and Enemies and their Old Testament Counterparts», en *The Ancient World* 6, Chicago, 1983, pp. 53-70.
Israelit-Groll, S., «The Egyptian Administrative System in Syria and Palestine in the 18th Dynasty», en M. Görg (ed.), *Fontes atque Pontes. Eine Festgabe für Hellmut Brunner* (*ÄAT* 5), Wiesbaden, 1983, pp. 234-242.
Kemp, B. J., «Imperialism and Empire in New Kingdom Egypt», en P. D. Grandsey y C. R. Whittaker (eds.), *Imperialism in the Ancient World*, Cambridge, 1978, pp. 7-57.
Kitchen, K. A., «Punt and how to get there»: *Or* 40 (1971), pp. 184-207.

Klengel, H., *Syria 3000 to 300 b.C.: a handbook of political history*, Berlín, 1992.
Leclant, J., «Les "empires" et l'impérialisme de l'Égypte pharaonique», en M. Duverger (ed.), *Le concept d'Empire*, París, 1980, pp. 49-68.
Liverani, M., *Prestige and Interest: International Relations in the Near East* ca. *1600-1100 B.C.*, Padua, 1990.
Liverani, M., «Memorandum on the Approach to Historiographic Texts»: *Or* 42 (1973), pp. 178-1994.
Lorton, D., *The Juridical Terminology of International Relations in Egyptian Texts through Dyn. XVIII*, Baltimore, 1974.
Na'aman, N., «Economic Aspects of the Egyptian Occupation of Canaan»: *IEJ* 31 (1981), pp. 172-185.
Redford, D. B., *Egypt, Canaan and Israel in Ancient Times*, Princeton, 1992.
Säve-Söderbergh, T., *Ägypten und Nubien: Ein Beitrag zur Geschichte altägyptischer Aussenpolitik*, Lund, 1941.
Schulman, A. R., «Take for Yourself the Sword», en B. Bryan y D. Lorton (eds.), *Essays in honor of H. Goedicke*, San Antonio, 1994, pp. 265-295.
Several, N. W., «Reconsidering the Egyptian Empire in Palestine during the Amarna Period»: *PEQ* 104 (1972), pp. 123-133.
Smith, S. T., «A Model of Egyptian Imperialism in Nubia»: *GM* 122 (1991), pp. 77-102.
Smith, S. T., «State and Empire in the Middle and New Kingdoms», en J. Lustig (ed.), *Anthropology and Egyptology, a Developing Dialogue*, Sheffield, 1997, pp. 66-89.
Spalinger, A., *Aspects of the Military Documents of the Ancient Egyptians* (*Yale Near Eastern Researches* 9), New Haven-Londres, 1982.
Trigger, B. G., *Nubia under the Pharaohs*, Londres, 1976.
Vercoutter, J., *L'Égypte et le monde égéen préhellénique* (*BdE* 22), El Cairo, 1956.
Wachsmann, S., *Aegeans in the Theban Tombs* (*OLA* 22), Lovaina, 1987.
Weinstein, J. M., «The Egyptian Empire in Palestine: a Reassessment»: *BASOR* 241 (1982), pp. 1-28.
Zibelius-Chen, K., *Die altägyptische Expansion nach Nubien*, Wiesbaden, 1988.

SOCIEDAD

Bakir, A. M., *Slavery in Pharaonic Egypt* (*CASAE* 18), El Cairo, 1978.
Donadoni, S. (ed.), *El hombre egipcio*, Madrid, 1991 (traducción de *L'Uomo egiziano* 1990).
Eyre, C. J., «Work and Organization of Work in the New Kingdom», en M. A. Powell (ed.), *Labor in the Ancient Near East*, New Haven, 1987, pp. 167-222.
Helck, W., *Der Einfluss der militärführer in der 18. ägyptischen Dynastie*, Leipzig, 1939.

BIBLIOGRAFÍA

Helck, W., *Materialen zur Wirtschaftsgeschichte des Neuen Reiches*, 6 vols. (Akademie der Wissenschaften und Literatur in Mainz, Abhandlungen der Geistes- und Sozialwissenschaftlichen Klasse), Wiesbaden, 1961-169.
Janssen, J. J., «Prolegomena to the Study of Egypt's Economic History during the New Kingdom»: *SAK* 3 (1975), pp. 127-186.
Janssen, J. J., «The Role of the Temple in the Egyptian Economy during the New Kingdom», en E. Lipinski (ed.), *State and Temple Economy in the Ancient Near East* (*OLA* 6), Lovaina, 1979, pp. 505-515.
Kemp, B. J., «Temple and Town in Ancient Egypt», en P. J. Ucko *et al.* (eds.), *Man, Settlement and Urbanism*, Duckworth, 1972, pp. 657-180.
Kemp, B. J., *Antiguo Egipto: Anatomía de una civilización*, Barcelona, 1992 (traducción de *Ancient Egypt: Anatomy of a Civilization*, 1989).
Robins, G., *Las mujeres en el antiguo Egipto*, Madrid, 1996 (traducción de *Women in Ancient Egypt*, 1993), pp. 45-59.
Schulman, A. R., *Military Rank, Title and Organization in the Egyptian New Kingdom* (*MÄS* 6), Berlín, 1964.

MONARQUÍA

Aldred, C., *Akhenaten, King of Egypt*, Londres, 1988.
Bryan, B. M., *The Reign of Thutmose IV*, Baltimore, 1991.
Kozloff, A. P. y Bryan, B. M., *Egypt's Dazzling Sun, Amenhotep III and his World*, Cleveland, 1992.
Manuelian, P. der, *Studies in the Reign of Amenophis II* (*HÄB* 26), Hildesheim, 1987.
Murnane, W. J., *Ancient Egyptian Coregencies* (*SAOC* 40), Chicago, 1977.
O'Connor, D. y Cline, E. H. (eds.), *Amenhotep III: Perspectives on His Reign*, Ann Arbor, 1998.
Ratié, S., *La reine Hatchepsout. Sources et problèmes*, Leiden, 1979.
Redford, D. B., *History and Chronology of the Eighteenth Dynasty of Egypt. Seven Studies*, Toronto, 1967.
Redford, D. B., «The Concept of Kingship during the Eighteenth Dynasty», en D. O'Connor y D. Silverman (eds.), *Ancient Egyptian Kingship* (*Probleme der Ägyptologie* 9), Leiden, 1995, pp. 157-184.
Schade-Busch, M., *Zur Königsideologie Amenophis' III.* (*HÄB* 35), Hildesheim, 1992.

TRADUCCIONES DE TEXTOS

Breasted, H., *Ancient Records of Egypt*, II, Chicago, 1906 (reimpresión Londres, 1988).
Burkhardt, A. (ed.), *Urkunden der 18. Dynastie: Übersetzungen zu den Heften 5-16*, Berlín, 1984.
Cumming, B. y Davies, B. G., *Egyptian Historical Records of the Later Eighteenth Dynasty*, 6 vols., Warminster, 1982-1995.
Helck, W., *Urkunden der 18. Dynastie: Übersetzungen zu den Heften 17-22*, Berlín, 1984.

Lichtheim, M., *Ancient Egyptian Literature*, II, Berkeley-Los Ángeles-Londres, 1976.
Liverani, M., *Le lettere di el-Amarna*, 2 vols., Brescia, 1998-1999.
Moran, W. L., *The Amarna Letters*, Baltimore, 1992 (edición revisada del original en francés de 1987).
Murnane, W. J., *Texts from the Amarna Period in Egypt*, Atlanta, 1995.
Sethe, K., *Urkunden der 18. Dynastie: Übersetzungen zu den Heften 1-4*, Leipzig, 1914.

# GLOSARIO

Amon: Divinidad local de la ciudad de Tebas. Con la dinastía XVIII se convierte en dios patrono de la monarquía. A través de su asociación con el dios solar Ra (= Amon-Ra) adquiere un carácter universal y cosmogónico.

*apiru*: Grupo de mercenarios de Siria-Palestina. Mencionado frecuentemente también en archivos de la época, como el hallado en el-Amarna.

Astarte: Diosa semítica de carácter bélico, frecuentemente representada montada a caballo y disparando flechas con su arco. Respetada también en Egipto a partir de la dinastía XVIII.

Aton: Manifestación visible del dios solar Ra; es el disco solar. Considerado como una divinidad independiente. El rey Amenofis IV/Akhenaton le eleva a categoría de dios supremo y le adora por encima de los demás dioses del panteón egipcio.

Atum: El dios creador del cosmos por excelencia. A menudo se le asocia el dios solar Ra.

Avaris: En egipcio *hwt-w'rt*, que significa literalmente «Recinto de los huidos», lo que hace sospechar que en sus orígenes debería haber sido ser algo semejante a un campo de refugiados. En el denominado Segundo Periodo Intermedio (*ca.* 1700-1550 a. C.) se convierte en capital de Egipto bajo el reinado de los hicsos. Actualmente se identifica con Tell ed-Daba, en el Delta oriental.

Bastet: Divinidad de apariencia felina. De carácter esencialmente protector, aunque también puede mostrar un aspecto feroz.

Biblos: Ciudad costera del Líbano. Lugar de destino de expediciones egipcias en busca de madera de cedro, especialmente requerida para la construcción de la barca de Amon o para los mástiles de las banderolas que coronaban las entradas a los templos.

Dyahi: Uno de los nombres egipcios para denominar de forma imprecisa la región de Siria-Palestina.

Elefantina: Isla junto a la Primera catarata del Nilo. Tradicionalmente el límite meridional de Egipto, de donde partían las expediciones hacia Nubia. Los antiguos egipcios localizaban allí, en un plano mitológico, el origen de la inundación del Nilo. Khenum y a las diosa Satet eran las divinidades del lugar.

Enéada: Agrupación de dioses, generalmente nueve. La Enéada principal era la de la ciudad de Heliópolis, al norte de Menfis, donde el culto al sol se fundía con el culto al dios demiurgo Atum.

Geb: Dios de la tierra; asociado también al trono de la monarquía egipcia.

Hathor: Como su propio nombre indica, es la diosa que encarna el territorio bajo la autoridad de Horus, cuyo representante en la tierra es el monarca egipcio. Supuestamente existieron templos dedicados a Hathor en aquellos lugares del extranjero a donde los egipcios acudían periódicamente para obtener materias primas, como son el Líbano, el Sinaí y el Punt (ver). Además, era la diosa del amor y de la música. Encarnaba también la montaña de la necrópolis al oeste de Tebas.

hicsos: *ḥḳꜣ-ḫꜣswt* significa literalmente «gobernador(es) de tierras extranjeras». Éste era el nombre con el que los egipcios denominaban a los reyes que gobernaron Egipto durante el Segundo Periodo Intermedio. Incluso ellos se llamaban a sí mismos «hicsos». Gobernaron Egipto desde el Delta oriental, desde la ciudad de Avaris. Sucumbieron al ataque de los gobernadores de Tebas, primero Kamose y luego Ahmose, con el que se inicia la dinastía XVIII y el periodo de la historia de Egipto denominado Reino Nuevo.

Horakhty: Literalmente, «Horus del horizonte». A menudo asociado a Ra.

Horus: Dios halcón. Modelo mitológico de los reyes egipcios (siendo su padre Osiris el modelo de su predecesor, del difunto rey). Uno de los nombres que adoptan los monarcas en su coronación es el de «Horus», pretendiendo así equipararse o emular a la divinidad.

Isis: Esposa fiel y protectora de su esposo, el dios Osiris.

Isy: Topónimo que probablemente se refiera a la isla de Chipre, en el acadio de las cartas de Amarna llamada Alašia.

*iuntiu*: Tribus de Nubia, asociadas de forma especial al uso del arco.

*ka*: Uno de los integrantes más o menos independientes del ser, según los antiguos egipcios. Se refiere a la capacidad de un ser vivo de recibir y, a la vez, transmitir energía y, por tanto, vida. El término *ka* puede emplearse para referirse a unas ofrendas, en tanto que éstas aportan energía y vida a quien las recibe; pero también puede denominar una estatua, en cuanto que ésta recibe las ofrendas directamente. Por otro lado, el rey posee y es *ka*, puesto que es fuente de vida, al proporcionar sustento a sus leales vasallos.

Karoy: Región nubia de Gebel Barkal/Napata, antes de alcanzar la Cuarta catarata remontando el Nilo desde Egipto.

Keftiu: Probablemente se refiera a la isla de Creta y su población, aunque en algunos pasajes podría hacer referencia a un área del Egeo.

Kerma: Ciudad al sur de la Tercera catarata del Nilo. Durante el Segundo Periodo Intermedio disfrutó de cierto poder en Nubia, manteniendo relaciones diplomáticas con los reyes hicsos en el Delta.

Kharu: Topónimo que se refiere a la región de Siria-Palestina.

Khenthennefer: Región de Nubia supuestamente ubicada al sur de la Tercera catarata.

*marianu*: Elite guerrera, estrechamente vinculada al manejo del carro de caballos, y que consiguió una cierta fama en la región de Siria, especialmente durante los siglos xv y xiv a. C.

Khenum: Divinidad de la región de la Primera catarata. Asociado a la capacidad creadora de la naturaleza, se le representa como un dios alfarero.

Khonsu: Hijo del dios Amon y de la diosa Mut, componiendo ellos tres la tríada del templo tebano de Karnak.

Kush: Nombre egipcio empleado para denominar de forma imprecisa la región de Nubia. En ocasiones pudiera hacer referencia a un área concreta dentro de Nubia, tal vez al área de la Tercera catarata.

*maat*: Concepto egipcio del orden, la verdad y la justicia; es decir, de cómo deben ser las cosas y cómo eran en el principio de los tiempos, cuando los dioses reinaban sobre la tierra. Se representa como una pluma de avestruz, pero también se encarna en una joven muchacha, la diosa Maat, hija del dios supremo y creador. El monarca egipcio es el garante de *maat* en la tierra, quien tiene que combatir el caos y restablecer el orden, a todos los niveles y en todos los contextos.

Megiddo: Ciudad en la región de Palestina donde se reunió una confederación de gobernadores de ciudades-estado de la zona para oponerse a Tutmosis III en su primera campaña.

Min: Dios de la fertilidad, pero también asociado a epidemias y acciones devastadoras.

Mitani: Reino ubicado en la Alta Mesopotamia, entre el río Jabur y el Balih, en la actual frontera de Siria con Turquía. Si bien a comienzos de la dinastía XVIII contuvo el expansionismo egipcio por el norte, a finales de la dinastía los reinos de Egipto y Mitani firmaron tratados de hermandad, corroborados por matrimonios interdinásticos.

*montiu*: Tribus (semi)nómadas de Palestina.

Montu: Dios principal de la localidad de Armant, en la provincia de la Tebaida, próxima a Tebas. Dios de la guerra con el que se equipara el faraón cuando se dispone para el combate o cuando exhibe sus cualidades en el tiro con arco o en carreras.

Mut: Esposa del dios Amon de Karnak y madre de Khonsu.

Naharina: Región siria atravesada por el Éufrates, donde se encontraba la antigua ciudad de Emar. Los egipcios utilizaban el término para referirse al reino de Mitani, aunque probablemente debió de ser sólo su región meridional. Fue lo más al norte que llegaron las tropas de los faraones, y tanto Tutmosis I como su nieto, Tutmosis III, esculpieron allí sendas estelas conmemorativas.

Nekhbet: Diosa de la localidad de el-Kab (= Nekheb). Patrona del Alto Egipto y protectora de la realeza. Se representa como un buitre.

Niy: Región de Siria, al sur de Naharina y al noreste de Ugarit. A partir de Tutmosis I los reyes egipcios tomaron por costumbre practicar allí la caza de animales durante sus campañas.

Nubia: Topónimo que denomina un área amplísima al sur de la Primera catarata del Nilo. El término egipcio traducido por «Nubia» es *t3-sty*, o bien *t3-nḥsy*.

Nueve Arcos: Expresión utilizada por la monarquía egipcia para designar a los territorios bajo la autoridad del faraón, incluyendo, además de los territorios extranjeros vasallos, el Alto y el Bajo Egipto.

Nut: Diosa del cielo, pareja del dios Geb.

Palestina: Territorio comprendido entre el río Jordán y el mar Mediterráneo. El término egipcio traducido por «Palestina» es *stt*. Otros términos se emplearon también para designar esta región de forma imprecisa. A mediados de la dinastía XVIII se utiliza esporádicamente también el término «Canaán» y «canaaneos».

Osiris: Debido a su ejemplar comportamiento en vida, se le concede vivir eternamente como rey de los muertos. Así, Osiris se convierte en el modelo a seguir tanto para los monarcas como para la gente común. Es, en definitiva, el dios de la resurrección, el equivalente en el subsuelo al dios Ra en el cielo.

Punt: Región ubicada por casi todos los especialistas en la actual Eritrea, aunque tal vez también incluyera parte de la costa de Yemen, al otro lado del mar Rojo. Lugar de origen de las principales especias y productos exóticos deseados por los egipcios, como la mirra o el incienso. La reina Hatshepsut envió allí una expedición para ahorrarse los intermediarios y el consiguiente encarecimiento de la mercancía.

Ptah: Dios local de Menfis. Patrono de los artesanos. Su carácter creador le asocia a divinidades funerarias y rituales de resurrección.

Qadesh: Ciudad importante del sur de Siria, cuyo jefe encabezaba la coalición que se resistió a aceptar la autoridad de Tutmosis III.

Rashpu: Dios guerrero del panteón semita que gozó de cierta aceptación en Egipto a finales de la dinastía XVIII, pero sobre todo en época ramésida.

Retenu: Topónimo que se refiere de forma genérica a Siria-Palestina. Algunas veces se menciona dividida en dos áreas, el Alto y el Bajo Retenu, es decir, el norte y el sur.

Satet: Diosa de la isla de Elefantina, en la Primera catarata.

Seth: Dios de la tormenta, de la furia y de todo lo considerado irracional. En la mitología, asesina a su hermano Osiris para ocupar él el trono de Egipto, pero su sobrino Horus, cuando alcanza la mayoría de edad, se lo disputa y acaba expulsándole.

Sharuhen: Ciudad en el extremo sur de Palestina, identificada con Tell el-Farah por unos y con Tell el-Ayul por otros. Después de tomar Avaris y expulsar a los hicsos, el rey Ahmose sitió esta ciudad por tres años.

*shasu*: Gentilicio que designa a unas tribus (semi)nómadas de Palestina. También está atestiguado como topónimo.

Sile: En egipcio *t3rw*. Identificada con Tell Abu Sefeh o más probablemente con Tell Hebua. Principal fortaleza egipcia en la frontera del Delta oriental, desde donde partía la denominada «Ruta de Horus», que discurría paralela a la costa palestina.

Sopdu: Dios de las tierras extranjeras de oriente, especialmente vinculado a la península del Sinaí.

Ta-meri: Parece ser que el término se refiere a los dominios del monarca egipcio, incluyendo tanto el Alto y el Bajo Egipto como las regiones extranjeras cuyos gobernantes fueran vasallos del faraón.

Tchehenu: También escrito «Tchemehu». Lugar y población del desierto líbico. Con frecuencia traducido por «Libia», pero tal identificación es imprecisa, pues los libios serán una de las diferentes tribus del desierto occidental mencionadas en las inscripciones ramésidas.

Tierra-de-dios: Denominación alegórica empleada para referirse a las tierras de donde los egipcios obtenían materias primas y productos exóticos, como eran el Líbano, el Sinaí y el Punt.

Tierras de los Fenkhu: Término genérico utilizado por los egipcios para referirse a la región de Palestina.

Tot: El escriba de los dioses.

Udyo: Diosa con apariencia de cobra. Patrona del Bajo Egipto y protectora de la realeza.

*uraeus*: Cobra que se acomoda sobre la frente del faraón para protegerle, lanzando llamaradas de fuego contra sus enemigos.

*wadi*: Valle alargado en el desierto, originado principalmente por torrentes.

Wawat: Término empleado para denominar la Baja Nubia.

## PROCEDENCIA DE LAS FIGURAS

Fig. 1    Autor.
Fig. 2    A. Mariette, *Deir el Bahari*, Leipzig, 1877, pl. 5.
Fig. 3    Gardiner, Peet y Černý, *Inscriptions of Sinai*, Londres, 1995, pl. 57 (n.º 181).
Fig. 4    W. Helck, «Annalensaal»: LÄ, I, col. 280.
Fig. 5    Dibujo del autor.
Fig. 6    N. de G. Davies, «Foreigners in the Tomb of Amenemḥab (n.º 85)»: *JEA* 20 (1934), pl. 25.
Fig. 7    N. de G. Davies, *The Tombs of Menkheperrasonob, Amenmoše, and Another*, Londres, 1933, pl. 4.
Fig. 8    N. M. y N. de G. Davies, «Syrians in the Tomb of Amunedjeḥ»: *JEA* 27 (1941), pl. 13.
Fig. 9    N. M. Davies, «Nubians in the Tomb of Amunedjeḥ»: *JEA* 28 (1941), pl. 5.
Fig. 10   S. Wachsmann, *Aegeans in the Theban Tombs* (*OLA* 22), Lovaina, 1987, pl. 40.
Fig. 11   N. de G. Davies, *The Tomb of Rekh-mi-rēʿ at Thebes*, Nueva York, 1943, pl. 19.
Fig. 12   *Idem*, pl. 22.
Fig. 13   A. H. Zayed, en *Melanges Gamal Eddin Mokhtar* (*BdE* 97), El Cairo, 1985, pl. 2.
Fig. 14   H. Carter y P. E. Newberry, *The Tomb of Thoutmôsis IV*, Nueva York, 1904, pl. 10.
Fig. 15   *Idem*, pl. 12.
Fig. 16   N. de G. Davies, *The Rock Tombs of El Amarna*, II, Londres, 1905, pl. 37.
Fig. 17   N. de G. Davies, *The Rock Tombs of El Amarna*, VI, Londres, 1908, pls. 19-20.
Fig. 18   G. Th. Martin, *The Memphite Tomb of Horemheb*, Londres, 1989, fig. 115.
Fig. 19   N. de G. Davies, *The Tomb of Huy, Viceroy of Nubia in the Reign of Tutʿankhamūn*, Londres, 1926, pl. 27.
Fig. 20   Dibujo de Esteban Moreno Guerrero.